分类管理改革视野下
民办学校退出机制研究

张利国　著

本书为国家社会科学基金一般项目
"分类管理改革视野下民办学校退出机制研究"的研究成果

科　学　出　版　社

北　京

内 容 简 介

本书基于教育学、法学、管理学和经济学等多学科视角，剖析了民办学校退出的基础理论；运用类型化研究方法，结合典型案例分析，对民办学校退出的基本样态和主要特点进行归纳总结；通过对美国和日本私立学校退出的主要政策法规及制度等进行研究，提出可借鉴的经验做法；在分析阐释民办学校办学风险主要类型、特点的基础上，对民办学校退出风险防范与预警机制展开研究；以营利性与非营利性民办学校为基础，综合运用案例研究、实证研究等方法，分别就营利性民办学校退出机制及非营利性民办学校退出机制进行研究，提出了构建体系完整、结构自洽、科学规范的民办学校退出机制。

本书可供民办教育研究者、管理者、民办学校办学者及对民办教育感兴趣的其他学者参考借鉴。

图书在版编目（CIP）数据

分类管理改革视野下民办学校退出机制研究 / 张利国著. -- 北京：科学出版社, 2025. 4. -- ISBN 978-7-03-079777-3

Ⅰ. G522.74

中国国家版本馆 CIP 数据核字第 2024CA4601 号

责任编辑：王丹妮 / 责任校对：姜丽策
责任印制：张　伟 / 封面设计：有道设计

科 学 出 版 社　出版

北京东黄城根北街 16 号
邮政编码：100717
http://www.sciencep.com

涿州市殷润文化传播有限公司印刷
科学出版社发行　各地新华书店经销

*

2025 年 4 月第 一 版　开本：720×1000　1/16
2025 年 4 月第一次印刷　印张：12
字数：240 000

定价：136.00 元

（如有印装质量问题，我社负责调换）

作 者 简 介

张利国，男，大连民族大学中华民族共同体研究院（学院）院长、教授，博士生导师。

入选辽宁省文化名家暨"四个一批"人才、国家民委领军人才、国家民委民族研究优秀中青年专家、辽宁省教学名师、辽宁省优秀教师、辽宁省高等学校创新人才、国家民委中青年英才、辽宁省高校思想政治教育中青年杰出人才。兼任中国民族学学会副会长、中国民族史学会理事、五次获得国家社会科学基金"认真负责的鉴定专家"。

主要从事民办教育、马克思主义民族理论与政策相关研究。近年来，出版学术专著2部，主持国家社会科学基金一般项目2项、教育部项目1项，省部级课题20余项，发表论文80余篇，研究成果获国家民委社会科学研究成果奖、辽宁省哲学社会科学奖·成果奖一、二、三等奖8项；辽宁省普通高等教育（本科）教学成果奖一等奖2项、二等奖2项。

序

经历四十多年的发展，民办教育已成为我国教育事业的重要组成部分，在满足人民多样化、个性化教育需求，推进教育改革创新等方面发挥了重要作用。当前民办教育进入分类管理和高质量发展的新阶段，如何全景式扫描民办学校退出现象，检视其内在逻辑和问题症结，对促进民办学校健康发展具有重要的理论意义和实践价值。

张利国教授的新著《分类管理改革视野下民办学校退出机制研究》，是其主持的国家社会科学基金一般项目的主要成果。作为一部专门研究我国民办学校退出机制的著作，其对民办学校退出问题作了系统、科学的深度研究，提出了许多创新性观点和可操作的建议，是一部民办学校退出机制研究领域的重要学术成果。谨摘要分享著作中一些见解和贡献。

第一，丰富了民办学校退出的学理基础。结合全面实施《中华人民共和国民办教育促进法》（以下简称《民促法》）及其配套政策，重点分析了营利性与非营利性民办学校两种基本样态、典型特征。运用经济学、管理学的市场失灵理论、竞争优势理论、制度变迁理论等，阐释了民办学校退出的基础理论。从投资风险、产权问题及治理结构三个维度探讨了民办学校退出的内在动力和根本原因，揭示了民办学校退出是内外部因素综合作用的结果。

第二，开展域外私立高校退出的比较考察。重点分析考察美国、日本等私立学校退出的相关问题，特别是它们在退出法律法规设计、风险预警、善后处理等方面的主要经验做法，提出了应建立民办学校风险预警指标，完善风险防范机制；强化对经营困难学校的政府辅导，完善外部监管制度等创新性建议。

第三，系统分析民办学校办学风险及其防控问题。重点分析总结非营利性与营利性民办学校的办学风险特点，提出民办学校办学风险呈现防控观念从追求稳定变为质量优先，防控主体由一体向多元拓展，防控内容由混沌分散到分类系统，防控路径由管控为主向扶持规范并行发展的新趋势。在分类管理背景下，加强民办学校风险防控应坚持事前与事后相结合，构建风险预警与退出机制；坚持外控与内控相结合，提升民办学校风险防范能力；坚持规范与辅导相结合，优化政府风险防范功能；坚持政府与社会力量相结合，聚合风险防控主体合力。

第四，分类构建非营利性与营利性民办学校退出机制。直面民办学校退出的重点与难点问题,以专章的形式分别对两类民办学校的退出问题开展了系统研究。针对非营利性民办学校退出,主要聚焦于对民办学校产权制度、风险预警机制、利益相关者保护机制及法律保障机制等方面的研究。针对营利性民办学校退出,则主要结合《民促法》《营利性民办学校监督管理实施细则》《民办学校分类登记实施细则》等法律法规,重点就营利性民办学校退出的法源依据、解散清算、破产清偿等问题开展研究,体现了著作鲜明的实践性导向。

此外,著作对民办学校风险预警指标体系设定,民办学校退出样态的类型化分析,民办学校退出的产权界定、产权流转,以及师生权益保护等问题的研究也让人印象深刻,体现了独到的特色和价值。

该专著在国内同类研究中的独创性和前瞻性是突出的。有缘先睹为快并领命作序,这是我的荣幸,是为之序。

周海涛

2024 年 2 月 8 日

前　　言

　　民办教育是中国特色社会主义教育事业的重要组成部分，在四十多年的发展过程中，我国民办教育从无到有、由小到大、不断发展，其在满足人民多元化、特色化教育需求、缓解教育不平衡不充分主要矛盾，推进教育转型发展等方面的作用日益增强。同时，民办学校发展史也是一部优胜劣汰、调整重组的历史，在激烈的市场竞争中，部分学校由于办学方向定位不准、办学质量不高、治理结构失衡，以及受到生源环境、教育政策调整等多重因素影响，在办学过程中遭遇了各种风险与困境，甚至出现了各种违法违规办学等行为，导致部分民办学校破产倒闭。2018年12月29日，新《民促法》正式生效，2021年9月1日，新修订的《中华人民共和国民办教育促进法实施条例》（以下简称《民促法实施条例》）正式施行。伴随着民办教育新法新政的出台，民办教育进入到分类管理时代。分类管理改革进一步激活了民办教育的办学活力，释放了社会力量办学的潜力。同时，分类管理改变了长期以来民办学校营利与非营利不分的混沌状态，产权清晰、规范管理、高质量发展成为民办教育发展的基本路线。在分类管理背景下，部分民办学校因生存发展困境所致的"淘汰型"退出将进一步加剧。与此同时，以并购重组为主要形式的"发展型"退出成为新趋势。民办教育将持续呈现因"危机"退出与因"商机"退出两种图景。

　　《国家中长期教育改革和发展规划纲要（2010—2020年）》指出应"依法明确民办学校变更、退出机制"。2012年教育部《关于鼓励和引导民间资金进入教育领域促进民办教育健康发展的实施意见》再次提出建立民办学校退出机制。民办教育退出机制被置于国家教育发展的战略高度。但民办学校退出机制问题似乎一直处于学界边缘而少有人问津。2017年民办教育新法新政对民办学校退出问题也没有作出太多实质性规定，"制度真空"与"法律失语"的状态似乎仍在延续。当前我国民办学校退出机制还存在着退出法律法规及制度不健全，政府对民办学校退出辅导督导功能不足，配套机制不健全以及实践中存在大量无序退出等问题，如何适应新趋势、新常态，以营利性与非营利性分类管理为基本框架，构建民办学校体系独立、科学规范的退出机制是深化民办教育体制改革的关键环节，事关民办教育持续健康发展大局，具有极为重要的理论和实践价值。

本书按照从理论到实践，从宏观到微观两条逻辑思路，以民办学校分类管理改革为背景，以营利性与非营利性民办学校为分析框架，借鉴域外经验，联系本国实际，结合现行法律法规和政策的比较分析、案例分析，重点对民办学校退出问题进行研究，以期实现以下研究目的。

（1）确立民办学校退出机制的基础理论。针对退出机制基础理论研究严重不足的问题，借鉴经济学、法学、管理学等相关理论，对民办学校退出的理论基础进行研究。

（2）对营利性与非营利性民办学校进行界定，并对退出形态进行类型化分析。结合我国民办学校多元化存在样态，对营利性与非营利性民办学校进行科学界定。对民办学校退出形式进行全面梳理和科学分类，重点对营利性与非营利性民办学校退出形式的标准、范围、特点和法律意义进行归纳总结。

（3）构建独立完整的民办学校退出机制。以营利性与非营利性民办学校为基本框架，构建民办学校退出机制，为退出机制的制度创新和顶层设计提供借鉴。

（4）推进分类管理改革和地方政府教育改革制度创新。对退出机制中产权问题、利益保护问题、风险防范机制、政府监管机制等展开研究，为推进民办学校退出机制及其分类管理相关制度建设，为相关部门提供决策建议和参考。

针对本书的研究任务，结合研究目的和研究意义，本书主要围绕七个方面的内容展开研究。

（1）导论。在导论部分充分阐释本书的研究背景和研究意义，对分类管理及退出问题的国内外研究现状进行了系统梳理和分析，进而提炼出本书的研究思路、主要研究内容、主要研究方法等。同时，对研究的主要观点、需要解决的重点和难点问题进行了分析，总结了研究的创新点。

（2）民办学校退出基础理论研究。该部分主要为民办学校退出提供一定的学理支撑。首先，该章对民办学校退出相关概念进行了辨析，明确民办学校退出机制应从广义上理解，不仅包括传统问题学校引致的退出问题，也包括学校基于发展需要而导致的发展型退出。同时，结合《民促法》全面实施后的营利性与非营利性民办学校两种基本样态，重点分析了非营利性民办学校退出机制具有的特征。其次，运用经济学、管理学等理论对民办学校退出的基础理论进行了总结、分析和阐释。最后，结合民办学校退出的主要形态，重点对民办学校退出的内在归因问题进行了分析和总结。

（3）民办学校退出基本样态与主要路径。该章重点对我国民办学校退出的主要样态进行了归纳分析，在非营利性民办学校领域主要选取民办高校倒闭状况作为参照对象，在营利性民办学校领域主要选取近年来比较盛行的并购模式作为参照。以此为研究基础，进一步分析民办学校退出的影响因素。同时对当前我国法律法规政策和制度性文件以及具体实践中的退出路径进行简要分析和总结。

（4）域外私立高校退出机制考察。美国和日本私立教育起步早、较为发达，各项制度机制较为完善。该章重点以域外私立教育较为发达的美国和日本私立教育为考察对象，围绕其私立学校退出理论和实践运行方面的主要政策、主要制度等展开研究，以期对民办学校退出提供借鉴。

（5）民办学校风险防控与预警。机遇与挑战并存，发展与风险交织贯穿民办学校发展的整个过程，并成为关涉民办学校健康稳定发展的关键问题之一，也是导致民办学校退出的重要诱因。该章对我国民办学校主要办学风险进行了梳理总结，以此为基础就如何建立民办学校风险预警机制进行系统研究。

（6）非营利性民办学校退出。作为国家重点支持和引导，以及表征民办教育公益性的主体力量，非营利性民办学校是主导方向和主体力量，而影响和制约非营利性民办学校退出的主要制度与机制仍然主要聚焦在产权制度与机制、风险预警机制、利益相关者保护机制、法律保障机制等方面。

（7）营利性民办学校退出法律问题。营利性民办学校的合法地位在新《民促法》中得以明确，并形成了以《民促法》《营利性民办学校监督管理实施细则》《民办学校分类登记实施细则》等主要法律规范为支撑的营利性民办学校法律制度。

目 录

第一章 导　论

第一节　选题背景及研究意义

我国民办学校勃兴于 20 世纪 80 年代初，经过四十多年的发展，我国民办教育从无到有、由小到大、不断发展，在中国教育体系中的地位和作用日益增强，已成为我国教育的重要组成部分。与此同时，由于各种因素影响，民办学校存在着各种办学风险。这些风险相互交织、相互叠加、相互影响，对民办学校的生存、发展、稳定造成了极大危害，甚至成为导致民办学校破产倒闭的重要诱因。可以说，民办学校的发展史也是一个优胜劣汰、序列不断调整重组的过程。中国民办教育协会的不完全统计显示，2008 年全国民办非学历高等教育机构 866 所，比 2003 年减少了 238 所。由于生源紧张，2009 年底，全国民办高校的招生人数普遍下降了一半左右。2010 年《国家中长期教育改革和发展规划纲要（2010—2020 年）》明确提出要"依法明确民办学校变更、退出机制"。这是国家层面首次提出关于建立民办学校退出机制的正式文件，标志着退出机制已成为民办教育领域一项重要的制度设计。

2018 年 12 月 29 日，新《民促法》正式生效，与先前发布的《国务院关于鼓励社会力量兴办教育　促进民办教育健康发展的若干意见》（以下简称《国务院三十条》）《民办学校分类登记实施细则》《营利性民办学校监督管理实施细则》等一系列的法律法规和制度性文件构成了我国当前民办教育的主要法律制度体系。2018 年 12 月，我国共有 30 个省（自治区、直辖市）地方政府在落实《国务院三十条》的基础上出台了各自的关于促进民办教育健康发展的实施意见，民办教育新法新政从顶层设计上完善了民办教育发展的制度框架，将民办教育引入了以分类管理为特征的内涵式发展新阶段。一方面，分类管理明确了民办教育营利性与非营利性民办学校分类管理、分类发展的基本格局，进一步明晰了在产权、组织管理、治理结构、差别待遇等方面的制度与政策，有利于激活民办教育办学活力，释放办学潜力。另一方面，我们也注意到分类管理强化了政府支持与规范并举的民办教育发展基本路向，过去以经济逻辑和企业逻辑为主导、粗放式经营为主的民办学校已远远不能适应当前以教育逻辑为主导，追求高质量、内涵式、长远性发展的教育发展需要。"逆水行舟、不进则退"。在分类管理背景下，部分民办学校因生存发展困境所致的"淘汰型"退出将进一步加剧。与此同时，以并购重组为主要形式的"发展型"退出成为新趋势。民办教育将持续呈现因"危机"退出与因"商机"退出两种图景。特别是近年来，无论是非营利性民办学校抑或营利性民办培训机构频繁曝光了诸多因经营管理不善，违规甚至违法办学导致学校被停办或倒闭的事件，给民办教育发展造成了很大的负面影响。

"物竞天择，适者生存"是自然界的生存法则。在教育大变革、大发展的时期，民办学校"只进不出""无序退出"既不符合民办教育发展常态，也不利于民办教育健康发展。如何以营利性与非营利性民办学校为基本框架，构建体系独立、科学规范的退出机制不仅是落实民办教育新法新政的应有之义，是深化民办教育体制改革的关键环节，也是规范民办教育发展的内在要求，是事关民办教育持续健康发展的根本性制度。

第二节　国内外研究现状

一、分类管理相关研究

分类管理一直是学界研究的热点，特别是民办教育新法新政实施前后，分类管理问题研究呈现爆发式增长，不算专门针对营利性与非营利性民办学校的专题研究，仅以"民办"和"分类管理"为主题词，根据中国知网检索，在 2021 年至 2023 年间分别发表文章 5624 篇、5787 篇、3713 篇，截至 2024 年 7 月 6 日，已经发文 1345 篇。这充分体现了分类管理作为民办教育一项根本性、全局性的制度设计不仅对民办教育产生了重大影响，也成为学界持续关注的热点。从研究的主要内容看，在民办教育新法新政出台前，学界研究的重点与焦点主要聚焦于民办教育应不应该分类、如何分类等问题的研究。典型如王善迈（2011）、潘懋元等（2012）、吴华和章露红（2015）等。2016 年北京师范大学周海涛教授组织国内十余所高校和科研机构的专家学者创作了《民办学校分类管理政策研究》，该著作是 2018 年《民促法》出台前围绕分类管理问题开展的较为系统、全面的研究成果。

新法新政出台后，学界的研究视角更多转向对如何执行分类及如何解决分类管理中的难点、热点问题的探讨。学界的研究主要有以下几点。

（1）分类管理宏观问题的探讨。典型如潘懋元等（2018）对包括分类管理在内的中国民办教育 40 年专题的探讨；李虔和卢威（2018）有关民办学校分类管理十大未解决问题的探讨；王一涛（2018）有关民办教育分类管理需要着重解决的五大关系问题的探讨等。

（2）分类管理具体问题的研究。典型如邵允振和李杏姣（2018）、李文章（2018）

对分类管理后举办者产权的研究；董圣足（2018）对民办学校"关联交易"的规制与自治的研究，以及学者围绕分类管理后的民办学校治理结构、财政税收政策、集团办学以及收费等问题进行了探讨。

（3）围绕《民促法》及《民促法实施条例》修订情况的相关研究。典型如徐绪卿（2017）、吴开华和邵允振（2017）等。北京师范大学、上海教育科学研究院、浙江树人学院等高校和科研院校也分别组织了专门针对《民促法》以及《民促法实施条例》的专题研讨会和高峰论坛，就分类管理实施过程中的难点、焦点问题进行了探讨。

（4）对分类管理后地方新政以及实施情况的分析研究。例如，杜世雄和惠向红（2018）基于对广东、陕西和上海三省（市）的考察，对民办高校公共财政扶持政策的实施情况的研究；潘奇（2019）对 29 个省（自治区、直辖市）民办新政文本的综合分析与研究；王慧英和黄元维（2019）对 25 个省（自治区、直辖市）民办教育新政实施意见的文本分析等。

此外，分类管理明确了非营利性与营利性民办学校的法人地位，因此围绕两类民办学校，一些学者也展开了针对性的研究。其中，非营利民办学校主要集中在治理机构、法人制度、举办者权益保护、办学绩效评价指标体系等问题上；营利性民办学校主要集中在治理机构、收费制度、监督管理、质量评估及培训机构监管等问题中。

总体而言，民办学校分类管理制度从顶层设计上构建了民办教育发展的制度框架，从根本上打破了民办教育领域长期的"营"与"非营"法人归属不清、产权界定不清的制度"瓶颈"，为民办教育科学、规范发展指明了方向。但任何改革都不是一帆风顺的，长期以来制度漏洞带来的"红利"和路径依赖使很多问题在实践中遭遇重重质疑和阻碍。分类管理研究的持续"高温"一方面反映了当下学界对社会各界对于分类管理如何实施的高度关注和积极回应，另一方面也反映出分类管理在具体实践中已经遭遇和可能遭遇的"政策落地难""实践执行难"等问题。在营利性与非营利性民办学校二元格局下，如何进一步细化分类管理的相关制度，保证国家法律法规和规范性文件真正落地，不仅是迫切的实践诉求，也是理论工作者当仁不让的研究使命。

二、退出相关问题研究

（一）国内相关研究

相对于分类管理如火如荼、持续高温的研究场景，民办学校退出问题则始终处于研究的边缘地带而鲜有人问津。笔者分别以"民办退出""民办倒闭"为关键词，通过中国知网检索，从 2003 年至 2024 年 7 月 6 日期刊发文仅有 242 篇，硕博论文不足 87 篇。经过梳理，相关问题的研究主要集中在以下方面。

（1）民办学校倒闭问题研究。进入 21 世纪，对于民办教育，国家出台了各种利好政策，特别是 2002 年颁布的《民促法》确立的"积极鼓励、大力支持、正确引导、依法管理"方针的影响，使得民办教育获得了较快发展。同时，在数量增长的同时，部分学者对民办学校特别是民办高校倒闭问题展开了一些研究。较早的如邬大光（2001）、潘懋元和姚加慧（2006）主要从宏观层面对民办高等教育发展的状况、问题对策及其未来展望展开分析。一些学者普遍认为，民办学校陷入办学困境甚至倒闭存在诸多原因，有源自外部政策、观念认识、法律法规缺位等外部原因，也有源自内部经营不善、家族管理等内因作用（周国平和谢作栩，2006）。化解民办高校办学风险，需从两个维度着力：一方面，民办高校自身要致力于提高教学质量、提升办学声誉；另一方面，政府应强化对民办高校的管理与扶持力度（王一涛和董圣足，2008）。卢彩晨博士在《危机与转机：从民办高校倒闭看民办高等教育发展》中较为系统、全面地对民办高校倒闭问题进行了研究，他对民办高校的倒闭状况进行了全景式、多维度的梳理和剖析，尤其是对民办高校倒闭的原因进行了理论上的深入探讨，认为投资办学与产权不清的基本矛盾是我国民办高等教育兴盛的原因，又是导致民办高校倒闭的原因。尤为可贵的是，在著作的最后一部分，他对民办高校退出机制问题进行了分析探讨。

（2）民办学校办学风险及防范机制的研究。可以说，民办学校的发展过程始终是风险与挑战并行、调整与转型相伴的过程，如何看待民办学校的办学风险，并加强风险防范研究，已成为学界的热点问题，其中较为系统的研究有：《民办高校办学风险防范研究》（李钊，2009）、《民办学校办学风险防范机制研究》（孙杰夫，2015）。还有学者从多个学科视角对民办学校办学风险进行了研究，如赵冠群（2017）、解志敏（2017）等对民办高校财务管理风险的研究；杨炜长（2010）、唐衍彬和李云（2016）、朱浩（2013）等分别对民办学校教育质量风险、债务风险、内部管理风险进行了研究。民办教育新法新政实施后，学界也对关联交易、协议控制、集团办学、治理结构等极易诱发办学风险的领域进行了研究。典型如费坚等（2018）对非营利性民办高校风险治理的研究；张文国（2019）对民办学校协议控制问题的关注；李立国等（2018）对民办高校非公平关联交易问题的探讨等。

（3）民办学校退出相关法律问题研究。民办学校退出涉及办学主体变更、产权转移、财产清算、法人资格丧失等实体法律问题，也涉及合并、重整、破产、终止等程序问题，所以，民办学校退出机制问题离不开法律制度的支撑。因此，围绕法律视角开展民办学校退出研究也成为研究的一个重点。从现有研究来看，较为系统的民办学校退出法律问题进行研究的有张利国（2013）、吴安新（2015）、巫志刚（2013）、贺童（2020）、陈瑞衍（2020）。作为民办学校退出的一项重要制度,清算制度至关重要,学界和实务界主要围绕破产清算的相关问题展开了研究,如雷震和帅晓东(2009)、深圳市中级人民法院民七庭(2009)、马莉(2012)、胡晓娴(2018)等对营利性和非营利性民办学校退出及其清算问题的研究。

此外,一些学者对民办高校破产后受教育权法律保护(王鹏和龚纬,2011)、利益相关者保护(刘颂,2008)、民办高校重组与退出(董圣足和忻福良,2007)、民办高校合并重组(刘继荣,2003)等问题进行了研究。同时,结合《中华人民共和国民法典》(以下简称《民法典》)、《中华人民共和国公司法》(以下简称《公司法》)、《中华人民共和国企业破产法》(以下简称《企业破产法》)有关终止问题的规定,学者余中根(2018)、任海涛和徐涛(2018)对民办学校终止法律问题进行了比较性研究和针对性探讨。

通过梳理发现,国内相关问题的研究,主要集中于教育学(而且大部分是民办教育)及法学等相关领域,在其他领域还没有引起足够的重视,研究范围较为狭窄。从研究力量来看,研究队伍关注度较低,有影响的研究成果产出数量严重不足,特别是分类管理后退出问题仍没有得到学界和实务界的重视,中央层面有关退出的法律法规较为粗糙,难具操作性。地方政府对该问题重视不够,同质化倾向明显,创新性政策不足,民办学校退出问题陷入政府"淡而化之"、学者"集体无意识"、学术研究边缘化的尴尬境遇。从研究的广度和深度来说,既有研究主要集中在退出具象问题的相对零散性、割裂化的研究,缺乏对民办学校退出机制整体性和系统性的宏观架构和设计,特别是针对民办学校退出时迫切需要破解的问题,诸如财务清算问题、师生权益保障问题、退出风险预警指标设计等问题研究得还不系统、不深入,因此,亟待以营利性与非营利性民办学校为基本框架,对民办学校退出问题加强系统性研究。

(二)国外研究现状

国外有关私立学校退出问题的研究较为系统的当属日本、美国等发达国家。其中日本国内代表性的论著主要有《学校淘汰的研究》《关于再建方法和破产处理的研究》《大学倒闭》等。

为有效应对少子化给日本私立教育体系造成的危机,日本政府和私立高校通过修订完善相关法律法规、完善内部治理机构、推进教育教学改革、改善内外部环境建设等措施,多维并举、综合施策,帮助私立高校转型发展、应对危机。如日本通过积极推进《教育基本法》《教育振兴基本计划》革新,修订《私立学校法》《私立学校振兴助成法》,推进私立大学治理机构建设、推进教育教学改革、帮助改善学校财务状况等多重措施来帮助私立学校摆脱生存困境,实现更新。此外,为振兴日本高等教育,促进日本社会更加开放、多元,日本政府积极推进大学国家化，主要通过实施超级国际化大学计划，着力提升日本大学的国际竞争力，使得日本高等教育朝着多元化和国际化的方向转型，为应对教育全球化的多样需求奠定了良好基础。

美国拥有世界上最为发达的私立高等教育体系，并诞生了像哈佛大学、斯坦福大学、普林斯顿大学、康奈尔大学等一大批蜚声世界的知名大学。2016 年卡内基高等教育机构分类统计，美国 4665 所高校中公立高校、非营利性私立高校和营利性私立高校的数量分别为 1644 所、1731 所和 1290 所。依据美国教育部（United States Department of Education，ED）国家教育统计中心的界定，高等教育一般分为公立教育机构和私立教育机构。其中，私立教育机构又包含非营利性、营利性和宗教附属性三个类别。

美国私立营利性大学退出通常适用各州的一般法律。此外，美国私立大学的合并适用《联邦破产法典》《非营利性公司法》等相关法律法规。清算和重建主要适用《联邦破产法典》的规定，且具有鼓励重建的显著倾向。就退出方式而言，美国私立大学的退出主要包括合并、重整、所有权转让、倒闭和清算几种。再建型退出包括：合并（州政府的一般规定）、重整（美国《联邦破产法典》第十一章）、所有权转让三种形式；清算型退出包括：倒闭和破产清算（美国《联邦破产法典》第七章）。美国的营利性私立大学几乎与非营利性私立大学同时产生，但早期的营利性私立教育机构并非现代意义上的正规大学，既无权向学生授予大学学位，也无须获得特许状。直到 1850 年前后，才出现了类似于现代大学的营利性私立高校。尽管营利性私立高校与非营利性私立高校在发展路径、政策扶持、治理机构、国家监管等方面存在明显差异，但在退出机制方面，几乎一样。二者都适用于美国《联邦破产法典》和各州一般法律，必须接受政府认证。只不过相对于非营利性私立大学，美国的营利性大学主要采用了合并式的退出方式。从主要制度机制来看，主要形成了诸如禁止私人分配、私人收益和超额交易的规则，建立了以多元化认证机构为框架、二元制认可机制为前提、规范化的认证程序为保障的高等教育认证制度。

同时，美国国家教育认证委员会也非常重视学校倒闭之后学生的安置问题，如果出现学校撤销或倒闭，则要求学校必须承担对原来该校没有完成学业的学生的安置义务。例如，负责美国东部地区基准认证的新英格兰院校协会在教育机关倒闭时的指导方针中专门作出了有关学生保护的规定。一是要求关闭大学，为了学生，需要与其他大学进行交涉，帮助学生继续完成学业。同时，负责将学生的学业记录等移交到法定的合适的保存机关，且须告知学生保存机关的名称和获取学业记录的方法。二是对于在倒闭大学已修完了必修学分 75% 以上的学生，其他必修学分可以在其他大学修，并且可以获得由被关闭大学授予的学位。

由此可见，美国、日本等国家有关私立学校退出问题呈现出退出方式多元化、

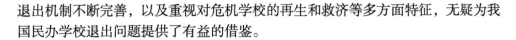

退出机制不断完善，以及重视对危机学校的再生和救济等多方面特征，无疑为我国民办学校退出问题提供了有益的借鉴。

三、研究思路与主要内容

（一）研究思路

按照从理论到实践，从宏观到微观两条逻辑思路，以民办学校分类管理改革为背景，以营利性与非营利性民办学校为分析框架，借鉴域外经验，联系本国实际，结合现行法律法规和政策的比较分析、案例分析，努力构建体系独立、科学规范的民办学校退出机制。

（二）主要内容

除导论外，本书主要包含六大部分（章），具体如下。

第二章 民办学校退出基础理论研究。该部分主要为民办学校退出提供一定的学理支撑。首先，该章对民办学校退出相关概念进行了辨析，明确民办学校退出机制应从广义上理解，即不仅包括生源、经费等自身生存困境而引致的退出问题，也包括学校基于发展需要而导致的发展型退出。同时，结合新《民促法》全面实施后，营利性与非营利性民办学校两种基本样态，重点分析了非营利性民办学校退出机制具有的特征。其次，运用经济学、管理学等理论对民办学校退出的基础理论进行了分析、阐释和再深化。最后，结合民办学校退出的主要形态，重点对民办学校退出的内在归因问题进行了分析和总结。

第三章 民办学校退出基本样态与主要路径。该章重点对我国民办学校退出的主要样态进行了归纳分析，在非营利性民办学校领域主要选取民办高校倒闭状况作为参照对象，在营利性民办学校领域主要选取近年来比较盛行的并购模式作为参照。以此为研究基础，进一步分析民办学校退出的影响因素。同时对当前我国法律法规政策和制度性文件以及具体实践中的退出路径进行简要分析和总结。

第四章 域外私立高校退出机制考察。美国、日本私立教育起步早且较为发达，各项制度机制较为完善。该章围绕私立学校退出理论和实践运行方面的主要政策、主要制度等展开研究，以期对民办学校退出提供借鉴。

第五章 民办学校风险防控与预警。机遇与挑战并存，发展与风险交织贯穿民办学校发展的整个过程，是关涉民办学校健康稳定发展的关键问题之一。该章对我国民办学校主要办学风险进行了梳理总结，以此为基础就如何建立民办学校风险预警机制进行系统研究。特别是民办教育进入到分类管理时代，民办教育基本格局、外部环境等发生了重大变化，民办学校重新洗牌、转型退出成为民办教育发展的新常态。该章以营利性与非营利性民办学校为基础，分别就两类民办学校的办学风险类型、特点等分析和总结，重点对如何构筑民办学校退出风险防范机制与预警机制等展开了研究。

第六章 非营利性民办学校退出。作为国家重点支持引导，以及表征民办教育公益性的主体力量，非营利性民办学校是主导方向和主体力量，而影响和制约非营利性民办学校退出的主要制度与机制仍然主要聚焦在产权制度、风险预警机制、利益相关者保护机制、法律保障机制等方面。该部分重点就上述问题展开研究。第一节围绕民办学校退出产权问题，重点就民办学校产权界定、产权流动及退出产权制度的完善等问题进行了分析研究。举办者是民办教育事业发展的主体力量，也是民办教育改革发展的直接利益关联者，民办学校退出要妥善解决举办者的利益诉求。第二节的内容重点就民办学校退出与举办者相关利益的保护等问题进行了分析研究。此外，民办学校退出对学生和教师利益影响巨大，因此，如何保护学生及教师的权益也是民办学校退出的核心问题，第三节与第四节则重点围绕这两个方面，分别从国家义务视角和人力资本视角对民办学校退出时学生权益问题、教师权益问题进行了探讨。

第七章 营利性民办学校退出法律问题。营利性民办学校的合法地位在新《民促法》中得以明确，并形成了以《民促法》《营利性民办学校监督管理实施细则》《民办学校分类登记实施细则》等主要法律规范为支撑的营利性民办学校法律制度。该部分主要包含三节，第一节主要整合《民法典》《公司法》《企业破产法》，以及国家和地方对推动民办教育发展出台的新法新政等相关法律文件的规定，重点对营利性民办学校退出的法源依据进行了梳理总结。民办学校财务清算制度是民办学校发展中亟待解决的重要问题，是关系到民办学校变更、终止的一项重要制度，第二节结合对我国民办学校现有清算制度的分析检讨，就如何完善营利性民办学校终止/解散清算制度进行了研究。第三节则重点围绕营利性民办学校的申请破产主体、教职工人员安置、破产清偿顺序、剩余财产分配等问题，就如何完善营利性民办学校破产制度展开研究。

四、主要创新点

（1）较为全面地对民办学校退出机制的内涵进行了界定。改变了以往主要聚焦问题学校退出的思维局限，对民办学校退出从广义上进行了界定，主张在分类管理背景下，民办学校退出日趋多样化，"淘汰型退出"与"发展型退出"成为民办学校并行的两种主要退出形态（即以传统"问题学校"为主的，还将呈现出更多以校际、校企间并购重组等为主要模式的发展型退出新样态，即出现因"危机"与因"商机"而退出的两种退出形态）。

（2）运用经济学、社会学和法学相关理论，如市场失灵理论、制度变迁理论、竞争优势理论等对民办学校退出的理论基础、内在归因和基本动力等问题展开分析研究，丰富了民办学校退出的学理基础。

（3）本书以营利性和非营利性民办学校为分类依据，并结合营利性与非营利性民办学校退出的具体类型进行类型化分类，特别是对并购、终止、解散、破产等退出类型涉及的一些难点、焦点问题进行了分析，如民办学校转设制度的内涵、法律程序、民办学校能否适用以及如何适用重整制度等。通过对民办学校退出典型案例的分析，本书对民办学校退出中的政府介入、法律适用等问题进行了实证分析和研究，这种理论与实践相结合的方法极大地深化了我们对民办学校退出问题的认识。

（4）本书通过比较分析的视角，重点对我国私立学校退出相关问题进行了分析考察，这在目前有关民办学校退出问题的比较研究中并不多见。通过总结我国在退出法律法规设计、风险预警、善后处理等方面的主要经验做法，提出了应建立民办学校风险预警指标，完善风险防范机制；强化对经营困难学校的政府辅导，完善外部监管制度；加强退出顶层制度设计，完善退出相关法律法规和制度性文件等创新性建议。

（5）作为民办教育一项重大制度创新，分类管理对传统民办教育格局产生了根本性影响，民办学校传统的原生性风险与转型过渡所致的衍生风险相互叠加，呈现出风险类型多元、复杂的新态势。首先，本书中以营利性和非营利性民办学校为基础，分别对两类民办学校的主要办学风险问题进行了研究探讨，提出民办高校经过起步发展、快速成长、规范发展和分类管理等阶段，风险防控不断变化、逐步完善。民办高校风险防控主要呈现以下演进趋势：防控观念从追求稳定变为质量优先，防控主体由一体向多元拓展，防控内容由混沌分散到分类系统，防控路径由管控为主向扶持规范并行发展。分类管理背景下，加强民办高校风险防控应坚持事前与事后相结合，构建风险预警与退出机制；坚持外控与内控相结合，提升民办高校风险防范能力；坚持规范与辅导相结合，优化政府风险防范功能；坚持政府与社会力量相结合，凝聚风险防控主体的工作合力。其次，结合日本私立学校有关风险预警指标体系的设计，提出应构建我国民办学校风险预警指标体系，即按照本土化原则、系统性原则、可比性原则、可操作性原则以及可持续性原则来设置我国民办学校风险预警指标体系。最后，在对营利性与非营利性民办学校主要办学风险总结分析的基础上，提出高质量发展是非营利性民办学校风险防控的根本之策，规范发展、强化监管是营利性民办学校风险防控的关键。

（6）本书针对营利性民办学校及非营利性民办学校退出机制的构建问题展开研究。民办学校退出法律制度的关键是要建立和完善民办学校法人财产权制度。本书提出财产界定是退出机制的逻辑前提和基础，要科学界定民办学校产权归属，保障独立法人财产权，同时创设有利于民办学校产权流动的制度机制。运用利害相关者理论，重点对因退出而致的举办者利益保护、教师和学生权益保护问题进行了探讨，并提出了富有针对性和创新性的建议。此外，民办学校终止清算制度是保障民办学校合法退出的重要法律制度设计，本书通过对现有民办学校终止清算制度的反思提出要着力完善我国民办学校终止清算制度，树立程序公正理念，完善清算的相关程序，建立和完善民办学校清算制度（如清算人选任制度、清算人权益制度）。

第二章　民办学校退出基础理论研究

作为一种特殊的市场主体，民办学校不同于一般的市场主体，其独特的主体特性及组织特征决定了其退出具有一定的特殊性和独特的运行机制。本章主要以社会学、法学、经济学等学科理论知识为依托，着重对民办学校退出机制的相关理论问题展开讨论，以期在退出及其相关概念辨析的基础上，对民办学校退出的理论基础、内在动因和运行机制等问题展开研究，从而为民办学校退出问题提供一定的理论支撑和学理阐释。

第一节　民办学校退出机制的含义与特征

一、民办学校退出机制的含义

退出机制一般指为了保障作为市场主体的相关组织体有序退出市场所形成的制度和机制。市场退出机制应包含退市标准、多元退市途径以及退出层次综合体系。学界对民办学校退出机制主要采用广义和狭义之说。从广义上讲，退出是指民办学校根据相关法律法规及行政规章的规定，所发生的民办学校终止、法人消亡或通过资产转让而发生的举办者变更的行为，民办学校"变更"行为也应纳入退出机制。从狭义上讲，民办学校市场退出主体并非指所有民办学校，而主要是指以传统"问题学校"为主的淘汰型退出，即退出机制是指促使濒临倒闭的民办学校退出教育市场或民办学校因经营不善等原因主动退出市场的一系列规则。而广义的退出主要以民办学校的范围作为判定标准，认为广义的退出就是将所有类型的民办学校都纳入退出主体。笔者认为，广义的退出不仅应考察民办学校的范围，而且应从民办学校退出的主要表象来界定退出机制。如前所述，民办学校退出既包括传统淘汰型退出，也包括并购重组等形式的发展型退出。因此，广义民办学校退出机制指对于陷入困境或经营失败的民办学校因特定事项主动或被动退出民办教育市场，或者部分民办学校基于发展需要采用合并、并购重组等形式，致使一方或双方退出民办教育市场所适用的一系列规则和程序。

二、民办学校退出机制的特征

新《民促法》实施后，营利性民办学校与非营利性民办学校呈现出不同的退出形态和特征。一般地，营利性民办学校类似于商事主体，其退出可以参照适用我国《企业破产法》《公司法》等相关法律；但非营利性民办学校具有一般商事主体所不具有的特征，其退出具有以下典型特点。

（1）原则上退出标准更为严格。一般来说，由于私立学校本质上属于公益性事业，其退出不仅关涉国家教育事业发展的稳定与有序，也关涉学生、教师等利益相关者的学业权维护、劳动权保障等敏感问题。因此，其退出不仅是一个市场行为，某种程度上也是一个政治行为。因此，国外多数国家对待私立学校退出都持较为审慎的态度。例如，日本建立了破产预防经营判断指标体系，采取了多种政府辅导和救济措施，作为判定私立学校是否退出的前置程序。

《民促法》关于"变更与终止"一章主要对民办学校退出问题进行了规定，从相关规定来看，一般需要经过相关审批机构的审批同意①。近年来，我国也出现了宣告民办学校破产的案例，但总体数量不多，究其原因就是民办学校即使达到了《企业破产法》规定的破产条件，主管部门一般情况下不会轻易使其破产，而仍会先考虑其安全性和稳定性因素。

（2）高度重视师生权益保护。不同于一般的公共产品和服务，民办学校提供的教育产品和服务具有投入持续时间长、成本高且渐进性和累积性等典型特征，受教育者往往受到特定教育场所、课程体系安排和集体授课等影响，使得教育具有难以中断性等特点。学校退出导致学生受教育权中断，进而导致学生权益受损的问题成为学校退出需要重点关注的问题。不同国家和地区往往将学校退出时学生权益保护问题作为退出机制构建的核心问题之一。例如，日本关于转学的一些支援政策。当学校濒临破产时，最重要的是要保障在校学生继续学习的机会。在经营困难的情况下，私立大学应该向附近的大学（公立大学或者私立大学）寻求转学的机会，秉承尊重自主性的原则签订事前协定，在紧急时能够互帮互助，及时接收学生入学及教职员工派遣等。即使在双方没有签订事前协定的情况下，当学校法人濒临破产时，破产学校的校长应首先与附近的大学说明情况，表达希望得到其帮助并接受学生转学的请求。如果转学困难，文部科学省、私立学校振兴·共济事业团以及具体的私立学校联合组织等都应该积极地在全国范围内寻找可以接收学生的大学。但需要注意的是，在转学的过程中，学生可能会遇到一些

---

① 《民促法》对民办院校的"变更"问题作出了"民办学校举办者的变更，须由举办者提出，在进行财务清算后，经学校理事会或者董事会同意，报审批机关核准"的规定；关于民办学校"终止"问题，尽管在法律条文中"被吊销办学许可证的""因资不抵债无法继续办学的"两种终止形式没有出现经审批机关批准的字样，但相对于"变更"事宜来讲，这两种"终止"情况影响力更大、波及面更广，依据举重明轻的市场规则，这两种情况也应先经审批部门批准同意。

问题。例如，附近的学校没有同一系统的学位授予能力，导致学分转换与认定变得困难，也可能出现学生二次缴纳学费等情况。此外，学生学习程度的差异，以及关于大学保送名额等问题都会成为影响学生转学的难点。对于那些积极接收转学学生的学校，政府应当提供一些优惠措施。接收转学学生的学校在免除学生学费以及教材费的情况下，应考虑向其发放补助金。

我国《民促法》对学校终止后相关人员（教职工、学生）安置问题、学杂费等退还问题也作了相关规定。日本则采取建立私学事业团这样一个能够帮助教职员转职的机构，通过与私学团体及各领域的专家进行合作，将私立大学教职员的人才信息汇总整理，形成数据库，并向有需要的学校法人提供相关信息，从而实现对教职员的就业援助。

（3）法律适用的特殊性。营利性民办学校参照一般公司、企业的市场退出由《公司法》、《企业破产法》和《中华人民共和国民事诉讼法》（以下简称《民事诉讼法》）等法律加以规范。非营利性民办学校的退出参照 2018 年《民促法》等法律予以规范。根据《企业破产法》第一百三十五条的规定，对于企业法人以外的组织的清算，属于破产清算的，参照适用程序。[①]

关于对法人保险这一项，先不管原本应采取停止招募员工等措施，若由于学校法人的经营者没有履行责任而破产，则被认为将很难得到法人保险政策的支持。在这种情况下对学生的保险是必要的，即学校法人破产无法继续实施教育，若学生因此转学需再次负担学费，这时应给予一定补助，若学生放弃转学希望要回学费，此时可以考虑允许。但是如果无法区别学校法人破产是故意为之还是不得已的偶发事件，无法算出破产的概率，结果并非某集团中多数期待的那样，就很难得到民间的保险。虽然可以通过互助制度强制加入，但若没有得到认为没有破产风险的学校法人的加入许可，这项制度也无法成立。从保护学生或维持高等教育系统的信用性这一观点出发，学生已支付的学费应作为破产程序中财团债权的一部分优先得到清偿。

第二节　民办学校退出的理论基础

有进有出、优胜劣汰本为世界万物的共同法则。一直以来，各学科领域针对市场主体的退出问题都给予了不同的理论阐释，试图从本源上对市场主体的退出

---

① 2010 年 12 月 16 日，最高人民法院在对贵州省高级人民法院《关于遵义县中山中学被终止后人民法院如何受理"组织清算"的请示》[（2010）黔高研请字第 1 号]的批复中，明确指出可参照适用《企业破产法》的相关规定。但"可参照适用"的说法也反映出法院对民办学校清算案件持不能简单套用《企业破产法》程序性规定的观点，必须充分考虑民办学校的特点并结合相关法律规定来进行。

问题进行本源性和深层次揭示。本部分将借助经济学、法学、社会学等不同的理论对民办学校退出问题进行理论阐释。

一、市场失灵理论

市场经济下，市场是资源配置的基础和主要方式。一般来说，市场越充分、越完备，市场对资源配置的效率越高，在资源相对稀缺的条件下越能实现市场的公平公正。但市场并非万能的，市场主体本身的逐利性导致市场固有的缺陷不可避免，市场失灵成为常态。市场失灵指的是主客观等多种因素导致市场对资源配置的作用效力下降或丧失，使得市场呈现一种低效、无效甚至混乱运行的非理想状态。诺贝尔经济学奖获得者斯蒂格利茨对市场失灵问题进行了归纳总结，将其分为市场的不完全、市场的不普遍、信息失灵、外部性问题、公共产品和存在经济周期等六个方面，并且被众多学者引用。民办学校也存在典型的市场失灵行为，在一定条件下也是导致民办学校退出的重要诱因。

（一）垄断

市场经济本质上是一种竞争经济。公平、有序的竞争市场和有效规则是保证市场主体良性竞争、有序发展的基础和保障。长期以来，由于政府和社会对公办和民办教育天然的认知偏差，民办学校在某些阶段（特别是教育供给整体不足阶段）存在注重规模增长、短期效应等问题。同时，由于民办教育本身制度缺位、管理失范等原因，民办学校特别是高等教育领域教育质量欠佳、人才培养质量整体不高和社会声誉等较低。相较于公办教育，民办教育在整个教育市场，仍面临着一个发育不完善与非公平竞争的市场环境，在招生、财政政策、师生待遇等方面存在实质上的不公平。通常公办学校几乎垄断了优质的生源、获得了较民办学校更多的信贷支持和税收优惠。

（二）信息失灵

信息失灵主要表现在各类主体（主要是与信息密切相关的利益相关者）由于信息渠道获取、信息掌握程度、信息资源控制等方面的差异，对有效信息或有用信息在量的获取上呈现不充分的状况，或者信息在分布上呈现不均匀、不平衡甚至滞后、封闭或短缺等状态。在信息化社会，及时、有效的信息是一种无形资本，可以说，谁拥有尽可能多的有效信息，谁就能抢占资源和先机，谁就可能在竞争激烈的市场中处于优势地位。在很多条件下，某些信息优势主体往往借助于对本行业或本专业的技术优势和较强的信息识别、收集能力，作出有利于其自身而排斥其他竞争主体的决策和选择，从而对信息劣势群体构成信息垄断。一些市场主体也会采用发布虚假信息、捏造虚假信息等不正当甚至违法的方式，以获取不正当的利益，使本处于信息偏在状态的弱势群体上当受骗，自身权益受到损失。在民办学校发展的过程中，一些民办学校利用政府监管真空或政策空白，出现了很多虚假宣传、违法办学的事件，并由此导致被吊销办学许可证甚至倒闭。

（三）公共产品

按照经济学家保罗·萨缪尔森的观点，公共产品是指"每个人对这种产品的消费都不会导致其他人对该产品消费的减少"。传统观点认为，教育是一种典型的公共产品，其不仅具有消费主体的广泛性、产品的非排他性，而且对于义务教育来说，其更多体现的是政府无偿提供给所有公民接受最基本教育机会的一项公共服务产品。对于政府以外的其他组织而言，作为一种公共产品的提供者，为保证公共产品供给的充分性和可持续性，政府在各方面的支持至关重要。中国民办教育四十多年的快速发展得益于政府为解决长期以来我国教育领域存在的人民旺盛的教育文化需求同我国教育资源整体供给不足的矛盾，尽管天然具有投资办学的本质特征，但民办教育在公益性事业的庇护下，享受着在税收和"合理回报"等方面的制度红利。分类管理改革后，营利性与非营利性民办学校的界限进一步清晰，法律与政策空白将被补齐。作为一种公共产品，广大民办学校的举办者更需要一种奉献意识和公益精神，那种希冀借助既往民办教育法律与政策漏洞而谋求生存和发展空间的机会依然缺失，很多举办者可能由于无利可图而选择退出民办教育市场。

二、竞争优势理论

作为经济学中的著名理论，竞争优势理论也能很好地解释民办学校退出问题。在竞争优势理论中，尤以哈佛大学商学院迈克尔·波特为代表的竞争优势理论最为典型①。相对于波特延续哈佛学派的"结构—行为—绩效"的竞争优势理论，强调以资源、能力为基础的竞争优势理论则把决定企业竞争优势的因素放在其拥有特殊资源的多少或能力的大小上，认为企业要取得竞争优势，一方面要不断提升自身获取资源的能力，拓展资源获取通道；另一方面，要不断提升企业的竞争能力，而这些资源和能力不仅是企业具备的与其他竞争对手相抗衡的基础，也是独特优势，即这种资源和能力往往是其他竞争对手不具备的或者需要花费大量的时

———

① 迈克尔·波特提出的竞争优势理论延续哈佛学派的"结构—行为—绩效"的研究范式，提出了体现企业竞争力的五种基本竞争力模型。在这些模型中，他强调企业战略管理研究的重点应放在市场结构上，并把市场结构作为决定产业间绩效差异的主导力量。他认为企业成功取决于两个因素：一是参与竞争的产业的吸引力；二是在该产业中企业所处的相对位势。由此企业的溢价效应可以体现为两部分，即产业效应和位势效应。其中，产业的竞争状况决定了产业效应的大小，而产业的竞争状况取决于五种基本的竞争力量，即进入威胁、替代威胁、供方谈判能力、买方谈判能力以及现有竞争对手的竞争。其中产业内竞争的强度及最终的利润潜力是这五种力量相互博弈、竞争的结果。波特认为，企业可以通过选择成本领先（资源整合）、技术创新或目标聚集来取得相对良好的位势。

间、财力和精力或支付巨大代价才能获取的。显然，波特的竞争优势理论更多强调产业环境、产业优势等企业外部因素考量，而强调资源和能力的竞争优势理论则更注重从企业内部的特殊资产入手考察。

竞争优势理论同时适用于解释民办学校退出问题。一方面，面对少子化、教育国际化等市场冲击，民办教育市场竞争日趋激烈；同时在终身教育和全人教育的背景下，人民对多元化、高质量的教育需求日趋强烈，部分民办学校可能由于办学质量不佳、治理混乱以及转型不力等诸多内部因素丧失市场竞争力，最终不得不退出民办教育市场。另一方面，在日益激烈的市场竞争面前，部分民办学校要么通过深化教育教学改革，完善产权与治理结构，培育与发展独特品牌以加快自身发展，不断提高自身的发展竞争力；要么主动适应教育区域一体化的发展趋势，选择通过并购重组、强强联合、扩展业务等方法，扩大学校品牌，拓展外在资源或者通过兼并、收购其他行业或产业的资产，壮大自身实力，提高生存能力。在这样的情况下，就会出现部分民办学校被迫退出和一些民办学校主动退出的情况。

三、制度变迁理论

制度变迁就是制度的转换、替代和交易过程，即一种效率更高的制度替代另一种制度或更有效益的一种制度的生产过程以及交易过程。按照美国经济学家诺思（North）对制度变迁的阐释①，我国民办教育发展与政府的政策变迁密切相关，民办教育作为独特的教育形式，其产生的背景是为了解决人民教育需求增长与教育供给不足的矛盾，自始就带有浓厚的政府干预和政府主导印记。政府通过教育法律及其相关政策对民办教育直接或间接产生影响，有的甚至直接决定着民办教育的生存发展状况。

（一）变动不居的教育政策

民办教育初创期，为缓解人民日益增长的教育需求与政府有限供给严重失衡的矛盾，引导和鼓励各类投资主体积极办学，增加群众接受教育的机会，缓解教育供需之间的矛盾成为除公办教育之外，政府优先考虑的一个问题。民办教育迎来发展的政策红利期和难得的机遇期。政府主要通过以下政策来促进民办教育的

---

① 诺思认为，"制度是人所发明设计的对人们相互交往的约束。它们由正式的规则、非正式的约束（行为规范、惯例和自我限定的行为准则）和它们的强制性所构成"。而制度变迁通常包含诱致性制度变迁和强制性制度变迁两种方式。其中，主要由政府法令或政策引致的变迁称为强制性制度变迁；主要由市场因素主导或群体回应由制度不均衡而致的获利机会时所进行的自发性变迁方式称为诱致性制度变迁。制度是社会的一种博弈规则，经济与政治制度变迁一旦选择了之后，它可以进入良性循环的轨道并迅速优化，这是诺思路径依赖 I；但也可能顺着原来的错误路径往下滑，这就是诺思路径依赖 II。

发展：一是按照"非企业"的逻辑，赋予民办教育在土地使用、财政税收等方面的优惠，鼓励大家投资办学；二是分类管理改革之前，长期以合理回报制度实质赋予民办教育举办者一定的资产收益权（合理回报的额度、标准等也大都掌握在举办者手里或通过对学校的实际控制权来实现）；三是对民办学校设置的门槛较低（法律规定的资产过户等问题，如一些地方存在把关不严，学校资产过户情况不容乐观等情形）。因此，在民办学校发展中，特别是各类形形色色的民办教育培训机构如雨后春笋般冒出来。

然而，民办教育蓬勃发展的过程中却出现了很多民办学校或机构办学行为不规范、办学质量不佳甚至违法违规办学等情况。2017年以来，针对民办培训机构的密集型的政策出台，客观上促进了民办培训机构的规范治理，但一些地方对培训机构办学条件的不切实际的规定，也可能导致培训机构退出市场或采取更为隐蔽的方式来逃避监管。

（二）行为短期化倾向

按照新制度经济学的观点，利益是决定制度供给和制度创新的原动力。而利益的获取还离不开相对成熟的市场环境和政策环境，这些环境能够帮助市场主体对未来市场产生持续、良好的预期并愿意积极努力。相反，如果缺乏较为稳定的市场环境和政策预期，市场主体往往会采取投机的方式来谋求短期利益而不愿意为获取长期利益而付出努力。我国民办教育发展具有较为强烈的政府主导意味，发展过程中很多政策有易变性，甚至临时性和运动式的特点。就目前的分类管理制度而言，在2018年《民促法》出台后，很多地方在分类管理方面难以拿出具体的可操作性的实施细则，使得《民办教育促进法实施条例》实质处于"难产"状态。在这种情况下，市场主体往往难以对自己的长期利益作出准确预测和把握，加剧了举办者短期化、功利化的倾向，产生了一些从事高风险投资甚至违规违法等行为。在不少倒闭退出的民办学校中，一些学校单纯追逐短期效应，忽视学校教育教学质量、人才培养及师资队伍建设等长期性、根本性问题的解决，导致在日趋激烈的市场竞争中被淘汰出局。

（三）政府偏好与有限理性

新制度经济学认为，一项无效的制度安排"僵而不死"、得以维持往往是由政府偏好和有限理性、集团利益、官僚政治、意识形态刚性以及社会科学知识本身的局限等原因所致。一方面，政治稳定是政府竭力维护和追求的偏好。在技术上，国家同样是一个具有追求福利或效用最大化的理性"经济人"，即同样具有自己的偏好。教育在某种程度上不仅是教育本身的问题，还是一个社会问题和政治问题。新《民促法》颁布后很多法规政策"难产"或打折体现出现有民办教育制度变革的背后是对固有教育资源、利益分配格局重新分配和争夺的结果，处理不好不仅可能导致政策失效，甚至影响社会稳定。民办学校退出涉及多方利益主体的利益，单纯教育部门实际上很难从根本上打破既有格局或者为实现一个政策目标投入更多的时间和成本。另一方面，如同个人存在有限理性一样，政府同样存在认识上的有限理性，即"人不可能完全洞察并精确计算社会发展的各种变数"。近年来，在信息化、智能化条件下，伴随全人教育、终身教育、国际化教育及素质教育等持续升温，教育参与主体更加多元，教育类型、层次更加丰富，涌现了很多新的教育业态。而这些大多以较为灵活的民办教育形态出现。因此，民办教育呈现的问题更加烦冗芜杂、复杂多变。就民办教育的管理者而言，面对变动不居、纷繁复杂的教育环境很难准确、及时地作出政策调整或改变，不可避免地出现认知上的有限性和政策滞后性，使得政府面对民办教育的诸多问题时可能力不从心。

第三节 民办学校退出的内在动因

民办学校退出是内外部因素综合作用的结果。这里主要从投资风险、产权失灵及法人治理结构失衡三个层面对民办学校退出的内在动力和根本原因进行探讨。

一、民办学校退出与投资风险

与国外以捐资助学为主要特征的私立学校不同，投资办学构成我国民办学校的本质特征，这一点在民办高等教育领域表现得尤为明显。有学者认为，我国民办高等教育在发展中遇到的各种困境，几乎都与投资者对投资办学的特殊性认识不足有关。在这里，我们也重点以民办高校为例，对该问题进行分析。

我国民办学校的办学经费以自筹为主，具有投资办学的普遍性。与美国、日本等发达国家不同，我国民办学校一般以企业、个人和社会团体出资作为初始资本，并主要依靠学生学费收入作为学校后期主要的自我发展资金和财政收入，来自政府的资助以及社会资本的融资资金数量很少。因此，我国民办学校呈现出投资办学的特征。

然而，教育领域毕竟不同于商事领域，投资企业的思维也不能直接拿来用于投资教育，高等教育具有投资的非营利性、连续性、效果的长效性以及收益的周期较长等典型特征。此外，教育投资具有数量上的递增性和投资时间上的继起性等典型特征。伴随人们教育环境变化和教育需求的增加，人们除对教育的硬件设施要求越来越高以外，对教育服务、教育体验、教育感受等的要求也越来越高，迫使学校在软硬件设施、人员配备和师资培训等方面需要投入更多，教育投资呈现不断递增的特征；同时，教育的过程往往需要经过货币形态资本、教学形态资本和产品生成（毕业生）三种形态的转换，这都需要一个教育周期（三年或四年）的过程，而这一周期在时间上一般具有连续性和不可中断性等特点，当某一周期如果出现资金短缺或投资失败牵连的情况，学校就会陷入经营困境，整个周期就会面临被中断的危险。

实践中，很多民办学校的投资者恰恰对教育投资本身的这些特征缺乏清醒认识，以投资企业的心态办教育，盲目扩张和投资，不注重加强学校内涵建设，缺乏安安心心搞教育的心理，甚至以学校作为从事不当关联交易、非法牟利的场所，导致许多学校因为资金链断裂或投资失败而不得不退出教育市场。

二、民办学校退出与产权失灵

作为一种制度或规则，产权决定了社会应该如何组织生产和进行富有吸引力的产品分配，以激发经济活动主体的创造精神，推动社会经济的发展。产权有助于人们形成合理预期结果，但由于"产权是指一种权利，它只能来源于法律，它是国家以法律的名义授予的"，因此，一般认为，产权是民事主体对财产所拥有的占有权、使用权、收益权和处分权等一束财产权利。

教育产权，即相关教育组织和个人围绕民办教育财产所形成的以权利关系为主要内容的权利束。作为民办教育的核心制度，产权制度关涉民办学校产权界定、产权分配、产权流动、法人治理结构等诸多问题。可以说，产权失灵不仅是我国民办学校长期以来的一个突出问题，也成为众多民办学校退出的重要原因。

一是出资者相关权利残缺。新《民促法》颁布后，尽管对营利性和非营利性民办学校的法律地位作出了明确规定，但是按照法律规定，只有营利性民办学校的出资者是可以享有收益权的，对于非营利性民办学校的出资者则无权再享受任何形式的收益权（包括合理回报），而非营转营的这个选择不仅使广大出资者面临高额的转设成本，还会面临政府监管、社会认同等多方面风险。这也是导致分类管理顶层制度设计完成后，各地推进步伐缓慢、阻力重重的重要原因之一。

二是学校法人财产权难以保障。《民促法》规定，"民办学校存续期间，所有资产由民办学校依法管理和使用"，这表明民办学校对举办者或出资人投入学校的资产享有独立的完全的财产权，任何组织和个人在完成出资后不能擅自处分该部分资产。2004 年《民促法实施条例》、2007 年教育部颁布的《民办高等学校办学管理若干规定》、2018 年《民促法》等多次明确要落实民办高校的法人财产权，强化举办者出资义务，要求分别登记建账、强调资产过户义务。但实践中举办者落实学校法人财产权的情况参差不齐，有的不容乐观（在对 45 所民办高校的调查中发现，资产完全过户的仅有 2 所，占 4.4%，完全没有过户的有 11 所，占

24.4%，过户的法人财产占全部资产 50%以下的有 29 所，占全部受调查学校的 64.4%）。由于现行法律缺乏出资人有关出资责任追究制度，出资人违约与侵权行为时有发生，"资产过户"徒具形式之名而难有实质回应。有的举办者把学校当作个人的银行和提款机，随意挪用和担保，甚至有的携款跑路。由此给民办学校带来了严重的财务风险和治理风险，有的学校由此倒闭或退出。

三、民办学校退出与法人治理结构失衡

不同于企业的治理结构，民办学校法人治理结构存在的失衡问题也是导致民办学校退出的重要诱因。这里以民办高校为例。

一是民办高校法人治理结构不健全。根据《公司法》的相关规定，现代公司治理结构一般由股东大会、董事会、监事会、经理层（管理层）等组成，其中股东大会、董事会、监事会和经理层通常分别作为公司的最高权力机构、决策机构、监督机构和执行机构，各司其职、分权制衡，维护着公司内部的组织平衡和外部的有序运行。但我国《民促法》及《民促法实施条例》对民办学校应当设立学校理事会、董事会或者其他形式决策机构作出了规定，但在监督机构方面仍存在监督职能虚化、监督制度不完善、决策机制不健全、管理层职责不清等缺陷。这一点在实践中也得到了印证（2010 年 4 月根据学者调查，在 45 所民办高校中，只有 8 所学校单独设立了常设监督机构，不到受调查学校总数的 1/5，并且名称五花八门，有的称为"教授委员会"，有的称为"教学质量督导委员会"，有的称为"教职工代表大会"，有的称为"财务审计部"，自称"监事会"的仅有 1 所）。在"委托-代理制"的经营管理模式下，势必存在一定的治理风险和道德风险。

二是民办高校治理存在较严重的家族式管理问题。家族式管理是长期以来引起学界和实务界广泛关注的问题之一，也是造成我国民办高校法人治理结构不合理的一个突出问题。家族式管理容易导致学校利益集团的固化和联结，在关系学校发展重大事项、重要决策和决议制定实施的过程中，由于家族成员共同利益的需要出现控制权垄断、决策不民主等问题，从而影响学校的正常发展。当前比较普遍的举办者或其代表直接控制学校的理事会或董事会来实现对学校的控制，主要采取的控制形式也是民办高校法人治理结构失衡很重要的一种表现，并成为制约民办学校发展的瓶颈之一。要维持学校经营，就必须保证学生的就学机会，同时，在提出程序申请后，教职员工的工作也应该得到保证。另外，学校方面应保证能够随时处理学生毕业的相关事项,包括向毕业生发放毕业证书及成绩证明等。因为一旦私立大学未能重建，在这种情况下，破产大学的学籍管理者及毕业证书的发行人等问题的解决都需要法律支持。

第三章　民办学校退出基本样态与主要路径

本章首先对我国民办学校退出的主要样态进行归纳分析，在非营利性民办学校领域主要选取民办高校倒闭状况作为参照对象，在营利性民办学校领域主要选取近年来比较盛行的并购模式作为参照。以此为研究基础，进一步分析民办学校退出的影响因素。同时对当前我国法律法规政策和制度性文件以及具体实践中的退出路径进行简要分析和总结。

第一节　民办学校退出的基本样态

受国家政策、市场环境、社会环境、自身要素等多重因素影响，我国民办学校发展壮大的过程也是一个优胜劣汰、调整变革的过程。在这一过程中，民办学校退出呈现多种样态。按照退出主体意愿特征，可分为主动退出与被动退出；按照是否适用《企业破产法》和相关法律制度的标准，可分为破产性退出和非破产性退出；以营利性与非营利性作为划分标准，有营利性与非营利性学校退出。作为民办教育的一项重大制度创新，分类管理对传统民办教育格局产生了根本性影响，既有机遇亦有挑战，民办学校重新洗牌、转型退出可能成为民办教育发展新常态。笔者认为，在这一重新洗牌、转型退出的过程中，以问题学校"淘汰型"退出与营利性学校"发展型"退出并行发展将构成民办学校退出的两种基本样态，并呈现出独特的因危机而退出与因商机而退出的现实图景。为研究方便，在非营利性民办学校这部分，我们主要选取民办高校作为研究对象。

一、淘汰型退出：民办学校退出的传统样态

市场竞争、优胜劣汰是市场经济的基本规律。我国民办教育从一开始就打上了深深的政府主导的印记，民办教育是国家为解决群众日益增长的教育需求与政府供给不足之间矛盾的必然产物。但不可否认的是，伴随民办教育法律法规制度的进一步健全，国家和社会对高质量民办教育的需求日益强烈，在日趋激烈的市场竞争环境下，民办教育发展呈现"冰火两重天"的不同境遇。例如，有些民办学校发展迅速，有的则陷入倒闭破产境地。可以说，民办教育成长发展的历史就是优胜劣汰、自我革新的历史。

（1）淘汰型退出构成民办高校发展过程中退出的主要样态。自1982年12月4日，《中华人民共和国宪法》首次将社会力量作为国家教育事业发展的重要组成部分，使民办教育在国家层面上得到认可，实现了自新中国成立以后由取消到恢复的巨大转变，特别是1999年高校扩招政策刺激以及2002年《民促法》颁布，为民办教育创造了发展的广阔空间，民办教育获得了蓬勃发展。在快速发展的过程中，民办教育也出现了粗放式经营、无序发展甚至违法违规等不良现象，在民办教育相关法律法规和政策完善的过程中，不少民办高校陷入困境甚至倒闭（表3-1）。

表3-1　1993～2005年民办高校增减表　　　　　单位：所

年份	1993	1994	1995	1996	1997	1998	1999	2000	2001	2002	2003	2004	2005
与上年比的变化量	+307	+83	+331	−97	−15	+107	+55	+48	+90	−80	−56	+136	−86

注："+"表示增加，"−"表示减少

有学者通过对这一时期民办高校倒闭情况的考察，得出以下结论：一是从民办高校倒闭的时间来看，相对集中；二是从学校倒闭的层次来看，主要集中于民办非学历高等教育机构；三是从倒闭的趋势来看，似乎有向民办普通高校蔓延的趋势；四是从倒闭的学校层次来看，大多集中于300人以下的小规模学校；五是从倒闭学校分布的区域来看，主要集中于民办高校较多的省份；六是倒闭的民办普通高校基本是企业办学。从退出的内外原因来讲，既有来自政府政策不确定性、实质地位不平等政府层面的风险，也有来自生源竞争、市场变化、盲目扩张等市场层面的风险，以及来自社会认同较低、生源层次较低等社会层面的原因，但本质上还在于民办教育在发展初期由于粗放式经营，所出现的重规模轻质量、重扩张轻内涵，以及教育教学质量偏低、治理结构不完善、师资队伍不稳定等深层次原因。因此，在经历民办教育发展的初中期快速发展、粗放式经营的阶段后，随着民办高等教育市场日趋饱和，特别是分类管理后相关法律法规制度日趋完善、管理更加规范的情况下，必然会有一批问题学校面临淘汰退出的风险。

（2）分类管理后转型发展与政策风险叠加对民办学校构成双重压力。新《民促法》实施后民办学校转型发展的压力日益增大。除生源减少、竞争加剧等压力外，新法彻底改变了以往营利性与非营利性不分的状况，"二选一"的选项将引发新一轮民办学校的调整、变革和序列分布，部分举办者基于自身权益变化担忧对学校转型发展的信心不足。同时，政策的不完备性和不确定性也对部分举办者产生了较大的压力。

一方面，《民促法》取消了非营利性民办学校举办者的财产收益权和剩余财产分配请求权。《民促法》删除了"合理回报"的相关规定①。这在客观上切断了以往民办学校举办者可以通过"合理回报"制度或实际掌握学校的控制权，通过关联交易、无偿占有资产、虚高成本等形式变相获取收益权的制度空间和利益管道，使得举办者在选择非营利性民办学校时心存顾虑，有的甚至选择退出民办教育市场。有学者对全国 100 余所民办学校统计，发现有 64.1% 的举办者选择非营利性，有 28.1% 的举办者选择营利性，还有 7.8% 的举办者表示可能会终止办学。

另一方面，《民促法》针对两类民办学校设定了差异化的税收优惠、土地使用和财政支持等政策，并通过进一步强化学校监管制度、法人治理结构等加以保障。比如，在民办学校法人治理方面，强调民办学校要通过设立学校理事会、董事会或者其他形式的决策机构，建立相应的监督机制。在政府监管方面，《民促法》第四十一条首次提出"教育行政部门及有关部门依法对民办学校实行督导，建立民办学校信息公示和信用档案制度"的规定。这对那些学校法人治理结构不完善、办学行为不规范、长期钻制度空子的民办学校提出了更高的转型提质要求，一批学校将逐渐被市场淘汰。

（3）相比公办高校，民办高校先天的"短板弱项"在短期内难以改变。一直以来，公办与民办教育在社会认知、政策支持、制度保障等方面存在着实质上的不平等，突出表现在招生、师生待遇、扶持优惠等方面的差异与不平等。潘懋元和姚加惠（2006）教授在《民办高等教育发展的困境与前瞻》中对制约民办高校发展的困境问题进行了总结归纳。他们认为，影响民办高校发展的主要困境包括招生问题、师生待遇问题、评估问题、管理问题、生源问题、师资问题、资金问题、质量问题、办学思想与内部管理问题。《民促法》（2018）明确了营利性与非营利性民办学校分类管理，从长远看有利于民办学校的规范发展，但我们也应看到，任何一项法律制度从纸面到落地都需要一个较长的过程，特别需要地方政府的强力推动和积极作为。从以往民办教育法律实践来看，地方政府对待民办教育相关规范性文件的制定落实并不平衡，很多地方抱有观望、等待的态度或出现规范内容同质化、照搬复制等现象，制约民办学校发展的制度瓶颈短时间内难以根本改变。以高校生源录取为例，民办高校录取的学生大多为第三批次以下且多为专科层次。相反，公办高校从总体上则是全口径招生，招生渠道畅通，特别是近几年少子化和教育国际化趋势日益加剧，民办学校生源竞争更趋激烈。

（4）政策的不完备性与不确定性对民办学校退出起到了推波助澜的作用。在民办教育发展过程中，长期存在着制度供给不足或政策供给不足的问题。这种供

---

① 《民促法》第十九条规定："非营利性民办学校的举办者不得取得办学收益，学校的办学结余全部用于办学"。第五十九条对民办学校剩余财产权做了这样规定："非营利性民办学校清偿上述债务后的剩余财产应继续用于其他非营利学校办学；营利性民办学校清偿上述债务后的剩余财产，依照公司法的有关规定处理。"

给不足一方面体现在相关制度缺失，如民办学校产权制度、利益相关者权益保护制度、民办学校退出制度、法人治理制度等方面；另一方面表现在制度或政策落实的无效、低效甚至失效的状态。比如，形式主义的董事会、"双法人"现象，以及资产过户问题。

值得注意的是，我国民办教育自始就具有浓厚的政府主导印记，政府政策往往对民办学校发展构成重要影响。

2018年《民促法》修订的一个显著变化是规定义务教育阶段的民办学校不能选择成为营利性民办学校。这意味着我国民办小学、民办初中只能选择非营利性民办教育并按照非营利民办学校的相关制度要求从事办学。这对于目前大多数以投资办学为特征的义务教育阶段的民办学校来说，将不得不面对转型或直接退出市场的选择。统计显示，《民促法》修订后有16.7%该学段的民办学校举办者表示可能会终止办学。

当前建立在分类管理框架下的《民促法》，对很多问题只作出了原则性规定。如《民促法》对民办学校实行分类管理制度，明确了非营利性民办学校的办学结余全部用于办学，但对于已设立且选择登记为非营利性的民办学校，《全国人民代表大会常务委员会关于修改〈中华人民共和国民办教育促进法〉的决定》（以下简称《修法决定》）规定，可在民办学校终止时一次性给予出资人一定补偿或奖励，规定原文如下："本决定公布前设立的民办学校，选择登记为非营利性民办学校的，根据依照本决定修改后的学校章程继续办学，终止时，民办学校的财产依照本法规定进行清偿后有剩余的，根据出资者的申请，综合考虑在本决定施行前的出资、取得合理回报的情况以及办学效益等因素，给予出资者相应的补偿或者奖励……具体办法由省、自治区、直辖市制定。"至于民办学校退出标准、方式、转型发展等问题甚至没有规定，亟待《民促法实施条例》和地方民办教育立法制定出台具有针对性和操作性的配套政策。因此，短时间内民办教育政策的不完备和不确定性问题难以克服，导致民办学校退出的政策风险也不容小觑。

二、发展型退出：民办学校退出的新趋势

近年来，民办学校并购重组成为教育界的热点。继2009年中国辅教第一品牌诺亚舟收购小新星，2010年中国规模最大的司法考试培训机构万国教育集团对国培网的收购等典型案例以来，教育行业并购重组进入快速发展轨道，据不完全统计，相关的并购事件（排除失败案例之外）仅在2015年就发生了14起。2016年短短两个月时间，又相继发生了勤上光电、保龄宝、文化长城等三起涉及重大资产重组的教育行业并购事件。在2018年，教育部正式启动独立学院的"合并转设"工作后，民办学校抓住这一契机实现外延式扩张。例如，新华教育集团先后

并购了安徽医科大学临床医学院和南京财经大学红山学院，实现了企业和独立学院的共赢。新高教集团也并购了湖北民族大学科技学院和兰州理工大学技术工程学院。在并购的过程中，教育集团分布格局逐渐形成，教育集团也因此扩大了办学规模，奠定了扩张基础。目前几大高等教育集团运作了众多民办学校，覆盖本科院校和高职高专，且职业教育比例逐渐提高。希望教育集团拥有最多的民办高等院校，共19所，其中职业教育学校为10所，占比超过50%。民生教育集团以11所民办高等院校位居第二，其中职业教育学校占比也近50%。

民办学校并购重组持续升温源于多种原因，主要如下。第一，民办教育市场前景广阔。当前教育消费已经成为家庭消费的重要支出项目[①]。尽管从2018年以来国家加强了对各类培训机构的整治力度，但不可否认的是，现在几乎在任何一家写字楼、大厦甚至居民区都能看到各种令人眼花缭乱的培训机构，从传统文化艺术特长到现代的大脑开发、人工智能和机器人，家长和孩子似乎不自觉地已经被吸附在庞大的各类培训之网，身不由己而又无可奈何。相对各类培训机构门槛低、种类多等特点，民办高校则具有规模大、生源稳定、社会影响广泛等优点，因此近年来也成为资本买家的新宠。

第二，并购是实现资源优化配置的重要途径。当前民办教育领域竞争日趋激烈，除走特色化、品牌化办学之路外，保证一定的数量和体量优势也是增加自身抗风险能力的重要保障。当前自建、轻资产和并购是学校数量扩张的主要方式，其中自建新学校，需要完成购置土地、新建校舍、完善师资、增加设备等一系列软硬件设施建设，不仅成本高而且周期长；轻资产主要采取的是学校与房地产商、政府等引入三方合作办学的方式，以获取在土地审批、资金筹集等方面的合作共赢，但在目前用地紧张、审计与监管严格的条件下，对于一些没有资质和影响的民办学校来说，与政府、房地产商合作办学的机会和空间也将越来越小。相反，资金雄厚的民办教育集团通过并购等方式收购其他民办学校，不仅可以在短时间内实现学校规模的快速扩张，也有利于整合各种资源、实现资源优化配置。同时，一些民办学校也有意被收购，从而获得更多的融资机会和发展空间（表3-2）。

---

① 北京大学中国教育财政科学研究所与西南财经大学中国家庭金融调查与研究中心合作开展了"中国教育财政家庭调查"，入户调查了除西藏、新疆和港澳台的全国其他省（自治区、直辖市），共4万多户家庭。调查包括教育机会、校内校外教育支出以及获得的政府资助（学费减免、奖助学金等）。调查发现，2018~2019学年，全国家庭教育支出平均为1.13万元，家庭在每一个孩子身上平均花费8139元。城镇家庭教育支出平均为1.42万元，是农村家庭（8205元）的1.7倍。一个孩子从学前三年到大学本科毕业一个家庭的教育支出23.3万元左右。其中家庭支出水平最低的20%家庭花费约18万元，家庭支出水平中等的20%家庭花费约22.4万元，而家庭支出水平最高的20%家庭花费约42.4万元。这项研究里的家庭教育支出，校内部分包括学费、校服费、伙食费、考试费、住宿费、体检费等，校外部分包括校外实习费用、兴趣班、在线教育产品服务等。

表 3-2　2017～2018 年教育行业重大融资案例

标的	子行业	时间	金额
学霸君	K12	2017/1/20	1 亿美元
翡翠教育	职业教育	2017/1/23	3 亿元人民币
Makeblock	素质教育	2017/3/16	2 亿元人民币
英语流利说	语言培训	2017/7/26	近亿美元
作业帮	K12	2017/8/14	1.5 亿美元
VIPKID	语言培训	2017/8/23	2 亿美元
高思教育	K12	2017/9/20	5.5 亿元人民币
传智播客	职业教育	2017/9/22	2.47 亿元人民币
作业盒子	K12	2017/10/12	2 亿元人民币
猿辅导	K12	2017/10/12	3 亿美元
掌门 1 帮 1	K12	2017/12/26	1.2 亿美元
哒哒英语	语言培训	2018/1/9	1 亿美元
作业盒子	K12	2018/2/1	1 亿美元
一起作业	K12	2018/3/20	2.5 亿美元
VIPKID	语言培训	2018/6/21	5 亿美元
作业帮	K12	2018/7/8	3.5 亿美元
作业帮	K12	2018/10/2	5 亿美元
VIP 陪练	素质教育	2018/11/2	1.5 亿美元
高通网校	职业教育	2018/11/9	8 亿元人民币
掌通家园	教育信息化	2018/12/5	1 亿美元

资料来源：根据华夏桃李发布的《2018 教育行业融资并购报告》提供的资料整理

第三，国家和地方持续出台的扶持政策也成为助推包括民办教育在内的教育市场繁荣的重要诱因。例如，2014 年 5 月，国务院印发《关于加快发展现代职业教育的决定》。同年 11 月，教育部进一步明确了我国学前教育的基本政策和管理体制。2015 年 3 月，国务院《政府工作报告》将"互联网+"概念上升为国家战略，开启了"互联网+"教育产业的新格局。同年 9 月，教育部出台加快教育信息化进程的相关政策，鼓励在政府引导下社会资本积极参与。2016 年 6 月《教育信息化"十三五"规划》，明确要建设"人人皆学、处处能学、时时可学"的教育信息化体系。与此同时，一些鼓励民办教育的政策也频频出台，特别是《民促法》提出允许设立营利性民办学校，并在产权、收费、收益分配等方面做了原则性规定，进一步扫除了营利性民办学校发展的制度障碍，加之国家全面放开三孩政策以及个税改革方案将对教育产业产生新一轮刺激。其中校际、校企间的兼并重组将成为民办领域发展的新趋势和新动能，一批民办学校可能会通过主动并购重组整合资源、壮大实力，一些民办学校则可能被兼并或收购而退出市场。无论是主动退出抑或被动退出，我国民办教育退出将呈现因"危机"而退出与因"商机"而退出两幅别样的图景。

第二节　民办学校退出的主要路径

实践中我国民办学校存在多种退出形态。结合不同的退出形态，设计相应的制度规范和程序，是保障民办学校有效退出的重要前提与保障。美国营利性与非营利性私立学校并行发展，退出形态却情况各异。以私立大学为例，美国非营利性私立大学退出一般包括合并、所有权转让、重整（美国《联邦破产法典》第十一章）、所有权转让四种形式；清算型退出包括：倒闭和破产清算（美国《联邦破产法典》第七章）。而并购构成了营利性私立大学退出的主要样态。关于民办学校退出形态，国内学者的划分各异，主要有以下三种。①民办学校倒闭。学者将其主要划分为以下几种：第一，彻底停办或消亡。第二，被兼并、合并或转让。此项又可细分为四种形式：一是被公办院校合并；二是成为公办院校的分校或独立学院；三是被其他民办高校或民办教育集团所兼并；四是转让。第三，学校改制（即由民办转为公办）。②民办学校重组。有学者把民办院校间的重组，大致归纳为以下类型：政府收购、跨国跨行业并购、企业收购民办院校、民办院校收购企业、民办院校之间的并购、民办院校并入公办学校、民办学校兼并公办高校、企业与民办高校联合办学。③对民办学校退出类型化分析。有学者运用类型化的划分方法，依据不同标准，将民办学校退出划分为自愿性退出与被动性退出、营利性退出与非营利性退出以及破产性退出和非破产性退出。从我国《民促法》的相关法律规定及具体实践来看，主要存在以下几种退出形式。

一、非营利性民办学校退出

非营利性民办学校的退出主要参照《民促法》的相关法律规定，同时按照《民办学校分类登记实施细则》的相关规定，非营利性民办学校可登记为民办非企业单位或事业单位，因此，有关民办非企业单位及事业单位退出的相关法律法规也应该予以适用。

（一）合并

《民促法》对民办学校合并没有作出明确的界定，但可参照《公司法》有关合并的法律规定。民办学校的合并是指两个或两个以上的民办学校合并为一个民办学校的法律行为。其主要包括吸收合并和新设合并两种形式。其中吸收合并指一个民办学校归并于另一个民办学校中去，被吸收的民办学校法律地位丧失，吸收的民办学校继续存续的法律行为。新设合并是指两个以上的民办学校合并为一个新的民办学校，原来的民办学校消失。

（1）法律依据。最早对民办学校合并问题作出规定的是 1997 年的《社会力量办学条例》（国务院令第 226 号）。2002 年《民促法》第五十三条、2018 年《民促法》第二十二条等都对民办学校合并、分立做了比较明确的规定。

（2）法律程序。一是拟合并学校协商确定合并方案，签订合并合同。二是由学校理事会或董事会审议并通过合并方案和合并协议。借鉴《公司法》相关法律规定，一般地，学校合并也应属于学校内部的"重大事项"，通常需要民办高校的决策机构（理事会或董事会）对合并事宜行使决定权，并须经三分之二以上理事或董事同意。三是提请审批机关批准。审批机关自受理之日起三至六个月内，委托教育专业评估机构对拟合并院校提交的申请书及其可行性报告进行论证、评审，作出是否批准合并的决定。获得批准的学校按照相关规定，办理资产过户及变更登记等手续。

（3）法律效果。一是债权债务的承担。学校合并后，合并各方原有的债权债务一般由合并后存续的学校或新设的学校继承或承担。二是办理相关手续。学校在完成合并后，应对原登记机关完成变更登记，应合并而消灭的学校，应履行注销登记手续。对于因合并而终止的民办学校，应当由审批机关收回办学许可证和销毁印章，并办理注销登记手续。办学许可证、印章和法人登记证书均是证明民办学校合法存在的证明。当学校终止后，这些证明文件也应由审批机关及时收回，并注销登记。

（二）变更

民办学校在发展过程中，会面临若干事项的变更。这些变更除办学地址、专业设置等变更外，还包括学校法定代表人、校长、举办者等重要人员变更，学校名称、办学层次、办学类型或分立、合并导致的变更以及学校资产变更、学校章程变更等情形。这些事项的变化有的直接宣告了某些学校退出了历史舞台，如一些学校升格或改名导致学校退出；有的则对学校的资产状况、组织机构等产生了重大影响，甚至直接导致学校倒闭或破产。因此，从这个意义上来讲，民办学校重大事项的变更也应属于广义的退出方式。

（1）法律依据。《民促法》第二十二条规定学校理事会或者董事会行使决定学校其他重大事项的规定；第五十四条①与第五十五条②分别对民办学校举办者和办学名称、层次、类别的变更规定。

（2）退出程序。从《民促法》的规定来看，仅仅对民办学校举办者、学校名称、层次和类别等情形的变更作出了规定，但对于其他事项的变更没有作出规定，同时规定的程序也较为粗糙。在具体的实践中，民办学校的变更一般都有更为详细和有针对性的规定。例如，针对民办学校名称、层次、类型的变更，一般需要经过如下程序：①学校决策机构（一般为学校的理事会或董事会）提出变更申请。②提供相关证明材料。例如，变更名称的，提交由民政局提供的名称预审文件；变更办学层次、类别的，按照变更后的办学层次、类别设置标准的要求提供有效证明文件（包括学校资产、校长、教师等方面的证明文件）；此外，还需要提供对原来层次的在校学生如何安置分流，提供具体去向及相关协议；变更后的学校章程等材料。③审批机关核准。针对举办者变更，一般需要经过以下程序：①原举办者提出变更申请；②学校决策机构（一般为学校的理事会或董事会）通过变更举办者的决议；③对原举办者办学以来的财务收支进行审计及财产清算报告；④提交拟任举办者的相关资格证明；⑤原举办者与拟任举办者之间签订的关于学校变更前后债权债务及学生安置等问题的协议并公证；⑥审批机关核准，由学校向审批机关办理举办者变更登记手续。

（三）转设（转制）

转设有广义和狭义之分。在狭义上多用于专指独立学院的转设问题，即独立院校发展到一定阶段，具有一定规模后会脱离母体学校独立办学的状况。从广义上，还包括民办校转公办校、公办校转民办校，以及分类管理后部分民办学校转设为营利性或非营利性为表征的学校在办学性质和办学类型上发生根本性变化。

对于独立学院来说，作为20世纪90年代末高校扩招后异军突起的时代产物，其亦公亦民的特质在较大程度上构成了对一般民办普通高校的不当竞争和利益抢夺，使得其饱受质疑。从2008年随着对独立学院的"撤""并""转"等一系列

---

① 《民促法》第五十四条规定，民办学校举办者的变更，须由举办者提出，在进行财务清算后，经学校理事会或者董事会同意，报审批机关核准。

② 《民促法》第五十五条规定，民办学校名称、层次、类别的变更，由学校理事会或者董事会报审批机关批准。申请变更为其他民办学校，审批机关应当自受理之日起三个月内以书面形式答复；其中申请变更为民办高等学校的，审批机关也可以自受理之日起六个月内以书面形式答复。

政策①的提出和推行，独立学院数量有所减少，截至 2015 年，全国共有独立学院 275 所。

对于分类管理后存量民办学校选择转为营利性或非营利性，国家则将其下放到地方政府，目前大部分地方的民办教育实施意见中都规定了过渡期（也可以理解为转设期）。对于民办校转公办校、公办校转民办校则在《民促法》中没有明确规定，某些地方政府②结合实际制定了规章或制度性文件。但是目前多数地方新政对现有民办学校如何转设为营利性民办学校，在财务清算、税费缴纳、剩余财产补偿奖励等方面没有具体可操作性的规定，特别是对于如何比较转设前后土地出让金的问题是制约转设最大的难点问题，如果按照转设时的土地出让金制度必然会给举办者带来极大的财政压力，而选择转为非营利性民办学校意味着举办者要完全让渡自己的收益权（这一点根本源于我国民办学校大多以投资办学为本质特征）和对学校的控制权，大多数似乎心有不甘，导致目前很多举办者处于观望、焦虑等状态，对分类管理普遍心存抵触，实践中完成实质性转设为营利性学校的案例并不多。因此，除进一步降低转设成本外，建议以学校设立时的土地差价为基础计算土地出让金补交基本标准，或按照现有土地出让价格为基础计算土地出让金补缴费用（但对此应减免相关税费），也可以允许分期或缓交相关费用。

（四）终止

终止主要包括民办学校自行终止和强制终止两种形式。对于那些由于客观原因不能继续办学的民办学校、少数不具备办学条件且长期得不到改善的民办学校，允许其自行终止或转变办学类型。对少数办学行为极不规范且已导致严重后果的民办高校，可以吊销其办学许可证或实施强制终止。

（1）法律依据。《民促法》第五十六条、第五十七条、第五十八条、第五十

---

① 2006 年《教育部关于"十一五"期间普通高等学校设置工作的意见》中首次提出"独立学院转设"概念。2009 年 2 月，教育部办公厅下发《关于编报省级〈独立学院五年过渡期工作方案〉的通知》，明确规定独立学院可以转设为民办本科和专科院校。2011 年，《教育部关于"十二五"期间普通高等学校设置工作的意见》专门对独立学院转设时间制定了优惠政策。2014 以前每年均可按照高等学校设置工作要求开展独立学院转设的审批工作。在上述政策文本中，尽管转设并非独立学院唯一出路，教育部有关领导也确认独立学院仍可作为长期存在的组织形式，但是转设明显已成为举办者为独立学院未来发展考虑的重要选项之一。

② 比如，杭州市人民政府在 2009 年颁布了《关于进一步完善中小学办学体制改革工作的若干意见》（杭政〔2009〕5 号）。其中规定，转为公办学校的，要及时调整财政投入，确保学校正常运转。从 2010 年秋季起，在校就读学生可享受公办学校收费政策与标准，义务教育阶段的学校应重新划定学区，实施免费就近入学。转为民办学校的，在资产清查和审计的基础上，委托有资质的评估机构对需转让和租赁的资产按照不同目的进行评估，评估报告经资产监管部门核准或备案后，按照规定程序进行资产转让或租赁。有关区、县（市）要在 2009 年 10 月底前明确所属义务教育阶段"国有民办"学校体制调整方向，11 月底前完成实施方案的制订工作，年底前基本落实到位；2010 年秋季开学后按照调整后的新体制运行。高中阶段"国有民办"学校体制调整工作在 3 年内完成。

九条、第六十条和第六十二条的规定。其中第五十六条侧重对民办学校终止的法定情形进行了规定①。第五十七条、第五十八条、第五十九条分别对民办学校终止时学生的安置义务、财务清算以及剩余财产分配问题进行了规定。第六十条规定被终止的学校负有由审批机关收回办学许可证和销毁印章，并注销登记的法定义务和程序。第六十二条则重点对包括"恶意终止办学，抽逃资金或者挪用办学经费的"等八种民办学校违法违规行为作出了规定，这些行为若情节严重的，不仅可能面临责令停止招生、吊销办学许可证的行政处罚；构成犯罪的，还可依法追究刑事责任。

（2）法律程序。对于要求自行终止办学、被吊销办学许可证的应当履行相应的程序②。在这些程序中，鉴于民办学校本身的公益性和广泛的社会影响性，一般除履行必要的财产清算、审批同意、债权债务处理等程序外，还需要对学生教职工遣散安置、学生学业权保护等问题进行规定。

（3）需要进一步探讨的问题。一是对吊销办学许可证行为的认识。从严格意义上讲，"吊销办学许可证"只是取消学校的办学资格，使学校不能继续从事办学的资格，但并不必然意味着学校在法律意义上民事主体资格的丧失。"撤销"则不同，其更强调一种法律意义上学校作为民事或商事主体资格的丧失。因此尽管二者都能导致学校的退出，但含义并不相同。在实践中，一些被吊销办学许可证的学校仍然可以依靠校产出租来维持生存，这对学校存续及债权人利益的保护有利，但从规范民办教育市场来看，也潜藏着诸多风险，因此，在吊销学校办学许可证时，是否需要撤销学校，实行强制终止值得进一步探讨。二是利害关系人

---

① 《民促法》第五十六条规定，民办学校有下列情形之一的，应当终止：（一）根据学校章程规定要求终止，并经审批机关批准的；（二）被吊销办学许可证的；（三）因资不抵债无法继续办学的。

② 对于要求自行终止办学的民办学校，应履行如下程序。一是需经董事会会议2/3以上董事通过，并作出会议决议。二是学校提出学生安置、教职工遣散和学校债权债务处理方案，连同董事会会议决议一起报审批部门审核。三是经教育行政部门核准后，由学校自行组织清算。即由学校举办方委托具有规定资质且经教育主管部门认可的会计师事务所，进行学校财务清算，对资产状况进行审计、评估和鉴定。四是清算完成后，依《民促法》第五十九条规定的顺序进行清偿。五是在妥善安置在校学生和教职工，稳妥处理各类债权债务后，举办者应向审批部门交回办学许可证，并向登记机关办理注销手续。六是要求转为非学历教育且符合条件的民办院校，按照举办非学历教育机构的要求，重新进行申报，审批部门应予以特事特办、从速审批。对于被吊销办学许可证的民办学校，一般应履行以下程序。一是审批机关依法向被吊销办学许可证的民办学校派驻清算工作组，启动财务与资产清算工作（具体清算业务则可委托专业会计师事务所进行）。二是审批机关在向学校派驻清算工作组的同时，应妥善做好在校学生的安置和教职工的遣散工作，并先行提供必需的经费援助和渠道支持（必要时要商请公安机关介入学校，以维持稳定。在举办方存在隐匿资产或逃废债务的情况下，还要提请人民法院协助查封或冻结举办者与学校相关的资产。三是审批机关在清算过程中，一旦发现学校存在不能清偿到期债务或清算资产不足以抵债的情况，按照有关法律法规的规定，应及时与学校举办方（债务人）和相关债权人通报，并停止清算工作。四是在没有发生不能清偿到期债务或清算资产不足以抵债的情况下，当清算工作结束之后，审批机关依据《民促法》第五十九条所规定的清偿顺序，敦促校方启动清偿工作。五是在妥善处理民办高校剩余财产的分配事宜后，审批机关收回学校办学许可证，勒令学校办理注销手续，终止办学行为。

权益保护问题值得重视。民办学校终止，关涉民办学校、举办者、受教育者、雇员（教职员工）、债权人、地方政府等利害相关者的利益。因此，如何在民办学校终止时切实保护利害关系人的利益对推动民办学校有序退出，维护社会和谐稳定具有至关重要的意义。

（五）破产

"破产"一词，按照通常的语义理解，指的是财力耗尽或彻底失败的意思。法律意义上的破产，则指债务人处于法院依法定条件和程序所确认的已不能以现有财产清偿到期债务的状态。

（1）法律依据。对于非营利性民办学校是否具有破产能力？一般地，学界和实务界将《民促法》第五十六条规定的民办学校因资不抵债无法继续办学应当终止视为其破产的法律依据。一方面，《企业破产法》第一百三十五条规定"其他法律规定企业法人以外的组织的清算，属于破产清算的，参照适用本法规定的程序"。这表明合伙企业、民办学校等非企业法人机构依照法定规则进入市场，参与竞争，也需要依照法定的规则退出市场。这为非营利性民办学校破产清算找到了法律依据。另一方面，近年来，我国司法实务中也出现了多起民办学校破产的典型案例①。因此，因资不抵债无法继续办学的民办学校具有破产能力。

（2）法律适用。我们认为，有权启动破产程序的主要包括以下主体：民办学校或清算组、债权人。对于债权人应审慎对待有权启动破产申请的民办学校债权人的范围，因为我国民办学校的主要债权人是贷款银行、建筑商等，他们往往关心通过破产实现经济上债务的清偿，不会关心学生教育权利和社会公共利益可能受损等情况，因此，不加限制地允许其申请破产可能会带来其他意想不到的问题。同时，要在建立明晰的民办学校法人财产权的基础上，逐步建立和完善民办学校的破产风险评估机制、债权人资格审查制度、债权人恶意申请的惩罚性赔偿制度、人民法院与教育行政部门联系机制及社会保障等相关方面的立法。

---

① 例如，2004 年 1 月重庆市一中院受理了重庆市华桦实验学校破产清算案；2006 年深圳市中院受理了华茂系列案及广东建华学校破产案，特别是 2010 年 12 月 16 日，最高人民法院针对贵州省高级人民法院《关于遵义县中山中学被终止后人民法院如何受理"组织清算"的请示》的批复指出："依照《中华人民共和国民办教育促进法》第九条批准设立的民办学校因资不抵债无法继续办学被终止，当事人依照《中华人民共和国民办教育促进法》第五十八条第二款规定向人民法院申请清算的，人民法院应当依法受理。人民法院组织民办学校破产清算，参照适用《中华人民共和国企业破产法》规定的程序，并依照《中华人民共和国民办教育促进法》第五十九条规定的顺序清偿"。

（3）清偿顺序问题。《民促法》第五十九条[①]和《企业破产法》第一百一十三条[②]都有所规定。根据特别法优于一般法适用的立法规定，在确定清偿顺序时应首先适用《民促法》第五十九条的规定，在第五十九条没有规定或规定不明确的情况下，可以参照《企业破产法》的相关规定来执行。

二、营利性民办学校退出

按照现行法律的法律规定，营利性民办学校本质上属于公司法人，其退出除适用《民促法》以外，也应适用《公司法》《企业破产法》及其配套法律规范的相关规定。由此，营利性民办学校退出主要包括以下几种形式。

（一）并购

并购，是兼并（merger）和收购（acquisition）的简称。通常指一个公司为控制目标公司的经营管理，购买目标公司的全部或部分资产或股权，被并购公司保留或消灭法人资格的行为。并购有狭义和广义之分。狭义并购主要指商事法上的吸收合并和新设合并。广义并购除吸收合并和新设合并外，还指通过参与经营或购买某企业的股权和资产从而控制该企业的行为，一般包括公司合并、营业受让、资本合作、股份取得或者营业合作等形式。

与并购相近的还有几个概念，实践运用中容易产生歧义，特别予以解释。

（1）合并。合并指两个或两个以上的公司依法变更为一个公司的法律行为。合并分为吸收合并和新设合并。其中吸收合并在《布莱克法律词典》被解释为 "merger of corporations"，指一个公司吸收其他公司，吸收的公司取得被吸收公司的资产、责任、特许权和权利并保留自身的名称、实体资格，被吸收公司则丧失独立的商业资格。新设合并（consolidation of corporations）指两个或以上的公司共同组成一个新的公司，两个公司解散，新公司接管解散公司的资产并承担相应责任。

（2）兼并。按照《大不列颠百科全书》的解释，兼并指两家或更多的独立的企业、公司合并组成一家企业，通常由一家占优势的公司吸收一家或更多的

---

① 《民促法》第五十九条规定："对民办学校的财产按照下列顺序清偿：（一）应退受教育者学费、杂费和其他费用；（二）应发教职工的工资及应缴纳的社会保险费用；（三）偿还其他债务。非营利性民办学校清偿上述债务后的剩余财产继续用于其他非营利性学校办学；营利性民办学校清偿上述债务后的剩余财产，依照公司法的有关规定处理。"

② 《企业破产法》第一百一十三条规定："破产财产在优先清偿破产费用和共益债务后，依照下列顺序清偿：破产人所欠职工的工资和医疗、伤残补助、抚恤费用，所欠的应当划入职工个人账户的基本养老保险、基本医疗保险费用，以及法律、行政法规规定应当支付给职工的补偿金；破产人欠缴的除前项规定以外的社会保险费用和破产人所欠税款；普通破产债权。破产财产不足以清偿同一顺序的清偿要求的，按照比例分配。"

公司①。与兼并相近的一个词语是并购，但合并不同于并购②。

（3）收购。与合并不同，公司合并在主体关系上往往呈现一种"友善"的外观（通常合并主体各方通过平等协商和自愿为基础达成），而收购的本质目的在于取得目标公司的经营控制权，控制权收购方与目标公司之间往往需要经历争夺与反争夺，收购与反收购者的争夺，有时目标公司管理层会作出不同意甚至对抗措施反收购，此时双方会呈现一种不合作甚至敌对的关系。在法律适用上，合并主要适用《公司法》的相关规定，收购主要适用《证券法》的相关法律规定。

（4）联合。联合（amalgamation）主要指几个机构在不放弃各自独立性基础上形成一个新的、相互之间实现有机融合的新机构。相对于合并来说，它更注重"混合"与"融合"。

（二）终止

按照《公司法》的规定，终止是指依法定程序结束经营并消灭法人资格，可分为解散与破产。作为营利性民办学校法人因其完全符合营利性法人的特征，首先其属于民法中的营利性法人。同时，营利性民办学校也属于《公司法》《企业破产法》中的公司法人。因为按照《民促法》规定，营利性民办学校只可以公司的形式设立登记，一些地方的行政法规也印证了营利性民办学校为公司法人的做法。2017 年 9 月，国家工商行政管理总局、教育部联合印发了《关于营利性民办学校名称登记管理有关工作的通知》对此作出了详细规定③，使得《公司法》《企业破产法》以及民办学校相关法律法规都可以作为营利性民办学校的法律依据。

终止的相关法律规定主要体现在：《民促法》第五十六条、《营利性民办学

---

① 公司兼并有广义、狭义之分。一般来讲，狭义的兼并即指吸收合并。广义的兼并，主要包括狭义兼并、收购、接管及联合等多种形式，其不考虑产权交易涉及的目标企业或公司的法人地位的保留与否。1989 年《关于企业兼并的暂行办法》中对兼并的定义是一个企业购买其他企业的产权，使其他企业失去法人资格或改变法人实体的一种行为；1992 年出台的《国有资产评估管理办法施行细则》中对兼并的定义为一个企业以承担债务、购买、股份化和控股等形式有偿接收其他企业的产权，使被兼并方丧失法人资格或改变法人实体。从上述的法律规定来看，两部法律文件对兼并内涵的规定并不完全一致，《关于企业兼并的暂行办法》中的兼并实质上是狭义的兼并，类似于《公司法》中的吸收合并，而《国有资产评估管理办法施行细则》的兼并实质上是广义的兼并。

② 合并不等于并购。首先，二者概念的内涵和外延不同。并购中的兼并即为吸收合并，并购中的收购不包括在合并的内涵中。同样的，合并中的新设合并也不能为并购所涵盖。其次，行为目和效果不尽相同。公司的合并是公司组织变更的一种形式，是"友好型的公司并购类型"，而并购虽可能导致公司形式的变更，但购买股权或资产并非其追求的最终目的和结果，其最终的目的和结果是交叉持股或实现控制权的转移。但是我们认为，合并抑或并购均会导致公司组织形式的变更，甚至会导致一个或几个公司退出市场，因此，除法律有特殊规定外，都应该遵守现行法律关于公司合并的相关规定。

③ 《关于营利性民办学校名称登记管理有关工作的通知》规定：营利性民办学校应当按照《中华人民共和国公司法》《中华人民共和国民办教育促进法》有关规定，登记为有限责任公司或者股份有限公司。

校监督管理实施细则》第三十八条①，以及《民法典》第六十八条②的规定中。按照这些规定，民办学校终止的原因主要包括以下情形。

第一，根据学校章程规定要求终止，并经审批机关批准的。此处学校章程作为营利性民办学校的"内部宪章"，可以由出资人协商制定有关终止的事项，如因合并、分立终止；因重大资产变更、重要人事变动等重大事项变更等。同时，我们也注意到，学校符合自身内部终止事由，并不必然导致学校终止，尚需审批机关批准同意，以体现教育本身的公益性属性。

第二，被吊销办学许可证。办学许可证是民办学校是否具有合法办学资格的总证明，类似于商事主体的营业执照。民办学校在取得办学许可证后，方可以进行法人登记，获得法人主体资格。一般地，办学许可证标明了学校的办学层次、办学地址、办学形式、办学内容等内容，我国《民促法》第六十二条规定，民办学校不得伪造、变造、买卖、出租、出借办学许可证，对于违反国家有关规定擅自举办民办学校的，视情节轻重给予相应处罚。尽管吊销办学许可证只是取消了办学的资格，并不直接导致学校法人资格的消灭，但是由于办学活动是民办学校存在的物质基础和对外的信誉基础，因此，吊销办学许可证不仅会使民办学校陷入不利的生存发展境地，有的还直接导致民办学校退出市场。

第三，因资不抵债无法继续办学的。通常认为，民办学校陷入资不抵债无法继续办学的状态时，按照我国《民促法》③规定可由人民法院组织清算。此时可以作为启动民办学校破产的法定事由。但也有学者认为，《民促法》第五十六条的规定相较于《关于适用〈中华人民共和国企业破产法〉若干问题的规定（一）》（以下简称《企业破产法解释（一）》）第一条、第二条的规定④过于粗糙，民办学校相比其他商事主体又具有较为特殊的公益性，是否应作为破产原因值得研究。笔者认为，《民促法》第五十六条尽管不如《企业破产法解释（一）》第一条、第二条的规定更为详细，但在对外债务清偿方面并无二致，因此可以作为破产的法定原因，但在认定何为"资不抵债"时，可以参照《企业破产法解释（一）》

---

① 《营利性民办学校监督管理实施细则》第三十八条规定，营利性民办学校有下列情形之一的，应当终止：（一）根据学校章程规定要求终止，并经审批机关批准的。（二）被吊销办学许可证的。（三）因资不抵债无法继续办学的。

② 《民法典》第六十八条规定，有下列原因之一并依法完成清算、注销登记的，法人终止：（一）法人解散；（二）法人被宣告破产；（三）法律规定的其他原因。

③ 《民促法》第五十八条规定，因资不抵债无法继续办学而被终止的，由人民法院组织清算。

④ 《企业破产法解释（一）》第一条规定，债务人不能清偿到期债务并且具有下列情形之一的，人民法院应当认定其具备破产原因：（一）资产不足以清偿全部债务；（二）明显缺乏清偿能力。相关当事人以债务人的债务负有连带责任的人未丧失清偿能力为由，主张债务人不具备破产原因的，人民法院应不予支持。第二条规定，下列情形同时存在的，人民法院应当认定债务人不能清偿到期债务：（一）债权债务关系依法成立；（二）债务履行期限已经届满；（三）债务人未完全清偿债务。

第一条、第二条的规定。

此外，按照《民法典》第六十八条规定，对于法人解散，法人被宣告破产和法律规定的其他原因导致终止的，都可以视为法人终止。

（三）解散

对于民办学校解散，整个民办教育相关立法中均未出现"解散"字样，只出现"终止"字样，《民法典》第六十九条①和《公司法》第二百二十九条②以及第二百三十一条③分别对法人解散和公司解散问题作出了规定。关于终止和解散，二者是否存在本质区别？笔者认为，解散是指私立学校法人丧失法人主体地位，被剥夺继续从事教育活动的资格。尽管二者在类型上并不完全一样，如解散包括司法解散，但从法律后果来看，二者并没有本质区别。无论终止还是解散，都是宣告法人主体资格的灭失。因此《民法典》与《公司法》有关公司解散的法律规定应同样适用于营利性民办学校。其解散的法定原因主要包括以下六点。

第一，民办学校章程规定的存续期间届满。此处虽然属于学校章程自主规定的内容，但由于学校能否存续，存续期间多长等受主客观多重因素影响，很难对其作出明确规定，实践中更可能是一种弹性的或者原则性的规定。

第二，民办学校章程规定的其他解散事由出现。此外的"其他解散事由"一般指民办学校办学目的达成或出现导致其办学目标根本落空的情形，如受国家政策调整影响（义务教育阶段不能举办营利性民办学校等），学校经营状况持续恶化、招生困难等情形的出现。例如，在学校章程中可以规定，当学校连续五年亏损且招生人数达不到一定规模的，就可以作为学校解散的原因。

第三，民办学校理事会或者董事会决议解散。理事会或董事会是民办学校的权力机构，其有权对民办学校的终止事项作出决议。《民法典》对于营利法人应该是否设立权力机构也作出规定④，但是问题在于，一些营利性民办学校并没有完善的治理机构，也很难有规范的董事会或理事会机制。完善民办学校治理机构对学校的健康成长十分必要。

---

① 《民法典》第六十九条规定，有下列情形之一的，法人解散：（一）法人章程规定的存续期间届满或者法人章程规定的其他解散事由出现；（二）法人的权力机构决议解散；（三）因法人合并或者分立需要解散；（四）法人依法被吊销营业执照、登记证书，被责令关闭或者被撤销；（五）法律规定的其他情形。

② 《公司法》第二百二十九条规定，公司因下列原因解散：（一）公司章程规定的营业期限届满或者公司章程规定的其他解散事由出现；（二）股东会决议解散；（三）因公司合并或者分立需要解散；（四）依法被吊销营业执照、责令关闭或者被撤销；（五）人民法院依照本法第二百三十一条的规定予以解散。

③ 《公司法》第二百三十一条规定，公司经营管理发生严重困难，继续存续会使股东利益受到重大损失，通过其他途径不能解决的，持有公司百分之十以上表决权的股东，可以请求人民法院解散公司。

④ 《民法典》第八十条规定："行使修改法人章程，选举或者更换执行机构、监督机构成员，以及法人章程规定的其他职权。"

第四，因学校合并或分立需要解散的。对于吸收合并，被吸收方因合并而解散；对于新设合并，合并各方均解散；民办学校实行分立，若为派生分立，不存在解散问题；若为新设分立，原学校解散，不必进行清算，依法终止其法人资格。同样地，因学校合并或分立需要解散的，并非民办学校单方行为即可促成，需要报审批机关批准。

第五，民办学校被依法吊销办学许可证，责令关闭或者被撤销。该种解散本质上属于行政性强制解散，往往是由于民办学校在经营过程中出现严重的违法违规现象而被有关主管机关作出有关终止其办学主体资格，退出民办教育市场的行为。通常解散学校、撤销学校设立登记、吊销办学许可证、责令停业、责令关闭等行政行为都会导致学校解散，这些情形属于行政解散。

第六，强制解散。按照《公司法》第二百三十一条的规定，当出现"通过其他途径不能解决"的公司僵局时，持有公司百分之十以上表决权的股东，可请求法院解散公司。通常公司陷入僵局之前存在多种救济途径，如事前救济、自力救济等，只有当这些救济途径用尽的情形下，方可申请人民法院强制解散。《关于适用〈中华人民共和国公司法〉若干问题的规定（二）》（简称《公司法解释（二）》）第一条①对强制清算的法定情形作出了明确规定，同时对排斥强制解散的几种情形也作出了规定。此外，有学者把"股东之间的人合性基础坍塌""公司目的不达""公司被用于违法活动"及"股东压制"等类型也纳入公司强制解散的事由。

近年来，营利性民办学校得到快速发展，资产规模、涉及领域、产品特征及其社会影响日益巨大。当营利性民办学校出现经营管理严重困难且对利益相关者造成重大风险之际时，可以参照《公司法解释（二）》及具体实践，对构成营利性民办学校强制解散的法定情形进行归纳总结，赋予利害关系人有权提出强制解散的诉权。

（四）破产

除适用《民促法》第五十六条规定外，营利性民办学校也应适用《企业破产

---

① 为正确适用《中华人民共和国公司法》，结合审判实践，就人民法院审理公司解散和清算案件适用法律问题作出如下规定。第一条规定单独或者合计持有公司全部股东表决权百分之十以上的股东，以下列事由之一提起解散公司诉讼，并符合公司法第一百八十二条规定的，人民法院应予受理：（一）公司持续两年以上无法召开股东会或者股东大会，公司经营管理发生严重困难的；（二）股东表决时无法达到法定或者公司章程规定的比例，持续两年以上不能作出有效的股东会或者股东大会决议，公司经营管理发生严重困难的；（三）公司董事长期冲突，且无法通过股东会或者股东大会解决，公司经营管理发生严重困难的；（四）经营管理发生其他严重困难，公司继续存续会使股东利益受到重大损失的情形。股东以知情权、利润分配请求权等权益受到损害，或者公司亏损、财产不足以偿还全部债务，以及公司被吊销企业法人营业执照未进行清算等为由，提起解散公司诉讼的，人民法院不予受理。

法》相关法律规定，这一点并无异议。笔者曾发表多篇文章对民办学校破产问题进行了专门研究，本部分笔者重点对民办学校是否适用破产重整制度，以及如何适用等问题展开研究。

（1）是否适用破产重整制度。破产重整，又称企业再生或破产保护，是目前世界各国公认的挽救企业、预防破产的一项重要法律制度。该项制度起源于英国，后美国通过《联邦破产法典》得以确认并在世界广泛推广。重整是指对可能或已经发生破产征兆但又有挽救希望与挽救价值的法人型企业，通过对各方利害关系人的利益协调，强制性进行营业重组与债务清理，以使企业避免破产、获得更生的法律制度。

我国《企业破产法》也规定了重整制度。该制度以提倡社会利益优先为原则，通过国家权力的积极介入以实现各方利益的平衡。那么，民办学校是否也可以适用破产重整制度？对此学界有"赞成说"和"否定说"两种截然不同的看法。在民办学校分类管理前，结合学界主流观点和司法实践，笔者提出对民办学校不宜适用重整制度，主要理由如下。

第一，从立法目的和实施效果来看。作为破产预防制度，破产重整与和解制度的目的在于使处于困境的企业摆脱经济困境，获得复兴的机会。而民办学校一般依靠向银行举债或滚动式积累等方式发展而来，资金基础薄弱、筹资渠道单一，采取破产重整或和解方式难以实现民办学校重生的目的。相反，民办学校可以通过并购、重组等途径实现重生，而这些途径与破产法上的和解与重整制度是根本不同的。第二，从适用条件和法律冲突来看，不宜适用重整制度。因为适用重整的基本条件是企业尚未被宣告破产，即企业并未丧失相应的民事权利能力和民事行为能力。而民办学校破产案件的受理，其前提是"民办学校已被终止"，即民办学校作为民事主体已经丧失了相应的民事行为能力和民事权利能力。在这种情况下，已被终止办学的民办学校显然不符合重整与和解的条件。第三，终止办学的决定是有关教育行政部门作出的，属于具体行政行为，倘若人民法院启动重整与和解程序，实质上使民办学校处于一种"再生"的状态，这会带来一系列的问题。诸如已经作出终止办学的行政决定的效力如何？教育行政部门吊销了办学许可证的效力如何？已经安置的学生和分流的老师如何处理？在这一系列社会问题无法解决的情形下，重整作为一种破产预防的司法程序，在民办学校清算案件中并没有存在的意义。

分类管理后，笔者认为，伴随民办学校资产规模、社会影响日益扩大，利益主体日益复杂多元以及破产制度在市场经济中的调整作用日益明显，对于符合重整条件的民办学校应审慎适用破产重整制度。

第一，破产制度对新时期市场主体的利益调整功能日益凸显。破产制度是实现市场经济优胜劣汰、市场主体新陈代谢的重要手段。受中国传统文化"和合"

观念影响，重和谐、轻分裂，重人情厌诉讼等一直以来成为人们解决冲突的重要选择，甚至是首要选择。破产也往往成为老百姓讳疾忌医的字眼。伴随经济领域供给侧结构性改革与行业的转型升级，法治领域依法治国、规范治理的理念提升，破产制度作为一种调整债权人和债务人利益关系，进行企业重整或清算的重要制度作用日益凸显，特别是2015年底召开的中央经济工作会议，提出"要依法为实施市场化破产程序创造条件，加快破产清算案件审理"。2016年《最高人民法院关于破产案件立案受理有关问题的通知》（最高法明传〔2016〕469号），明确对于债权人、债务人等法定主体提出的破产申请材料，人民法院立案部门应一律接收，经审查认为符合法律规定的，应登记立案，特别是2017年恰逢《企业破产法》实施10周年，破产法迎来了发展的春天。作为帮助企业摆脱困境，实现重生的破产重整案件日益增多。据统计，近些年的破产重整案件逐年增多，2023年，全国法院审结破产案件2.9万件，同比增长68.8%；审结破产重整、和解案件1485件。

第二，破产重整制度是对企业危机利益考量后较优选择。在传统破产法实践中，破产清算制度占据绝对的主导地位。即当债务人处于无力清偿且资不抵债时，通过破产清算，债务人的所有财产将被分割，企业法人主体自始灭失。在这一过程中债权人往往也难以完全实现自己的债权利益。特别是对于一些大型企业，其一旦破产不仅对本地区、本行业以及相关行业的发展构成严重影响，甚至因此造成的职工下岗失业、学生失学等问题会诱发严重的社会问题。当前主要国家破产法的价值取向也逐渐发生由债权人利益本位向债权人与债务人利益平衡、社会利益与债权人最终向债务人利益并重的变化发展过程。

在法院的主持下，通过破产重整制度来协调各方利益，使得濒临破产边缘的企业获得继续经营、重新焕发生机的机会和可能。对于债权人而言，若债务人重整成功，将帮助其实现债权利益的最大化，避免因债务人破产清算仅仅获得寥寥无几的分配额。对于社会整体利益而言，成功实现破产重整，不仅可以惠及债务人、债权人，对于包括职工、学生等在内的利益相关者的利益也是一种全方位的保障，从而有利于社会的和谐稳定。

第三，域外私立学校具有破产重整制度。美国《联邦破产法典》第七章专门规定了破产清算制度，然而这并不是处置债务人财务困境的最佳途径，在特定情况下，重整可能是更好的选择。设定该章的基本理念是：如果债务人的财务状况可以通过能够接受的成本予以重组，则债权人、债务人、股东、雇员、供应商以及社会大众就都能从中受益。重整不仅能为有重生希望的企业提供再生机会，与债权人一样，债务人也可以因选择而非清算去获得收益。此外，重整还能给债权人和债务人之外的其他利益相关者带来益处。比如，债务人企业的雇员更希望留住其工作岗位，供应商更希望保住其客户的业务；企业运营的终结必然会给与其有商业往来的主体带来消极影响。更为间接的影响在于，债务人的继续营业也同样关系到其所在社区的利益。而且，如果重整计划没有被通过，根据利害关系人的要求，法院可以转移到《联邦破产法典》第七章或者驳回申请。日本制定了专门的《民事再生法》，私立学校也被纳入其中。实践中文部科学省针对经营困难学校，提供多种支援措施协助私立学校法人重整。一是提供合并、企业支援型（学校法人的资助者）、联盟（业务合作型）以及部分教育事业终止等多种形式。二是提供合并等相关帮助。文部科学省设立了第三方咨询机制（一般依托私立学校事业团体开展），主要负责收集合并信息，针对各校实际进行匹配。有时将具体的中介任务委托给专家办理，由私立学校事业团体承担中间手续费。运用该项机制，私立学校可以顺利取得合并、专业重组等相关信息，提高合并或重整的效率。三是介绍重整或再生相关案例，为其他私立学校重整或再生提供有效的借鉴和参考。

（2）适用重整制度的限度。并非任何民办学校都适合采用破产重整制度，也并非任何条件都应该适用破产重整制度，适用重整制度也应具有自己的限度。

第一，重整制度的适用对象应具有特殊性。即选择适用重整制度的学校必须是规模大、社会影响较大的民办学校。这不仅仅是因为破产重整程序费用高、代价大。一般的中小型民办学校本身入不敷出，抗风险能力弱，采用重整制度可能成本大于收益。此外，中小型学校涉及的利益没有大型学校那样复杂，清算退出可能更有利于各方利益主体利益的实现。因此，对于资产较少，规模较小的民办学校没有适用重整制度的必要。

第二，政府的积极介入非常必要和重要。尽管再生制度是以经营者想继续维持自己的事业为前提的，但实际上，有关赞助者的选择是相当复杂和困难的。从司法的立场来讲，再生计划的正确性以及监督委员的任用也是非常重要的。我国民办学校具有政府主导的典型特质，这要求需要重整的学校当地政府应从维护本地区社会稳定、行业可持续发展的高度重视对重整学校各方面的政策支持，帮助学校摆脱困境，获得重生。

第三，引入法院主导机制维护重整程序中的利益平衡十分重要。破产重整以牺牲债权人的部分利益为代价保障社会整体利益的实现。同时，重整过程中也可能出现"多数人暴政"的情况，即为了多数人的利益而压制少数人、侵犯少数人利益的情况。例如，重整程序中实现"多数表决机制"的"私法民主"制度，可能成为多数人压制少数人利益的借口。因此，为防止出现过度侵害债权人利益的情况，法院对重整制度的组织引导十分重要，其应从经济、法律和社会等多重角度对企业的重整可能性和可行性作出判断。一般地从受理重整申请开始，法院需要以证监会和最高法走完会上流程为前提，任命托管人或监察员并监督其行为，对于债务人提出的重整方案的专有期间进行调整，批准方案提出人的披露与要求，就各种决定发布通知及举行听证会，根据法律的详细规定批准（包括强制批准）重整方案，监督和指导方案的执行，以及在特定情况下撤回批准重整方案的命令。法院通过自始至终参与重整过程，完成其作为指导者和监督人的角色使命。

此外，重整协议涉及多方主体利益的平衡，获得一个所有债权人都愿意接受的和解或者重整协议是十分困难的。必要时需要法院运用强制批准[①]在不需要经过所有债权人同意的情况下强制通过重整方案，以推动破产重整的开展。但由于强制批准重整计划对债权人意思自治的干预较大，影响重大，我国《企业破产法》第八十七条第二款[②]对其作出了严格的规定。

第四，应审慎适用破产重整制度。尽管破产重整制度具有一定的制度优势，但不可否认的是因为破产重整需要调整的利益主体多元，重整成本高，对法院的要求也高，因此各国法院在对待重整的态度上都十分谨慎。例如，美国在破产重整的具体适用过程中，可能由程序主导权的过度强制导致重整程序效率的丧失，进而沦为部分人获取利益的工具。近年来美国的破产重整程序的适用就遭到了一些批评。日本政府在适用企业更生制度时，也遇到一系列难题，如通过各方均较为满意的重整计划草案需要大量时间。要考虑提出申请的时间，其间更换经营者等事例，以及当重整不利转为破产清算程序后，学生的继续就学机会保障等问题都是难题。从司法实践来看，我国针对民办学校的破产重整案件还较少，较为典型的为西部首例民办高校重庆健康职业学院破产重整案，最大债权人重庆市大足区足盛投资有限公司为重整投资人，一次性提供 3.5 亿元资金偿还债务。但从长远来看，破产重整制度为经营困难的民办学校提供了一个难得的摆脱困境、重获新生的机会，也为防止直接进入破产清算阶段引发各类社会风险提供了难得的减震器和缓冲带，其未来的使用价值和意义仍值得提倡。

---

① 强制批准是指未通过重整计划草案的表决组拒绝再次表决，或者是再次表决未通过重整计划草案时，重整计划草案制定人申请人民法院批准重整计划草案。人民法院强制批准重整计划的具体主要采用清算检验标准，即债权人依照重整计划可获得的清偿不低于他们在债务人破产清算情况下所能得到的清偿分配。

② 《企业破产法》第八十七条第二款规定，未通过重整计划草案的表决组拒绝再次表决或者再次表决仍未通过重整计划草案，但重整计划草案符合下列条件的，债务人或者管理人可以申请人民法院批准重整计划草案：（一）按照重整计划草案，本法第八十二条第一款第一项所列债权就该特定财产将获得全额清偿，其因延期清偿所受的损失将得到公平补偿，并且其担保权未受到实质性损害，或者该表决组已经通过重整计划草案；（二）按照重整计划草案，本法第八十二条第一款第二项、第三项所列债权将获得全额清偿，或者相应表决组已经通过重整计划草案；（三）按照重整计划草案，普通债权所获得的清偿比例，不低于其在重整计划草案被提请批准时依照破产清算程序所能获得的清偿比例，或者该表决组已经通过重整计划草案；（四）重整计划草案对出资人权益的调整公平、公正，或者出资人组已经通过重整计划草案；（五）重整计划草案公平对待同一表决组的成员，并且所规定的债权清偿顺序不违反本法第一百一十三条的规定；（六）债务人的经营方案具有可行性。

第三节　私立学校退出典型案例分析

一、遵义中山中学破产清算案——全国首例民办学校破产案①

选择遵义中山中学破产清算作为典型案例，不仅因为案件最终"惊动"了最高人民法院，最高人民法院专门作出《关于对因资不抵债无法继续办学被终止的民办学校如何组织清算问题的批复》，使得该案成为全国首例民办学校破产清算案。而且，追溯该校破产的主要原因，分析该案处理过程的基本经验做法对深刻认识民办学校破产清算案件，维护民办学校健康、有序发展都具有重要的启示意义。

（一）情况介绍

遵义中山中学是一所由当地政府扶持，由遵义市商会原副会长、市政协常委、民革遵义市委委员刘永松投资创办的民办中学。2004年学校完成投资1.37亿元。建成后的中山中学可容纳学生4200人，学校还荣获遵义市2004年度小城镇建设工作精品工程建设奖。2004年8月，学校开始招生，2005年8月，在校生达到2380人。学校创办三年来，学生在高考中取得了很好的成绩，被誉为"黔北民办教育的璀璨明珠"。

但就是这样一所"明星学校"，由于后续资金投入巨大，陷入严重的债务危机，学生生源也日渐萎缩。截至2006年8月，在校生锐减至1300人。为解决资金周转问题，在刘永松操纵下，中山中学面向社会以"高额回报"②吸纳公众投资，最终法院审理后认定，刘永松以委托理财的方式向111名群众共吸收资金978万元。但由于学校始终没有从根本上解决资金短缺问题，资金链断裂，大量债权人纷纷起诉，一度引发群体性事件，学校正常的教学秩序与招生等工作难以进行。2007年8月30日，学校停止办学。2008年8月23日，经遵义市教育局、遵义县教育局批准，终止了该校的办学资格。2011年1月原遵义中山中学法人代表刘永松因被控非法吸收公众存款7000余万元一案已经终审结案，绰号"刘胡子"的刘永松被终审裁定判刑5年，并处罚金20万元。

---

① 《遵义中山中学因债停办》，记者董志龙、王红茹、雯轲，《中国经济周刊》2007年第47期（总第473期）。

② 2005年8月24日在媒体刊登公告。其中载明理财方案为：1. 参与合作经营者一次性向中山中学交合作经营费6万元，每年获一间学生公寓的收费权，收取回报7200元，6年收回43 200元。2. 如果在中山中学从初一读到高三毕业，共收费46 800元，投资回报得43 200元，学生家长只需负担部分费用，就可享受优质教学资源。3. 回报的收益还可支付学生读大学的费用。4. 用实际行动支持教育，方式是先内后外，满额为止。

（二）主要启示

（1）改善投资体制，拓展民办学校融资渠道。我国民办学校本质上是以投资办学为本质特征的，即学校主要依靠学生学费的收入滚动式发展。随着学校规模扩大，其不仅需要较为雄厚的资金持续改善学校的软硬件设施，也需要通过不断改善教师待遇，加大招生宣传等来保障学校良好的教学质量和外部声誉。然而教育是一个周期较长、见效较慢的领域，《民法典》等对担保渠道也做了相关法律规定，即学校、幼儿园、医疗机构等为公益目的成立的非营利法人的教育设施、医疗卫生设施和其他公益设施不得抵押。这在客观上也阻断了学校通过抵押向银行贷款的通道。正是在这样一种情况下，该校法定代表人刘永松通过非法集资的形式募集资金，不仅没有从根本上解决学校资金困难的问题，而且诱发资金链断裂，导致自己因非法吸收公众存款罪进了监狱，学校也被宣告破产。

在本案中，资金链断裂是构成学校破产的直接原因，而导致这一问题除学校举办者对投资教育认识不足，盲目扩大学校规模之外，还受国家法律政策以及社会公众整体对民办学校认知偏低等因素影响，民办学校筹资渠道单一，融资难是本质原因。因此，破解民办学校融资渠道单一问题，除强化民办学校本身的"造血"功能外，切实发挥我国政府的"输血"功能也必不可少。因为，我国民办学校发展改革是"政府主导下的强制性制度变迁"过程，每个阶段的兴衰成败都直接或间接深受国家法律政策的影响。本次政府主导下的分类管理制度改革，虽然进行了营利性与非营利性的划分，但离"分类管理、分类施策"距离尚远，特别是公办与民办学校在法律地位与公平待遇等方面实质不平等的局面仍没有实质改变，许多鼓励支持民办学校发展的政策还没有落实。因此，应切实发挥好政府的引导功能，以民办高校分类管理为基础，对各类民办高校实行差别化、动态化资助和扶持，将资助性、扶持性政策重点转向于非营利性民办高校，转向有利于提升高等教育质量和品牌，有利于国家产业结构调整，有利于服务地方经济社会发展等民办高校或领域。各级政府可参照公办学校标准，结合本地财力状况实际，给予民办学校生均公用经费补助、专项资金奖励以及各种财政津贴等，另外，可由政府组织发起设立担保公司，发展信托资金等解决民办学校资金短缺问题。

（2）加强民办学校融资监管，防范金融风险。学校持续发展与办学资金不足之间的矛盾是长期制约民办学校发展的瓶颈。一方面，伴随民办教育由粗放式经营向内涵式发展的过渡，保持适度规模发展与积极追求高质量、特色化发展成为民办学校可持续发展的刚性需求。另一方面，民办学校筹资渠道单一、融资难的问题短时期难以解决，特别是学校发展刚性需求与融资难这对矛盾在遭"一松一紧"两个外部因素的推动，使得很多民办学校愿意选择民间融资作为解决融资问题的手段，并极易诱发非法集资、携款跑路等违法违规问题。据统计，在2010～

2016年，仅民办教育培训领域就发生了上百起卷款跑路的现象，影响十分恶劣。本案中遵义中山中学法定代表人刘永松通过许诺高额回报非法吸收公众存款达7000余万元，最终锒铛入狱。他因突破了民间融资的法律底线，最终触犯了非法吸收公众存款罪，这不仅是其个人的一个悲剧，也为我们进一步加强民办学校融资监管，防化相关金融风险敲响了警钟。

民间融资由于政府对民办学校监管缺位以及对民办学校融资的法律限制，存在有合法异化为非法的风险。按照我国《中华人民共和国教育法》（以下简称《教育法》）、《民促法》和《民办非企业单位登记管理暂行条例》的相关法律规定，民办学校本质上属于公益性法人。不同于一般商事主体法人，教书育人是学校的根本任务，学校具有为全社会培养各类人才的公益使命。其用于教育教学的基本设施不仅是保证其教育公益性的必然要求，也是维护师生合法教育教学权和受教育权的物质前提，不能随便抵押担保或者改变其办学用途。这一点对营利性民办学校同样适用，因为公益属性是学校的本质属性，不因其是公法人抑或私法人、是非营利性法人抑或营利性法人而有根本性的改变。《民法典》第三百九十九条对担保物品做了相关法律规定，即学校、幼儿园、医疗机构等为公益目的成立的非营利法人的教育设施、医疗卫生设施和其他公益设施不得抵押。《营利性民办学校监督管理实施细则》也明确规定营利性民办学校不得用教育教学设施抵押贷款。同时，分类管理改革后，营利性与非营利性民办学校在产权界定、权益分配、监督管理等方面更加具体明确，原来类似"合理回报"那样的制度漏洞或模糊地带不再存在，客观上也抑制了一些专业投融资主体的投资积极性（特别是在非营利性民办学校领域），这些客观上都强化了民办学校对民间融资的追逐和依赖。

同时，政府对民办学校民间融资监管缺位与执行乏力客观上滋长了部分民办学校非法集资的冲动。实践中民办学校与投资者往往通过合作助学等形式达成借贷关系，但这种关系下投资者往往关注的更多是投资的获益多少而非真正地办教育，这使得二者的关系基础非常脆弱，而承诺高额回报就成为维系这一关系的最重要手段。民间融资天然就具有了高利贷化的典型特征。而一旦民间资金取代举办者自有资本成为学校办学经费来源的主体，那么民办学校的主要矛盾也由办学经费匮乏与办学规模扩大之间的矛盾，转变为高利贷资本的投机性回报需求与民办高校的有限偿付能力之间的矛盾，民办高校由此成为非法集资主体甚至成为庞氏骗局的制造者。遵义中山中学法定代表人刘永松也通过许诺高额回报短时期内吸引了大批投资者投资，一旦资金运转发生危机就会陷入非法集资的境地。因此，矫正正常的民间融资行为可能带来的市场失灵行为，防范出现非法集资等金融风险是任何一个责任政府的职能所在。遗憾的是，实践中相关政府对民办学校民间融资行为普遍缺乏有效的监管，教育、工商、金融等部门由于职责不清、人力财力等方面的原因互相推诿、扯皮、懒政、怠政等现象时有发生，特别是一些集资的法人或个人是当地的明星企业或知名人士，在地方都有一定的经济实力和社会影响。某些地方对此采取听之任之，甚至睁一只眼闭一只眼的态度，使得一些民间融资行为得不到有效遏制甚至滑入违法犯罪的地步。据报道，近年来西安警方先后立案了逾 10 起民办院校非法集资案件，其中西安联合职业培训学院[①]、西安华西专修大学[②]等案件涉案金额之大，涉及投资者之多，国内罕见。

因此，一方面应加快民办学校民间融资的监管立法。针对分类管理后营利性民办学校快速发展的实际，应坚持分类监管和重点监管的原则，重点加强对营利性民办学校的监管力度，防止引发大的金融风险。针对当前民办学校监管政出多门、多头治理、力量分散等弱点，应在进一步明确各个部门监管职责分工的基础上，构建多元协同监管机制，积极探索构建一个整体监管与分业监管、行业监管与行为监管相结合的综合性监管主体体系。要主动适应信息化背景下民间融资更趋隐蔽性、扩张性和多变性等新特点，积极创新现代金融监管手段，运用网络大数据、云计算等新技术及时进行信息监控和舆情分析，提高监管效能，及时处置风险。同时，我们注意到地方政府利益或部门利益保护也是导致对民间融资行为监管失位、缺位的重要原因。因此，加强对政府相关部门的履责监督和执法监督，完善相关责任追究机制也是解决民办学校非法集资问题的重要考量。

（3）坚持法理与情理相结合，妥善处理学校终止后的善后事宜。一是在中山中学停办前，遵义市教育局比较妥善地将本校的师生分流到其他学校，较好地保障了师生相关权益，为进一步破产清算工作的开展打下了良好基础。二是相关法院主动担当作为。在遭遇实践中无法可依，无例可循的困境时，遵义市人民法院没有消极逃避，也没有放任不管，而是在充分调研的基础上积极向上级法院提交了书面报告，最终引起了最高人民法院的重视，2010 年 12 月 16 日，最高人民法院作出《关于对因资不抵债无法继续办学被终止的民办学校如何组织清算问题的批复》，明确规定因资不抵债无法继续办学被终止的民办学校，当事人可以申请破产清算，清算案件由人民法院受理，参照适用《企业破产法》规定的程序，依照《民促法》规定的顺序清偿。不仅为有效解决中山中学破产清算案件提供了法律支持，也成为最高人民法院上述"批复"发布后全国法院受理的第一起民办学校破产清算案件，具有里程碑意义。三是面对本案中债权人众多，利益矛盾复杂等情况，多方主体通力合作，全员施策，较好地完成了破产清算工作，维护了社会稳定。在案件中，存在大量的金融借贷、民间借贷、货物欠款、工程欠款以及拖欠教职工工资等债务，当地党委、政府及法院专门制定了针对中

---

①《西安联合学院非法集资案一审开庭 涉案金额超 130 亿》，https://www.bjnews.com.cn/news/2019/12/11/660596.html。

②《西安中院公开审理西安华西专修大学及王明亮、王军明等 18 名被告人非法吸收公众存款一案》，http://xazy.sxfywcourt.gov.cn/article/detail/2018/06/id/3361161.shtml。

山中学破产清算维稳工作预案,制定了具体的工作细则,并委托当地经验丰富的律师事务所担任管理人。清算过程中,实行破产财产接管与评估、处置变价与债权确认工作同步推进,缩短了办案周期,着力提高了清算效率。坚持节约清算成本,提高破产财产变现能力,最大限度地保障债权人利益。经过清算,本案共确认破产债权 2.368 亿元,涉及 389 名债权人,最终清偿率近 70%,远远高于全国一般破产案件的债务清偿率。案件成功实现了"软着陆",取得了良好的社会效果和法律效果。

二、温州民办学校分类转设的探索实践

(一)情况介绍

对民办学校实施非营利性和营利性分类管理改革,是党中央的重要决策部署。国家民办教育新政实施后,目前除港、澳、台外的国内所有省域均出台了配套文件。由于分类管理极为复杂,至今多数地区在现有民办学校分类转设上均未有突破和创新。民办学校分类管理之所以进展缓慢,其主要障碍在于:各地对现有学校分类转设路径及程序不明确,相关部门对分类转设的政策把握不一致,现有学校财务清算及资产确权难度大,存量学校退出机制及财产奖补制度不健全,转设过程涉及的相关税费政策不统一,等等。作为国家民办教育综合改革试验区,温州市大胆创新突破,出台了升级版民办教育综合改革系列文件,制定了可操作性文本,对现有学校分类转设具体程序、学校资产认定边界、剩余资产补偿奖励、土地房产处置路径以及分类转设税费优惠政策等进行明晰和细化,有效化解了现有民办学校分类转设所面临的诸多难点和堵点问题,其经验值得其他地区借鉴和效仿。

(二)主要启示

温州市在民办学校分类管理上的有益探索及宝贵经验,集中体现在其在若干制度瓶颈问题上"较真碰硬",成功化解了现有民办学校分类转设所面临的一系列难点、堵点和痛点问题。温州市在民办学校分类转设上已经并正在探索的做法,可概括为既彼此独立又相互衔接的五大方面内容。

1. 探索实施"一件事"审批办理流程

温州市结合深化"最多跑一次"的改革要求,推行跨机构"无缝隙"政府服务,对企业、老百姓到政府办"一件事",涉及多个部门审批的,建立"前台综合受理、后台分类审批、统一窗口出件"的集成服务模式。同样,在民办学校分类转设工作上,温州市多部门联合推行"民办教育选登记一件事",在集中民政、市场监管、教育等提供审批服务的基础上,以"一件事"为引导,按照"一窗受

理、分类审批、统一出件"的模式，将涉及的多部门事项纳入社会综合窗口一窗统一办理，实行审批部门联合一次性收件，内部各自审查审核后，按照法律规定先后有序衔接审批一并出件，有效解决审批衔接问题。与此同时，温州市深化细化"一件事"专班联办模式，对于申请分类转设的学校，都建议其选择在寒暑假期间进行财务清算，以不影响学校正常教育教学，确保学校稳定运行。

2. 理顺现有学校分类转设具体程序

有关法规政策规定，因地制宜地将分类转设过程细化为五大环节及若干流程。这些环节及流程环环相扣，厘清了分类转设办理步骤，明确了相关业务受理部门。

1）受理转设申请

第一，由现有民办学校依据章程规定，召开董（理）事会，通过选登记营利性民办学校决议，并由所有董（理）事签字确认；第二，现有民办学校凭董（理）事会决议书向审批机关提出选登记申请，并附营利性民办学校举办者（股东）名单；第三，拟成立的营利性民办学校的举办者（股东）向市场监督管理部门申请营利性民办学校名称预先核准；第四，由审批机关下达同意现有民办学校选登记营利性学校的批复，市场监督管理部门下达营利性民办学校名称核准通知书。

2）教育用地由划拨改为出让（非必要项）

第一，现有民办学校依据章程规定，召开董（理）事会，通过土地划拨改为出让决议；第二，现有民办学校向自然资源和规划部门提出土地划拨改出让申请；第三，自然资源和规划部门委托有资质的土地评估机构就补缴土地出让金进行评估，并按规定办理划拨转出让手续；第四，划拨转出让手续经批准后，现有民办学校按规定补缴土地出让金后与自然资源和规划部门签订土地出让合同；第五，税务部门出具现有民办学校出让金完税证明。

3）组织财务清算

第一，现有民办学校和拟成立的营利性民办学校股东签订具有法律效力的协议，明确在学校选登记期间办学活动的法律义务及责任；第二，现有民办学校根据《浙江省民办学校财务清算办法》（浙财资产〔2018〕26号）组织清算，清算组委托有资质的中介机构进行清产核资和资产评估；第三，受委托的中介机构对清算结果进行专项审计，对学校中的四类资产依据相关原始资料及资产来源，分别加以认定。

4）分类明确资产权属审批机关联合登记机关、财政部门对现有学校净资产分配处置方案酌情作出书面批复

第一，现有学校的原始出资和经认可的历年累计出资，作为补偿返还给予举办者（出资人）；第二，现有学校清偿后的剩余资产，扣除历年财政拨款和社会捐赠后仍有结余的，按相关规定给予举办者奖励；第三，给予举办者补偿和奖励后的剩余资产，一律视同社会公共资产（含办学期间历年的财政拨款和社会捐赠），

划归温州市民办教育公益基金会所有。按照以上权属关系，在实施非转营时，给予举办者补偿及奖励的资产，需继续用于新设学校的办学活动，用于购买或置换新设学校的土地、校舍及其他教育教学设施。原则上，不足部分应由新设营利性学校股东注资加以补足，并及时足额将与办学相关的资产过户到营利性民办学校名下，再由税务部门出具现有民办学校的完税证明。

5）新设法人登记及原有学校注销

第一，履行完上述流程之后，教育部门给非转营民办学校换发正式办学许可证（换证）；第二，凭借正式办学许可证，新设营利性民办学校到市场监管部门办理法人登记手续，同时原有民办学校到民政部门或机构编制部门注销登记（内部流转期间，各部门分别审核并认定相关材料，并按规定受理时限分别向政务服务局上传登记，待全部材料完成后统一办理相关证件）。

3. 明确学校资产认定及奖补办法

对于现有民办学校分类转设，最难处理的资产清算及确权问题，温州市本着解放思想、实事求是的态度，从尊重历史、正视国情和促进民办教育事业发展的角度出发，就现有学校中举办者出资、国有资产（财政拨款）、社会捐赠和办学积累等四类资产的认定边界问题，酌情作出了合理界定。同时，明确了现有学校清算后剩余资产对于举办者（出资人）的补偿奖励办法。

1）明确四类资产的认定边界

第一类资产是举办者原始出资（含学校存续期间追加投资），依据验资报告、民办非企业单位登记证书、经登记管理机关核准的学校章程、会计账簿记录等资料加以认定。其中，注册资金、购买土地价格、校舍建设资金、设施设备只认定其原始出资，且不重复计算；对于举办者的历年追加投入，认定时要有出资证明。第二类资产是财政拨款，依据财政资金拨付文件、资金到账有关单据、会计账簿记录等资料加以认定。其中，政府购买服务取得的收入及其形成的资产，不属于政府补助收入，不作为财政拨款来认定。第三类资产是社会捐赠，依据捐赠合同、资金到账有关单据、会计账簿记录等资料加以认定。第四类资产是办学积累（含土地增值），依据形成办学积累的资金来源，同时结合历年审计报告、年检报告等资料加以认定。

2）细化剩余资产补偿奖励办法

现有学校按照法定程序清偿后的剩余资产，在以补偿形式返回举办者出资和扣除财政拨款、捐赠资产后仍有结余的，按不低于学校结余资产20%的比例给予举办者（出资人）奖励，具体由学校所在地县级政府确定。所制定的奖励比例，要结合学校历史贡献、结余资产金额大小、学校办学规模及资产总额等因素酌情合理确定，不搞"一刀切"，也不由温州市级层面加以统一规定。对于资不抵债的现有民办学校，则不能选择登记为营利性民办学校。需要强调的是，为了保证学校正常运行和健康发展，温州转设方案明确规定：在现有民办学校"非转营"过程中，举办者从现有学校清算中所获得的所有补偿及奖励资产，必须全额投入所登记成立的营利性民办学校，而不得以现金的方式进行分配。对于民办教育公益基金会所持有的净社会公共资产，本着支持民办教育发展的原则，温州方案明确，既可以出让、出租净社会公共资产方式，交由选登记为营利性的民办学校管理和使用，又可以本着"同股、同权、同利、同险"的原则参股办学。

4. 厘清转设学校土地及房产处置路径

现有民办学校分类转设尤其是非转营工作，最难办的问题就是土地及房产的处置，因为其中涉及原有校园用地取得方式及土地功能的判定问题。按照新的规定，非营利性民办学校可以划拨方式供地，而营利性民办学校的校园用地一般只能按出让而非划拨方式取得。即现有学校转设前取得的用地如果是划拨供地，现在转设为营利性学校时就必须改为出让供地。同样，现有学校的校舍在新设学校成立时，也必须按时足额将其相应的资产权属过户到新的学校法人名下。这牵涉到一系列的复杂程序及规费补缴问题，如果政策边界和操作过程不清晰，就会导致举办者无从下手、望而却步。对此，温州市紧密联系当地实际，在制度层面做了相对务实且被各方所接受的一系列设计，破解了分类转设中的一大硬核难题。

5. 依法明确分类转设税费优惠政策

税收及规费如何缴交，也是现有学校分类转设当中一个既敏感又棘手的问题。按照《民促法》，现有民办非企业单位性质的学校转设为营利性学校，不仅要进行财务清算、明确财产权属，而且要依法补缴相关税收。但是，具体要补缴哪些税收、由谁来补缴以及如何补缴，则在现有政策文本中没有明确。在税由法定的大原则约束下，作为地方政府一般难有大的作为。尽管如此，温州市分类转设方案依据国家相关规定，分门别类、条分缕析，对现有民办学校"非转营"所涉及的税费问题进行了系统梳理，并正在研究能否在合法合规范围内找到变通办法，以最大限度地降低现有学校分类转设的制度性交易成本。

第四章　域外私立高校退出机制考察

相对于我国民办教育起步较晚、历史较短的生成背景，美国、日本私立教育起步早、较为发达，各项制度机制较为完善。在退出机制方面无论是理论建构还是实践运行都积累了较为丰富的经验。考察并借鉴其合理的制度与经验无疑对完善我国私立学校退出机制具有积极的意义。因此，本章将重点对美国、日本私立学校退出相关问题进行考察和借鉴。为研究方便，本章的研究重点更多放在私立大学退出方面。

第一节　美国私立学校退出

美国拥有世界上最为发达的私立高等教育体系，并诞生了像哈佛大学、斯坦福大学、普林斯顿大学、康奈尔大学等一大批蜚声世界的知名大学。根据 2016 年卡耐基高等教育分类机构的大学分类统计，美国 4665 所高校中公立高校、非营利性私立高校和营利性私立高校的数量分别为 1644 所、1731 所和 1290 所。近年来，美国私立大学特别是营利性大学遭遇生存困境，甚至陷入"倒闭潮"。如何看待美国私立高等教育面临的困境，认真剖析其形成原因和因应之策，对深刻认识我国民办高校分类管理制度，完善相关退出机制具有积极的价值。

一、美国私立大学遭遇生存困境

依据美国教育部国家教育统计中心的界定，高等教育一般分为公立教育机构和私立教育机构。其中，私立教育机构又包含非营利性、营利性和宗教附属性三个类别。2000 年前，美国公立大学和非营利性私立大学基本呈现并驾齐驱的发展态势，2000 年后，营利性私立大学获得了快速发展，2009 年和 2010 年营利性私立大学在校生规模分别超过宗教附属型和非营利性私立大学的数量。但快速发展的背后也暴露出私立大学内部治理、办学规范等多方面的隐忧，部分私立大学尤其是营利性大学面临生存困境，甚至很多破产倒闭。2016 年 5 月底，纽约的道林大学、佛蒙特州的伯灵顿学院因巨额债务相继倒闭。据统计，在 2015～2016 学年，美国就有约 11% 的营利性大学和 33% 的非营利性私立大学倒闭。《经济学人》援引哈佛商学院教授克莱顿·克里斯滕森（Clayton Christensen）的观点，预言未来 20 年内，美国将有大量大学面临破产倒闭。分析美国私立大学的破产原因，主要集中在以下几方面。

（一）联邦政府拨款持续下降

作为私立高校的重要办学经费来源，政府财政拨款资助几乎伴随美国私立高校发展的全过程。早在 17 世纪～19 世纪中期，一些早期殖民大学，诸如哈佛大学、普林斯顿大学、耶鲁大学等都会接受来自学校所在地的州政府或者殖民地的各种财政补助。美国政府对私立高校的财政拨款制度主要包含联邦政府、州政府和地方政府三级，并主要涉及科研拨款和学生资助两方面。其中联邦政府拨款占据主导地位，州政府和地方政府作用有限。对美国私立高校产生重要影响的两部财政拨款法律肇始于两个《莫里尔法案》：1862 年颁布的首个《莫里尔法案》和1890 年颁布的第二个《莫里尔法案》。此后，随着《退伍军人权利法》（1944 年）、《国防教育法》（1958 年）、《高等教育法》（1965 年）、《高等教育修正案》（1972 年）等一系列法律的相继出台，20 世纪 70 年代末美国政府的财政拨款政策基本完善起来。

美国联邦政府教育财政拨款发展并不平衡。1965 年《初等与中等教育法》出台后，联邦政府有意识将教育财政拨款的重心置于基础教育，对高等教育逐渐放缓了拨款力度。里根总统执政期间，除在一些重点领域（如军事、航天等）增加了财政拨款外，涉及教育领域的财政拨款逐年下降，到 20 世纪 90 年代，生均教育经费从接近 10 000 美元下降至 7000 美元左右。2008 年全面爆发的金融危机使得美国经济长期陷入低迷。各州政府以 "减赤" 为首要目标不断削减教育经费。2012 年，除夏威夷、阿拉斯加、北达科他、伊利诺伊、华盛顿等 9 州及特区增加了高等教育投入外，其余各州减幅都在 1% 至 41% 不等（马里兰州与特拉华州维持不变）。美国联邦政府教育财政制度向基础教育的倾斜以及拨款的逐年下降，对一些主要依赖学生学费收入和财政拨款的私立高校特别是小型私立高校无疑产生了重大的财务影响。

（二）营利性私立高校学生不良贷款率居高不下

按照美国《高等教育法》的规定，无论是公立大学、营利性私立大学，还是非营利性私立大学，均能得到联邦政府学生贷款资助。而美国大学生往往通过商业贷款的形式来解决学费问题，营利性私立高校也不例外。为了争取生源，一些营利性私立大学甚至成立专门团队，以各种方式帮助学生获得联邦政府助学贷款，他们过于强调贷款支付的便利性，而未能充分告知学生贷款的风险和后果。据统计，仅在 2012～2013 年度，营利性私立机构学生贷款率达到了 79%，分别比非营利性私立机构（学生贷款率 62%）和公立学校（学生贷款率 51%）高出了 17 个百分点和 28 个百分点。更为糟糕的是，营利性私立大学学生贷款违约率却居高不下。根据 HELP（Higher Education Loan Program，高等教育贷款计划）研究，营利性高校学生贷款违约率高达 44%，占联邦学生的 47%，有超过 1/5 的学生在 3 年内有违约行为。四年制的学生贷款违约率是公立高校和非营利性私立高校的 2~3 倍。学生入学后没有获得高质量教育，很多此类学校的毕业生难以找到满意工作，当初为了上学而申请的贷款难以得到偿还，这导致贷款违约率不断上升。据统计，在美国学生贷款债务排名前 25 名的大学中，营利性高校在 2000 年时只有 1 所，而到 2014 年时则有 13 所，其中凤凰城大学位居第一。贷款风险主要由学生和联邦政府承担，这损害了联邦政府的资助体系和学生的切身利益。在这种情况下，营利性大学陷入了一种恶性循环，新生到营利性大学就读的意愿普遍降低。以凤凰城大学为例，2010 年之前凤凰城大学的注册学生数不断增加，注册学生总数在 2007 年时为 313 700 人，于 2010 年增加到 470 800 人，学校规模持续扩张。而 2010 年以后的情况则急转直下，注册学生总数到 2016 年下降到 142 500 人，较 2010 年缩减了近 70%。生源的减少意味着利润的下降，利润的下降进一步导致了营利性大学竞争力的弱化，这给营利性大学的发展蒙上了阴影。对于学生个人而言，高违约率意味着他们可能面临巨大的经济压力和信用危机。一旦无法按时偿还贷款，学生将需要承担高额的滞纳金和利息，甚至可能面临法律纠纷。这将导致他们的信用记录受损，影响未来的贷款申请和职业发展。同时，经济压力也可能使他们无法专注于学业，导致学业成绩下降，进一步影响未来的就业前景。营利性私立大学居高不下的高违约率不仅对联邦政府的教育财政拨款制度与资助体系构成了极大损害，也引发了美国政府和社会各界的广泛关注和质疑。

（三）部分营利性私立高校办学行为不规范，教育质量堪忧

一是营利性私立高校对营利性的过分关注与教育的公益性目标存在难以调和的矛盾。营利性私立大学本质上具有商法人的逐利本性，其关注教育质量和学校发展的同时，更加重视举办者和投资方的利益的实现和保护。因此，出于经济效率和节约成本的考量，不太愿意投入到学科建设、内涵发展等投资大、周期长的项目，学校的教育质量和办学层次难以得到本质提升。这也直接导致学生高辍学率和低毕业率现象严重，每年仅有不到 1/5 的学生能够顺利毕业。

二是利用法律和监管漏洞，不当攫取政府资助资源。伴随美国《退伍军人权利法》和《高等教育法》等法律的出台，营利性私立高校获得了与公立高校一样的资助权利。但实践中很多私立高校滥用该项权利，采取夸大教育成本、编造虚假收入、故意招收学业能力不佳、难以毕业的学生以骗取更多的学费补助金。一些学校为了尽可能多地获取联邦政府的教育资助，盲目扩大学校规模，并把主要

的精力放在招生宣传等营销行为上，忽视学校教学质量和人才培养质量的提高。

这些不规范甚至违法的办学行为直接导致《高等教育法》对联邦贷款制度作出了调整。法案规定，学生贷款违约率连续 3 年不能超过 30%，且来自联邦贷款收入不能超过总收入的 85%。奥巴马执政时期，针对营利性高校启动了全面审查制度，严格联邦政府获取资助和贷款的资格，加强了受资助高校的认证和监管力度，这一系列政策对营利性私立高校发展产生了重要影响。据统计，美国营利性高校学生总数从 2008 年的 180 万人下降到 2016 年的 110 万人，减少了近 40%。不少学校因为生源减少、经费缩减不得不退场倒闭。

二、美国私立大学退出机制

（一）非营利性私立大学的退出机制

非营利性大学退出通常适用各州的一般法律。此外，美国私立大学的合并适用《联邦破产法典》等相关法律法规。清算和重建主要适用《联邦破产法典》的规定，且具有鼓励重建的显著倾向。就退出方式而言，美国私立大学的退出主要包括合并、重整、所有权转让、倒闭和清算几种。再建型退出包括：合并（州政府的一般规定）、重整（美国《联邦破产法典》第十一章）、所有权转让三种形式；清算型退出包括：倒闭和破产清算（美国《联邦破产法典》第七章）。

（1）大学合并。大学合并一般指的是将两个以上的大学统一成一个学校的处理方式。在法律适用上，与一般公司和企业一样，遵守州政府的一般法律规定。比如，在俄克拉何马州政府的法律规定中，国内企业的合并又称为统合（merger or consolidation of domestic corporations），就合并条件和契约事项进行了规定。

（2）重整制度。《联邦破产法典》第七章为破产清算设计了一整套的规制体系，然而这并不是处置债务人财务困境的最佳途径，在特定情况下，重整可能是更好的选择。设定该章的基本理念是：如果债务人的财务状况可以通过能够接受的成本予以重组，则债权人、债务人、股东、雇员、供应商以及社会大众就都能从中受益。重整不仅能为有重生希望的企业提供再生机会，与债权人一样，债务人也可以因选择而非清算去获得收益。此外，重整还能给债权人和债务人之外的其他利益相关者带来益处。比如，债务人企业的雇员更希望留住其工作岗位，供应商更希望保住其客户的业务；企业运营的终结必然会给与其有商业往来的主体带来消极影响。更为间接的影响在于，债务人的继续营业也同样关系到其所在社区的利益。而且，如果重整计划没有通过，根据利害关系人的要求，法院可以转移到《联邦破产法典》第七章或者驳回申请。

（3）所有权转让。所有权转让专指将大学等教育机构的所有权转让给其他大学处理。

（4）倒闭。通常指学校因各种原因停止运营，无论该种原因是法律还是以外的原因，均不再发挥学校功能的情形。

（5）破产清算。美国《联邦破产法典》第七章对其做了专门规定。破产清算，又称"直接破产"或"第七章破产"，指在破产清算案件中，债务人的现有财产将被出售，并将出售所得在债权人之间进行分配。不过，自然人债务人的全部"豁免财产"将会保留下来，而不是变现后供债权人分配。

（二）营利性私立大学的退出机制

美国的营利性私立大学几乎与非营利性私立大学同时产生，但早期的营利性私立教育机构并非现代意义上的正规大学，既无权向学生授予大学学位，也无须获得特许状。直到 1850 年前后，才出现了类似于现代大学的营利性私立高校。尽管营利性私立高校与非营利性私立高校在发展路径、政策扶持、治理机构、国家监管等方面存在明显差异，但在退出机制方面几乎一样。二者都适用于美国《联邦破产法典》和各州一般法律，必须接受政府认证。只不过相对于非营利性私立大学，美国的营利性大学主要采用了并购式的退出方式。

并购，是当前经济学、法学领域出现的高频词。不仅因为并购是现代市场经济条件下实现资源优化配置，各种生产要素有效流动的重要途径，也是侧面反映一个国家和社会市场经济活跃度和各类行业、市场主体优胜劣汰、序列重构的晴雨表。并购，即兼并与收购的简称。其中兼并是指两个或两个以上的公司企业合并成一个公司。通常情况下是由一家占优势的公司或企业吸收另外的公司或企业，被吸收的公司或企业的法人资格归于消灭的情形。该种情形类似于商法中的吸收合并。收购往往指的是一家公司在证券市场上用现金、债券或股票等方式购买另一家公司的股票或资产，以获得对该公司的实际控制权，该公司的法人地位并不消失。现实生活中，并购主要有横向并购（水平并购）、纵向并购（垂直并购）和混合并购三种形式。

从美国营利性私立大学的并购来看，大多采用的是横向并购也即水平并购的形式。其类型主要包括：成长型并购、整合上市公司并购以及与境外教育机构"牵手"进入资本市场三种形式。近些年，随着大学之间竞争的日益加剧，大学之间的并购日益增多，特别是对于那些学生人数不足 1000 人的小规模学校来说，生源下降对它们构成了巨大压力。2017 年 8 月 7 日在全美学院和大学商务官协会的一次年会上，与会人员就大学并购这一议题进行了充分讨论，普遍的观点是未来将会出现更多高效并购的案例，尽管并购过程极其艰难，但却是大势所趋，高风险的背后也意味着高回报。学校间并购基于诸多理由。诸如：小学校并入大的学校或机构可以节约开支。如果通过兼并更小一点的学校能够提高学校运营效果，那么大的学校或机构更乐意选择合并。同样地，通过并购规模较小的学校能够获得更好的保护：它们既可以分享大机构良好的品牌效应也可以获得额外的制度资源，以提升其运营能力。

三、美国私立大学退出机制镜鉴

（一）禁止私人分配、私人收益和超额交易的规则

（1）禁止私人分配原则。该原则是非营利性组织所适用的最基本的法律原则。其目的是防止非营利组织将收入或资产用于私人目的。其强调任何组织和个人不得以私人名义通过各种方式将部分或全部组织资源（包括收入/或资产）转移给私人（一般是组织的所有者）。它在教育机构、慈善组织和其他免税组织中应用最为广泛，是保证上述机构和组织获得并保持免税身份认定的重要法律依据。近年来，美国国内收入署和法院规定了许多私人分配行为，最主要的是不合理的（超额）的薪酬、不合理的借贷安排以及不合理的租赁安排。而关于是否"合理"主要取决于事实和实际情况，如认定何种情况下的薪酬属于私人分配时通常会考虑以下七个因素：相似情况下其他人收到的薪酬金额和类型；特定地区的薪酬水平；个人在这种情况下花费的时间总量；个人的专门知识和其他相关背景；相关组织的规模性和复杂性；组织对特定个人提供服务的需求；薪酬总款额是否被独立董事会批准。

（2）禁止私人获利。私人获利是运营性测试的一部分，用于确定免税慈善组织的运营是否主要用于免税目的。私人获利要求的本质是组织不应从事私人目的的运营，除非该目的是非实质性的。私人获利与私人分配的主要区别有两方面。一是私人分配要求参与交易或安排的一方必须是内部人员。相反，私人获利交易包括所有人。因此，禁止私人获利原则的范围要比禁止私人分配原则的范围大得多。二是美国国内收入署认为禁止分配原则是绝对的。在某些情况下，对于私人分配行为可应用中间制裁原则，而不是撤销免税身份。相反，非实质性的私人获利不会违反禁止私人获利原则。

（3）中间制裁原则。联邦税法中规定的中间制裁原则，主要指对免税公共慈善组织和其他免税组织中参与不允许的私人交易的个人进行收税，而并不直接撤销这些组织的免税资格。这里所指的税收制裁指的是消费税触犯，通过这种方式对从交易中获得非法利益的不适格的个人和明知交易非法仍参与其中的组织管理人员进行税收制裁。该原则有希望转变私人分配原则和私人获利禁止原则，并对许多受托人管理委员会和董事会造成影响。

（二）高等教育认证制度

作为强化高校质量管理的一项重要制度，认证（accreditation）制度对于维持

和促进美国高等教育高质量发展起到了至关重要的作用。当前美国高等教育认证制度主要呈现以下特点。

（1）多元化认证机构为框架。专业性认证机构、区域性认证机构和全国性认证机构是美国高等教育认证机构的重要组成部分。其中，专业性认证机构主要对大学的院系、课程、专业等开展评估工作；区域性认证机构面向院校开展整体认证，重点针对各院校及其授予学位的适格性进行审查；全国性认证机构主要面向专业院校认证，认证的对象通常是营利性的非学历教育机构，如宗教学校、教育培训机构等。美国高等教育认证委员会（Council for Higher Education Accreditation，CHEA）的报告显示，截至2016年8月，共有6家全国性认证机构、6家区域性认证机构和50家专业性认证机构通过了CHEA的认可。

（2）二元制认可机制为前提。由于美国的高等教育认证制度主要以民间机构为主导，并不强制各高校参加认证，各高校也没有必须接受认证机构质量认证的义务。因此，为促进认证机构提高评估质量、提高评估结果的科学性和权威性，美国政府专门针对评价机构实施了"认可"（recognition）制度（元评估制度）。目前基本建立了由美国教育部设立的全国高等教育机构品质与诚正咨议委员会以及非官方的第三方机构——CHEA组成的二元制的认可机制。它们通过制定各自的认可标准，着重强调被认证学院或专业的学术质量。例如，CHEA规定的六项标准分别是：推崇学术质量；展现责任心；在合适之时进行鼓励，开展自我检查并设置计划，根据实际需要不断改进完善；制定决策时采用恰当的和公平的程序；对认证实践进行持续评估；拥有足够的资源。而美国教育部的认可标准侧重考察受评机构是否有足够的质量来获得联邦政府的资助经费，并且美国教育部通过对认证机构的资格进行认可，建立了品质认可巡回机制。其中美国教育部每5年对认证机构进行一次认可，CHEA每10年对认证机构进行一次认可，如果确认该机构存在不符合标准的情况，则撤销该认证机构资格。

（3）规范化的认证程序为保障。美国高等教育认证制度规定了规范的认证程序，主要包括自我评定、同行评估、实地考察、认证机构结果评定、阶段性外部评估等程序，并形成了内部品质评价与外部品质认证相结合的质量保证体系。内外部认证机制的审查与评定，能够促使学校改进教育教学质量，增强自我改进的动力，进一步完善高等教育质量保证体系（图4-1）。同时，美国高等教育认证委员会也非常重视学校倒闭之后学生的安置问题，如果出现学校撤销或倒闭，要求学校必须承担对原来该校没有完成学业的学生安置的义务。例如，负责美国东部地区基准认证的新英格兰大学以及学校基准认证协会在教育机关倒闭时的指导方针中专门作出了有关学生保护的规定。一是要求关闭大学为了学生，需要与其他大学进行交涉，帮助学生继续完成学业。同时，负责将学生的学业记录等移交到法定的合适的保存机关，且须告知学生保存机关的名称和获取学业记录的方法。

二是对于在倒闭大学已修完了必修学分75%以上的学生，其他必修学分可以在其他大学修，并且可以获得由被关闭大学授予的学位。

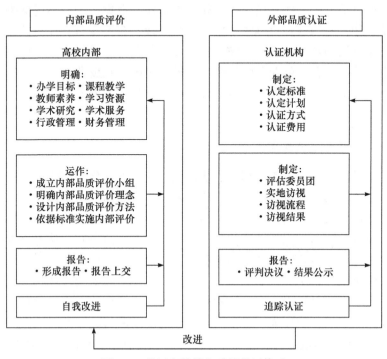

图 4-1　美国高等教育质量保证体系

（三）约束性制度

美国政府也积极针对私立大学办学过程中存在的主要问题制定具有约束性、限制性的制度。在这些约束性制度中，既有联邦政府层面的，也有州政府层面的。在联邦政府层面，比如，针对学校过于依赖联邦学生援助项目的情况，联邦政府要求营利性高校要有一定比例的办学资金是来自非联邦政府学生援助项目的。又如，为了避免低质量远程高等教育肆无忌惮地扩张，联邦政府提出了"50%原则"，虽然这一原则后来逐步被取消，但其在促进学校理性发展线上远程高等教育方面还是发挥了积极作用。州政府层面的约束性制度建设并不具有一致性，存在很大的差异，这常常使得一种行为在某些州是违法的，而在另一些州却不违法。但总体来看，州政府层面除要求学校作为企业需要遵守《消费者保护法》《商业法》《不公平贸易行为法》等法规之外——这些法规主要对其商业行为进行约束，还针对学校的特殊问题，制定一些特殊的约束性制度，比如，俄勒冈州自1997年起禁止营利性高校与学生签订长期招生契约，即要求营利性高校按学期招生，学生可以在每个学期结束后重新评估是否继续就读，以防止联邦学生援助项目资金被滥用。

除通过制度对学校的办学行为进行约束之外，联邦政府和州政府还经常通过诉讼手段来对学校的一些不良行为，如虚报就业率数据、逾期不提交综合财务报表与合规审计、威胁想要投诉的学生等进行制裁，有不少营利性高校在政府的这些诉讼及相应的制裁影响下宣布破产。例如，营利性高校巨头之一柯林斯学院的倒闭，除受"较高薪酬就业"政策影响之外，其因谎报就业率、在广告中使用军用印章、在招生协议中插入非法条款等问题而被加州政府起诉，也是其倒闭重要的原因（Hollenbaugh，2015）。

（四）发挥认证机构作用

第二次世界大战前，美国相关的认证机构就已经在促进高等教育质量提升方面发挥作用了。第二次世界大战后，随着联邦政府将认证机构作为其学生援助项目的"质量把关人"，这种作用就更加凸显了。联邦政府在确立认证机构"质量把关人"地位的同时，也建立了认证机构认可制度。这种官方认可制度使得认证机构从一种纯粹的社会组织转变为具有半官方性质的机构，这虽然在一定程度上损害了认证机构的自主性，但也提升了其社会威望及影响力。在第二次世界大战后的私立大学发展过程中，认证机构成为政府支持、监管、引导营利性高校发展的重要媒介。当然，除作为"媒介"增强政府对营利性高校发展的影响之外，认证机构所实施的认证实践本身也直接发挥着促进、引导学校提升办学质量的作用，同时也激发了其他社会组织从事相关质量促进工作的热情。比如，在线上远程高等教育快速发展时期，政府通过认证机构传达了"线上远程高等教育应与线下高等教育保持同等质量"的要求，激发了相关社会组织探索如何提升在线远程高等教育质量的积极性。旨在为在线、混合和数字学习的质量与创新创定全球标准的"在线教育联盟"，通过提出"优质在线教育的五大支柱"，建设优秀实践数据库，提供奖励、会议和讲习班等多元形式助力，甚至引领线上远程高等教育的高质量发展（Lorenzo and Moore，2002），这为政府不断完善相关质量监管及引导性制度提供了重要辅助。

（五）共同治理的有效推行

共同治理是美国大学普遍遵循的办学原则，更是大学自治理念在实践中的具体表现，美国私立大学也是如此。大学自治已经成为美国大学传统文化中不可或缺的主要部分，对大学自治的任何僭越，都可能引发不可想象的灾难，共同治理在很大程度上可以说是为了更好地落实自治而进行的权力再分配。共同治理理论的提出源于1966年美国大学教授协会、美国教育理事会、美国大学和学院董事会协会联合发布的《关于学院与大学治理的声明》（刘爱生和顾建民，2012），主要特征是把教师、行政人员及其他利益相关者纳入大学的内部治理中，使更多的人在大学治理上有话语权。对美国私立大学的治理而言，由各方代表组成的董事会、以校长为代表的行政系统和以教授组成的学术委员会三者之间相互制衡，以确保大学的平稳发展和使命的实现。其中，董事会是大学内部的最高权力机构，成员主要由捐资助学的各方代表、政府官员、社会名流、企业家、教师代表、学生代表和校友代表组成。董事会不直接干预学校日常管理，但有权任命校长，确定学校发展规划、制定规章制度，监督教学质量与办学目标的落实。校长是行政系统的最高负责人，负责管理学校日常行政事务。学术委员会负责专业设置、课程改革、教学计划的制订、教师的评聘、科研项目评审等，保障学术自由。联邦政府与州政府与私立大学之间没有直接的隶属关系，不存在管理与被管理，学校内部的事务完全由学校自主决定。由此可见，共同治理一方面使大学尽可能接纳越来越多的人参与到学校的治理中，实现民主；另一方面又旗帜鲜明地把决策权收归学校内部，通过董事会、行政系统和学术委员会三方制衡，排除政府干预，维护自治。

第二节　日本私立学校退出

私立教育在日本整个教育体系中具有重要地位，发挥了积极作用。近年来，受少子化和高龄化影响以及教育国际化等多重冲击，日本私立学校遭遇较为严重的生存和发展危机，一部分陷入生存困境甚至退场。

一、少子化时代：日本私立高校的生存状态

少子化一词源于日语（しょうしか），指随着生育率下降，造成幼年人口逐渐减少的现象。按照一般人口学统计标准，当0～14岁人口占社会总人口数比例达15%～18%时，标志着进入了"严重少子化"，在15%以内称为"超少子化"。日本是受少子化影响较为严重的国家之一，在20世纪80年代，其就开始关注少子化问题并于1992年在《国民生活白皮书》中首次使用"少子化"一词。日本的高等教育机构主要包括大学、短期大学及高等专门学校。其中大学主要为四年制各种学士学位基础学科课程及三至五年制硕博士班课程；短期大学(英文为Junior College)类似于职业技术教育体系中的两年或三年制职业技术学院，专门招收高级中等以上学校的毕业生，以职业教育为主。目前，日本的短期大学主要提供人文、教师训练、社会科学以及家政等科系和课程，学生课程修满后取得副学士学位。大多数短期大学的在校生为女性，其取得短期大学的学分和学位后，可申请进入大学继续进修学士学位，并获得学分抵免；部分短期大学也提供高一阶段的

课程供学生选读，并授予学士学位。至于高等专门学校类，肇始于 1962 年，不同于普通大学和短期大学，其类似于五年制的专科学校，专门招收初中毕业生，学生课程修满后取得副学士学位，取得此学位的学生也可以进入大学继续攻读学士学位。

20 世纪 60 年代至 80 年代中期，日本政府放宽了对高等教育规模扩张的限制政策，在专业设置、招生名额、教师资格、建校场地等方面实施了更加宽松的弹性化政策。同时，1992 年日本社会进入 18 岁人口高峰期，为私立大学建立提供了相对充足的生源，导致日本私立大学短期内呈现"井喷式"快速增长。但伴随日本社会少子化、高龄化持续加深，私立大学面临越来越严重的生源危机。加之快速发展初期盲目扩张导致竞争环境恶化、部分大学经营理念和决策失败等多重风险叠加，导致日本私立大学遭遇严重的生源危机，在 20 世纪 90 年代出现发展拐点，有的甚至破产倒闭。

依据日本文部科学省的统计（表 4-1），从 2006 年至 2012 年，日本高等教育机构在校学生数呈现以下变化：一是高等专门学校的学生数自 2009 年起开始出现负增长，2010 年虽微幅上升，但 2011 年至 2012 年又随即减少至新低点；二是大学学生人数众多，在 2009 年至 2011 年仍保持增长，但自 2011 年开始增长趋缓，2012 年出现负增长；三是短期大学学生人数长期以来持续负增长，虽自 2010 年负增长状况趋缓，但学生数仍持续减少，自 2006 年至 2012 年，短期大学人数从 202 254 人下降到 141 970 人，下降幅度达 29.8%。

表 4-1　日本高等教育体系在校学生数统计（2006 年至 2012 年）　　　单位：人

年底或年度	高等专门学校	短期大学	大学
2006	59 380	202 254	2 859 212
2007	59 386	186 667	2 828 708
2008	59 446	172 726	2 936 127
2009	59 386	160 976	2 845 908
2010	59 542	155 273	2 887 414
2011	59 220	150 007	2 893 489
2012	58 765	141 970	2 876 134

资料来源：日本文部科学省官网，http://www.mext.go.jp/english/statistics/index.htm（有删减）

面对危机，日本政府和私立大学积极推进内外部改革和建设，以适应少子化冲击。2008 年以后，日本有一半以上的学校甚至采取无任何条件限制的开放式招生方式，形成了日本"大学全入"的独特景象。但这并不能从根本上解决生源危机问题。木村诚在 2012 年出版的《危险的私立大学，存留的私立大学》一书中作出了"从 2012 年之后，日本私立大学会进入倒闭高潮期"的评价。

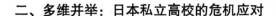

二、多维并举：日本私立高校的危机应对

为有效应对危机，日本政府和私立高校通过修订完善相关法律法规、完善内部治理机构、推进教育教学改革、改善内外部环境建设等措施，多维并举、综合施策，帮助私立高校转型发展、应对危机。

（一）提供法律支持和政策指导

（1）推进《教育基本法》与《教育振兴基本计划》革新。少子化、高龄化的持续压力，特别是 2000 年后信息化、国际化、地球环境等问题日益突出，日本社会要求在教育方针上有新突破的呼声越来越高。2006 年，日本审议通过了新的《教育基本法》，与旧法相比，该法在第八条专门增设了"私立学校"条款，规定"鉴于私立学校具有公共性质和在学校教育中发挥着重要作用，国家和地方公共团体必须尊重其自主性，采取扶助及其他适当的方法，致力于私立学校教育的振兴"。在第十七条对"教育振兴基本计划"也作了规定。强调政府应全面、系统地推动制定涵盖基本方针、必要措施和其他必要事项的教育振兴计划。地方公共团体必须结合本地实际，制订配合教育振兴的推动计划。2008 年日本政府颁布了首期《教育振兴基本计划》，该计划被认为是促进高等教育转型及创新的长期策略。《教育振兴基本计划》提出大学教育改革的目标是使学生更好地满足多元化社会需求，促进大学教育全球化发展，使大学在少子化时期发展其特色。为实现上述目标，《教育振兴基本计划》提出要开展大学专业化人才的教育培训、教育变化要与时代和社会发展相适应、改变固有人才培养模式、加大教育投资比例等。同时要考量各大学区域贡献程度以及产官学合作程度，扩大各大学国际交流，积极培育发展大学特色。

2013 年 6 月，日本政府公布了第二期《教育振兴基本计划》，提出在 2013～2017 年日本教育发展的四个基本方向、八项成果目标、五十三项成果指标和三十项基本对策。这些对策包括扩大留学、促进大学国际化、提供高质量教育服务、加强产业界与大学的合作联系等。

（2）修订《私立学校法》和《私立学校振兴助成法》。为顺应少子化趋势，2014 年，日本对《私立学校法》进行了大幅修订。其中一些规定使得私立大学的治理和运行机制更为灵活。例如，《私立学校法》增设了第三章"学校法人"，其中第二十六条明确规定，学校法人"为将营利用于辅助私立学校办学，学校法人可在不影响所设私立学校教学的情况下，从事以获得营利为目的的事业，并以其收益作为私立学校的经营"，"前款事业的种类，由管辖者在听取私立学校审议会或大学设置与学校法人审议会的意见后予以规定，并公布之"。

这表明，尽管日本不承认营利性私立大学，但允许私立大学在不违背教学的前提下从事营利性事业并将收益最终用于私立学校经营。这在客观上拓展了私立大学的资金来源渠道，缓解了其财务压力。基于《私立学校法》，文部科学省也出台了许多针对私立学校的扶持政策，包括设立租税奖励，设置旨在降低私立学校营运成本的奖补助款，通过日本私立学校振兴·共济事业团（以下简称私学事业团）对私立学校实施的财务纾困方案以及行政事务支援及指导等。同时，日本政府积极修正《修学支援法》，对私立学校提供辅导帮助。例如，《修学支援法》第四条规定，学校法人增设私立高级职业学校或私立大学时，政府应补助该新增设学校经常性研究或教育经费的半数。前项补助的范围、事项及计算方式，应该以行政命令确定。

（二）推进私立大学治理机构建设

实践中，许多经营陷入困难的私立学校，在学校治理过程中往往面临着教职员大会、理事会、信托人及监察委员会等无法充分发挥其作用的困境。为此，日本政府将强化私立大学治理结构作为协助私立大学应对经营危机，以及推动学校发展的重要工作内容。

（1）明确学校财团法人理事会权限。2014年修订的《私立学校法》明确了私立学校理事会的权限，特别授权学校教师委员会有权参与学校营运等重要事项。同时，为避免理事会与教师委员会意见相左，导致管理营运政策难以确定，明确理事会是学校法人的最终决策机构，对外承担义务并负担完全责任。理事会不仅要保证经营决策信息的公开透明，还要主动加强与学校经营有利害关系人之间的合作，共同推动学校经营和教学管理改革。

（2）强化私立学校经营管理层管理创新。《私立学校法》强化理事长为首的经营管理层职能。其不仅负有对学校基本使命与发展愿景进行规划的职责，在治理改革的关键期，更有义务推动管理创新。一方面，新修订的《私立学校法》进一步明确私立学校各部门职能，建立完善协同系统，促进部门间相互了解，增进组织成员间的协力合作。明确规定私立学校应设立监察人及审计机关（监察室），以增强内部控制及系统运行的有效性。另一方面，新法进一步明确了私立学校常务理事职能，鼓励学校灵活运用外部理事制度，发挥外部意见和监督功能，促进私立学校管理层治理能力提升。

此外，为确保学校经营管理人才不虞匮乏，新法积极导入培训机制，使更多适格人员有机会参与学校的经营管理。同时，设立能反映家长、学生及教职员工等的意见窗口和开放型组织机构，实现学校组织管理和决策开放等目的。

（三）推进教育教学改革

（1）保障学生权益，稳定生源。与国立大学法人不同，日本私立学校法人的

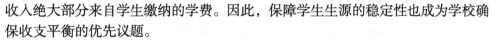

收入绝大部分来自学生缴纳的学费。因此，保障学生生源的稳定性也成为学校确保收支平衡的优先议题。

首先，提升办学特色，努力培育特色化大学。例如，梅花女子短期大学、大阪成蹊短期大学等部分短期大学为应对生存危机，积极挖掘自身专业优势，开放学校场所设施，加强与地方政府合作，主动适应社会需求，广泛开展各种特色化教育和服务，取得了良好的经济和社会效益。

其次，加强对学生的辅导与服务，吸引生源。一是向考生宣传学校的魅力，这是非常必要的。这不仅依托于全体教职员工，而且通过在校生开展校园开放日等活动，以此来宣传学校也是非常重要的。二是加强辅导，提升学生基本学术技能。其中充实教育是最基本的事情，要不断完善补习课程制度，努力提高学生基础学习能力。在班级中实行班主任制度，实际掌握学生校园生活所面临的实际问题，并及时给予指导和帮助。在保证入学者利益的同时，尽早引导学生明确自己的学习目标，建立起防止中途退学机制。另外，毕业后就业状况也是一个影响学生择校重要因素。对于学校可能出现的学生流失问题，学校不能仅仅提供就业信息，而应从一入学时就开展职业生涯规划教育，不断增加就业指导服务。三是扩大教育对象范围。未来日本私立大学教育的服务对象，不仅为18岁的适龄人口提供教育，更预期成为为广泛的社会人士提供终身教育的主要场所。与日本相比，欧美很多高校高年龄学生占有很大一部分比例。1998年的经济合作与发展组织调查显示，日本高等教育受教育者中，35岁以上者比例仅为2%左右，是接受调查的24个国家中比例最低的。近些年，日本在职成人成为兼职在校生的情况有所增加，加上日本社会人士学习动机较高，也较容易达到促进其重返校园的目的。因此，各私立院校开始提高非传统学生（18岁至21岁全日制学生以外的学生）的比例，除有助于弥补生源不足外，也创造和积累了大量具有社会工作经验的人力资源，为促进区域发展提供了丰富的人力资源。

最后，实施扩大国内生源的措施。为扩大国内生源，日本政府主要通过改革招生制度、设立完全中学、实施产学合作以及增设研究所等措施来积极扩大生源。一是建立入学办公室。该项制度发轫于美国，20世纪90年代由日本庆应义塾大学引进，其改变了传统偏重学历成绩考察的选拔与评价机制，主要通过书面审查方式选拔学生。通常学生的申请书、高中学业记录、作文、小测试、调查书、课堂展示、面试等都可以作为评价和选拔的依据和手段。相对于传统大学入学考试，改革后的入学制度具有以下典型特征：①学生具有多次自荐机会，充分尊重学生自身意愿选择大学；②申请时间相对较早、次数较多，赋予学生更多选择权；③侧重对学生在自荐书、活动报告书、面试等环节表现的考察，对学生学业成绩的要求相对降低。二是设立完全中学。日本政府鼓励私立大学增设完全中学，即同时设立初等部、中等部甚至高等部，努力打通从招生、课程，以及学生就业辅导等全方位的渠道，不仅有利于现有教学设施和教育资源的充分利用，也在某种程度上从下至上保证了一定的生源。三是产学提携政策。产学提携政策类似于我国的产学合作制度。在促进人才培养方面，通过深化产学合作推动大学中高级专业教育开展，促进产学间人才流动、重新评估高等教育人才培养相关课程建设，构建以大学和企业为主体的自主性产学合作机制。四是增设研究所。鉴于社会人士进入日本各大学研究所的比例偏低，因此日本政府除开放培养高级专业职业人才的专业学院以外，结合终身学习制度，大量开放社会人士进入研究所就读的通道，大学也积极响应政策要求增设研究所或开设相关课程，拓展社会人士或高龄人士进入大学的渠道。同时，日本许多知名大学也纷纷在海外设立研究所，例如，早稻田大学与新加坡国立大学设立了海外研究所，供新加坡当地学生短期（一年内）取得两个学校的双硕士学位，这也成为目前日本大学增加学生生源的一个渠道。

（2）提升教职员工素质。优秀的教职员工是私立学校宝贵的精神财富。面对私立学校日益严峻的生存环境，如何确保优秀教职员工稳定并不断提升其素质，是学校需要设法解决的重要课题。日本对于此问题的解决分为两个面向：教师发展与员工发展。前者主要包括授课内容、教学方法的改善；后者主要指职员资质的提升。对于教师发展主要采取的措施有：开展教师互评（针对授课内容及大纲等），以改进教学方法，谋求教学技能的提高。另外，配合教职员人才育成与适当的待遇机制，引入合理的人事考核制度也是必不可少的。

当然，如果没有资金的充分挹注，私立学校的教学研究活动势必难以持续。因此，日本在制度改革中，不但强调教职员与学校经营者的角色分工，更强调在职能上的通力合作。教职员必须充分展现其在教学及业务方面的专业能力，着力让学生对学校的教学及行政事务感到满意。另外，就学校管理面而言，必须让教职员担负学校管理的第一线角色，努力使其成为一名了解和掌握学校经营及学生状况，在招生、就业指导以及日常问题解决等方面都能发挥积极作用的人。因此，为实现学校整体的组织目标，落实面对少子化冲击的经营战略，日本私立学校已将相关组织人力资源的培训与发展问题列为学校财团法人治理的重要课题。

（四）改善学校财务状况

（1）吸收引进外部资金。尽管私立学校大部分收入来自学生的学费。但是为了保证学校财务状态的安定以及强化经营管理，除学生缴纳的学费之外，补助金、捐款、经营其他事业收入以及资产运营收入等都是不可或缺的。因此，为了吸引外部资金投入，日本私立学校着力加强日常教学研究，不断深化产学合作和地域性合作，努力让当地政府和民众了解学校的价值，并且期待得到当地民众以及企业的帮助。

（2）控制支出。在少子化冲击下，日本私立学校财团法人的支出，已经逐渐扬弃年度预算的形式，不再以年度盈余作为规划资金需求的基础，而是采取长期资金计划的观点。首先，在学费收入规模减小的威胁下，私立学校必须酌情削减人事费用的开销，但这可能引起劳资争议并影响教职员工的工作热情。因此，学校必须采取适当的沟通措施，对教职员工说明学校的财务状况，争得他们的理解和配合，以利于将学校的长期人事成本控制在合理的范围之内。

另外，关于节省其他开销的方式，日本许多私立学校财团法人采取包括减少大宗采购、增加服务外包，并与邻近其他学校财团法人共同处理业务流程等运作方式，以降低行政开支。然而，不论采取何种削减支出的措施，皆不应以牺牲学校的教学或研究品质为代价，故在促进学校经营效率的同时，如何兼顾学校教学与研究品质成为私立学校财团法人需要审慎思考的问题。

（3）适当缩小学校法人的规模。尽管为了保证生源付出了种种努力，但仍然无法维持招生名额，并且对学校自身支出的限制也达到了极限，这种情况下，就应该考虑是否需要减少招生计划，并缩小学校的规模来谋求收支平衡。今后随着18岁人口数量的减少，私立学校市场规模也会不断缩小。因为不能保证入学学生的数量，所以适当缩小学校规模也是学校法人谋求继续生存之道。

（4）变卖资产等。随着入学人数的减少，可能会产生学校设施闲置或过剩等情况，贷款也成为负担。因此，通过处置学校过剩资产设备以偿还债务也成为日本私立学校财团法人健全财务的一项重要措施。

此外，为振兴日本高等教育，促进日本社会更加开放多元，日本政府积极推进大学国际化，主要通过实施超级国际化大学计划①，着力提升日本大学的国际竞争力。这些政策不仅有效缓解了日本社会因少子化引发的生源不足等问题，也使得日本高等教育朝着多元化和国际化的方向转型，为应对教育全球化的多样需求奠定了良好基础。

三、日本私立大学民事再生案例——萩国际大学经营破产与再生

在日本申请人数减少导致的私立学校经营破产，首次适用民事再生的实例当属萩国际大学，通过该案例可以窥见民事再生手续的有用性与有限性。

（一）萩国际大学的情况介绍

（1）萩国际大学的诞生。萩市是日本著名的观光城市。从东京到山口县萩市，

---

① 超级国际化大学计划：日本政府于2014年实施的一项计划，主要支持一部分大学提升其国际竞争力，打造成具备全球影响力的大学。该计划不仅关注留学生人数的增加，更侧重于增强大学的国际化程度，通过资金支持和政策引导，推动大学在海外合作、国际研究、外籍学生比例等方面的建设。

乘飞机转铁路需要 6～7 个小时，从大阪新干线换乘（Japan Railway，日本国有铁道）需要 4～5 个小时。追溯历史，其是败北关原会战的毛利氏，被幕府从濑户内一路追击到荒凉的日本海岸后的逃生之地。由于明治维新时期是县厅在山口县的驻扎地，因此萩市至今仍保留着幕府末期的风貌，市内的井巷仿佛是幕府末期与明治时代的标志。

萩国际大学于 1999 年 4 月在萩市正式办学，并设立"国际信息学部"。这一举措标志着山阴地方首次拥有了四年制私立大学。在带动地方经济社会发展方面，其被寄予了很高厚望，为此，山口县和萩市总共筹集了 40 亿日元的补助金，此次筹款成为萩市市长竞选的焦点之一，居民对于大学开办的关心与期待也空前高涨。

（2）萩国际大学的危机。萩国际大学作为"沿日本海教育与文化的新据点"，积极接收来自亚洲的留学生。此举迎合了日本国内少子化以及以中国为主的亚洲诸国高等教育需求扩大的社会需要，成为大学运营新模式的积极尝试。办学当时开办了寄宿家庭会等组织，一时间出现了接收留学生的热潮。受此影响，办学第一年计划 1 学年的学员名额为 300 人，实际招收了 204 名，其中包括 45 名留学生。然而，2002 年，萩国际大学的原留学生因涉嫌使用伪造有印公文遭逮捕，被指控违反《出入国管理及难民认定法》中关于不得在风俗营业店打工的规定。此外，还出现众多留学生住址不明确以及因拖欠学费而被处分开除学籍等事态，遭到大众媒体的大肆报道。受这些事态影响，入境管理当局开始严格对萩国际大学留学生的入境审查，且不承认计划秋季入学的全体留学生的在留资格。由此也引发了日本学生申请者减少，计划名额裁减甚至定员裁减等恶性报道。1999 年到 2005 年，萩国际大学留学生入学人数也发生了变化（表 4-2）。

表 4-2   1999～2005 年萩国际大学留学生人数

年份	入学者总数	内部留学生	非内部留学生
1999 年 4 月	204	45	159
2000 年 4 月	116	33	83
2001 年 4 月	124	83	41
2002 年 4 月	187	180	7
2003 年 4 月	30	23	7
2004 年 4 月	22	4	18
2005 年 4 月	42	16	26

由表 4-2 所示，尽管第一年的入学人数为 204 名，情况乐观，但是包括这一年在内，学员从未超过计划招收的 300 名。办学第二年入学人数骤减，虽然之后出现一时的回转，但是 2002 年 4 月出现了入学人数 96% 以上是内部留学生的畸形构成问题。2003 年之后入学者数量大幅减少导致学校经营发生严重问题，陷入经营困难的窘境。此后，对于金融机构的还款事实上全部停止，可以说法律上的处置已成为时间早晚的事了。

萩国际大学虽然兼具立足地方和走国际化道路的双重特色，致力于培养多样化人才。但是受日本少子化老龄化影响，日本国内生源不保，特别是留学生选拔机制存在不足，使得对大学经营至关重要的"大学品牌"在短期内遭到重创，这也构成萩国际大学破产的直接原因。因此，重建大学，修复学校声誉关键是改善现有的学校形象并重新打造积极崭新的学校品牌。

（二）萩国际大学民事再生过程概要

（1）民事再生手续的申请。2005 年 6 月 21 日，经营萩国际大学的学校法人萩学园背负了约 37 亿日元的债务，被迫向东京地方裁判所（以下简称地裁）申请民事再生手续。萩学园是隶属于萩市的学校法人，民事再生手续原则上由山口地裁管辖，但债权人超过 1000 人的按照《民事再生法》的相关规定，应由东京地裁管辖。东京地裁受理申请后，立即决定开办民事再生手续①。

（2）申请当时萩学园的情况。一方面，萩学园负债约 37 亿日元，其中约 32 亿日元是来自银行的贷款，约 3 亿日元来自日本私学事业团的借款，占全部贷款的 90% 多。债权人为 14 人，其中在校地校舍拥有特别除外权的债权人为 5 人。另一方面，资产的评估额为 9 亿日元，其中大半是学校的地皮及建筑物。现有存款为 1700 万日元，2005 年 10 月，截止到学费交付期限已陷入资金无法运转的局面。上文提到的不动产，金融机关都有其担保权，因此在以清算为前提的情况下，对于一般债权人的预期配当率（结算配当率）为零。当时学校的教务人员为 23 名（其中正式教师 1 名、特别合同专任教师 6 名，客座教师 4 名）。事务职员 17 人，在校生 194 人（其中日本学生 78 人，留学生 116 人）。

（3）来自赞助商的支援。在民事再生手续申请过程中，股份公司盐见金融控股集团（东京都千代田区）作为赞助商，对包括手续费等筹集给予了全方位幕后支持。此外，在赞助商协助下，萩国际大学计划实现向福祉系大学的转型。

（4）启动决定到许可决定。2005 年 6 月 24 日，民事再生手续启动决定出台 4 个月后（同年 10 月 11 日）提出了再生计划案。根据再生计划案，权利变更的

---

① 再生事件的管辖为专属管辖（《民事再生法》第六条），但是东京地裁破产再生部在这一点上给予灵活处理，表示若在债权人会议上没有异议，可不拘泥于管辖。

一般基准是"再生债权其中超过150万日元的再生债权本金以及相当于截止到开办决定日前一天的利息与拖延损失金的99%的金额连同对于再生债权本金开办日之后的利息与拖延损失金的全额全部免除",包括特别除外权的不足金额,再生债权约27亿日元。由于权利的变更,债务总额压缩至4300万日元。偿还方法于再生计划许可决定确定后1个月以内一并行使。此外,原资本为盐见金融控股集团的贷款,之所以免除再生债权中150万日元以内的部分是为了确保对于大学教员的委托业务以及书籍采购等大学经营的必需交易得以顺利运行。与此同时,在制订再生计划案期间,积极推进与享有特别除外权的5名债权人的协商,协商结果是按校地校舍的评估额分20年予以支付。然而,由于协议是将新学部运行的学费收入作为偿还资金的协定,2012年新学部走上轨道之前,债务偿还额度低且一度拖延。按照以上的再生计划以及特别除外权协定,学校的债务总额由37亿日元压缩至14亿日元。2006年1月10日,再生计划案在债权人会议上通过并于当日公布了许可决定。

(5)新学部设置的申报以及校名变更。萩国际大学国际情报学部的学生于2006年4月新生招募后终止。2007年4月1日起,萩国际大学改名为"山口福祉文化大学",其下设置了新学部"生活设计学部"并开始招生。此后,萩国际大学作为福祉大学转世再生。

(6)再建后期进展情况。改名后的山口福祉文化大学招生第一年(2007年)的入学人数(或许是受到法律处分负面影响)为预定招生140人,结果只招了24人。但是第二年(2008年)招生又增至116人,可能是在东京设置了卫星广播教室博得了不少人气的原因。现今山口福祉文化大学也提出了"扎根地方办大学"的理念,但是正面应对地方少子化老龄化仍困难重重。另外,为了重建,萩国际大学从2004年4月开始聘请了著名的高尔夫球手为客员教授,开设高尔夫文化课程,2007年高尔夫球部在"信夫杯"争夺日本大学对抗赛上取得了出色成绩,在全国名声大振,在体育界的知名度也不断上升。这对于实现学校改善现有形象,重新打造新的学校品牌的目标也非常有帮助。

2008年山口福祉文化大学招收学生116人,其中留学生77人,反映出少子化背景下大学经营面临的严峻性,特别是萩市交通不便导致学校在招生上陷入极大的不利,今后若基于特别除外权协定开始还贷,赞助商盐见金融控股集团可能无法继续实施追加的支援活动。该案例是因削减预定招生名额造成经营困难,以民事再生手续推动重建工作的首例。正因为如此,虽然对今后的重建工作抱有很大期望,但是民事再生手续从申请到平稳经营全取决于赞助商,这样的风险明显过于集中。因此,当务之急是从法律上确立避免赞助商负担过于集中的大学再建方法。

（三）萩国际大学民事再生的主要经验

（1）运用民事再生学校得以维持和延续。通过民事再生，萩国际大学的运营得以维持，为在校学生提供了预定的课程计划。此外，再生计划许可决定后，大学得以延续，只不过是名字变更了而已。由此，民事再生手续开办造成的混乱被压制到最低程度，新的教育事业得以顺利推行，从保障现有学生的就学机会来看，这也是理想的结果。

（2）萩国际大学民事再生顺利推进的关键是引入赞助商。在民事再生手续申请的过程中，股份公司盐见金融控股集团作为赞助商，对包括手续费等的筹集给予了全方位的幕后支持。此外，在赞助商协助下，萩国际大学计划实现向福祉系大学的转型。

（3）制订了详细的债务免除和偿还计划。民事再生手续的重点是将再生债务者的债务额度降低到可行范围内，根据再生债务者将来的资金运转计划决定免除比率以及还债期限，由此生成再生计划案。本案中债务得以免除且免除比率可以酌情决定，并且针对"超级国际化大学计划"的新的教育事业拟订资金运转计划，制订合理的还债计划。遵循清算价值保障原则（即根据再生计划所分配的利益必须超过再生债务者办理破产手续的情况下分配的利益的原则），根据具体情况有时不得不提案免除大部分债务，免除比率没有上限。

此外，免除比率的确定方法无须对所有的债权人适用固定统一的比率，为不妨碍民事再生事业的推进，对于小额债权通常会压低免除比率。在萩学园的民事再生手续案件中，对于再生债权150万日元以内的部分，免除比率为零，就是充分考量到再生计划许可后后期事业的顺利推行。

（4）提高民事再生手续办理的效率。萩学园的民事再生手续，从民事再生手续申请决定开始到再生计划许可决定出台仅仅用了7个月的时间。由于手续办理迅速，将可能对大学造成的混乱减小到最低程度，使得其有暇顾及第二年的新生招收工作。

（5）切实保障广大师生的合法权益。要维持学校经营，就必须保证学生的就学机会，同时，在提出程序申请后，教职员的工作也应该得到保证。另外，学校方面应保证能够随时处理学生毕业的相关事项，包括向毕业生发放毕业证书以及成绩证明等。一旦私立大学未能重建，在这种情况下，破产大学的学籍管理者以及毕业证书的发行人等问题的解决都需要获得法律支持。

四、评价与镜鉴：日本《应对私立学校的经营革新以及经营困难——最终报告书》

2007年8月1日，日本私学事业团，发布了题为《应对私立学校的经营革新以及经营困难——最终报告书》（以下简称最终报告书）。最终报告书在提出促进学校法人经营革新的同时，针对学校法人一旦陷入经营困难究竟应该采取什么样的措施，以及私学事业团、国家、地方自治体、私学团体等利害关系人在其中应发挥什么样的作用等问题提出了诸多建议。尽管少子化问题愈演愈烈，但在实践中，如何处置经营困难学校法人的相关法律制度尚不健全。而最终报告书对此问题给出建议，并且涉及与学校法人重建利益攸关的私学事业团，因此备受各方关注。

（一）最终报告书的主要内容

（1）导入定量经营判断指标。为科学判断经营困难私立大学的具体经营状况，使政府有针对性地开展相应辅导与帮助，避免因破产给私立学校和社会大众带来的冲击，最终报告书中至关重要的一点建议是"根据定量经营指标制定破产预防计划"。因为，一旦学校进入破产程序，将会对社会产生极为不利的影响，故在处理处于经营困难状态的学校法人时，首先假定其可能陷入破产的状态。而为避免学校破产对私立教育系统造成的社会影响，日本政府更倾向于将重整制度作为帮助私立学校摆脱困境、避免破产的措施。为此，设定破产预防经营判断指标的主要目的：通过经营判断指标，就经营困难学校实施重整再生的可能性作出判断，并决定是否给予以及给予学校何种辅导与帮助。若判断后发现问题私立学校重整再生的可能性极小，政府则根据比例原则，采取对社会冲击最小的措施。这些措施包括：学校停止招生及清算拍卖停办后的配套措施，并优先解决好在校学生安置问题，以确保学生的继续教育权。

经营判断指标的设定主要依据学校经营状况将其划分为三种情况，并用三种颜色加以区分（表4-3）。

表 4-3   日本私立学校经营判断指标

分类名	定义
正常状态	"教育及研究活动的流动资金"为盈余且对外债务在 10 内能够还清，收支结余呈正数
经营困难状态（黄色地带）	"教育及研究活动的流动资金"连续两年出现赤字，或负债比重（债务规模）过高致 10 内无清偿可能，但经过学校法人自身经营改革的努力仍有改善可能的私立学校
自力更生极度困难状态（红色地带）	由于背负巨额债务等原因，依靠学校自身难以再生

（2）对正常状态的处理。对于正常状态，私学事业团以及文部科学省没有预想的积极的指导与建议。但是，可以参照私学事业团制作的"自我诊断检查列表"，如有问题，可以向私学事业团申请经营商谈，以期获得指导和建议，进行经营改革。此外，即使没有得到指导和建议，通过大学等的国际财团的推进，培育经营

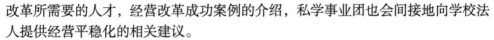

改革所需要的人才，经营改革成功案例的介绍，私学事业团也会间接地向学校法人提供经营平稳化的相关建议。

（3）对经营困难状态（黄色地带）的处理。对于经营困难状态，设定了以恢复正常状态为目标的积极的指导建议。在判定学校经营法人陷入经营困难状态的情况下，首先需要在私学事业团指导下，提出并制订经营改善计划。然后私学事业团以及文部科学省要掌握此计划，并且文部科学省要根据进展情况提出指导建议以达成计划。若情况没有好转，就要敦促学校停止早期招募。以上便是预想的方案。关于此方案，最终报告书中提到了以下几点。

一是提供与融资有效性相关的指导与建议。为确保经营改善计划的有效性，文部科学省将经营改善计划与咨询指导的有效性与融资机制相结合，成立了日本私学事业团，协助私立学校财团法人顺利取得融资，并从债权人管理信贷风险的角度，对私立学校财团法人提出管理改进的指导及建议。

二是提供补助金改善经营。对于确认正在致力于具体地改善经营的大学，文部科学省将进一步针对其营运的经常开支发放特别补助金，以鼓励其进一步提高管理效率。补助金对于大学经营至关重要，因此，只要确认私立学校的经营确实有所改善，则有机会获得来自私学事业团的补助金。

三是活用运营调查委员会制度。对经营改善计划的达成以及私立学校财团法人实施效果的情况，须建立客观审查的外部机制。因此建议活用学校法人运营调查委员会制度。运营调查委员会的功能，主要是针对经营改善计划实施情形及经营困难私立学校财团法人的组织活动状况及其财务状况等进行调查评鉴，并根据经营判断指标的判断，予以必要的指导和建议。

具体是"私学事业团根据经营判断指标，在处于黄色地带的学校法人当中，考量个别学校法人的情况后，将认为有必要制作经营改善计划的学校法人作为运营调查的实地调查对象，以此向文部科学省提案"。根据"实地调查的结果，运营调查委员会尤其是对于需要进行彻底经营改善的学校法人，要求制订改善计划，审查提出的计划内容，并跟踪后续的进展情况"。私学事业团在获得委员会专业的建议的同时，协助制订经营改善计划，以及开展管理和后续情况跟踪等。

四是赋予经营者责任。实践中也存在这样的情况，为了推进经营改善计划，需要在获得学校教职员工理解的基础上削减其一定的劳务费用，也可能让其他债权人放弃一定的债权，在此基础上再设定经营改善计划。但如果这样的话，有利害关系的人作出的牺牲就很大，如果经营者自身不承担任何责任，那么谁都不会对学校法人的再生付出努力。因此，在这种情况下，就需要经营者承担起相应的责任。经营者的责任主要是对经营改善计划设置期限，到期如若未完成计划，经营者应当主动辞职或免职，并承担相应的责任。此外，辞职、免职与停止招募学生之间没有先后关系。客观上，若学校没有再生的可能，就应当尽快决定停止招生。

五是应尽早作出决断。学校经营困难主要是由学生入学数持续减少造成的，因此必须对学校进行内部改组重换和教学秩序的重新构建。因此那些招生人数大幅下降的部门是否应该停止招生，是否可以帮助这些部门找到可能给予其支援的其他法人，都是学校的经营者应该尽早作出的决断。就算学校的资金在招生停止的情况下可以支撑三年左右，学校也应该早些作出停招的决定。这个决定，越早作出越好，这样学校法人就可以更好地保存自己的实力，在自己擅长的领域提升学校再生的可能性。在学校法人留有余力的阶段，解决方法的选择会更多一些，也较容易找到可以进行合并的法人机构。同时，考虑到在校学生的毕业问题，私立学校必须留出相当于私立大学至少三年，短期大学至少一年的资金。

六是提供私立学校再生重整的支援方案。在学校经营困难的情况下，文部科学省针对经营困难学校的人力财力现状，也应提供以下支援措施协助私立学校法人重整。

其一，面向再生重整人才的培养。经营困难学校在推进经营改善计划的过程中，可能会面临再生重整方面的教学和管理人才匮乏的情况，文部科学省将协助经营困难的私立学校重建教学研究与学术人力资源系统，并建立私立学校人力资源资料库机制，协助私立学校培养大量培训人员。这类人才可以在私立学校事业团的系统中进行登录，必要时介绍给相关学校。此外，此类人才也应该在公立大学中进行大批培养。

其二，提供合并信息。私立学校合并时，可能会存在一定的风险，如合并后出现不当人事处理；以营利为目的，无法延续学校的教育宗旨与追求；出现以出卖学校财产收取中介费的法人等。因此，为了避免此类事态出现，文部科学省应该提供中立公正的第三方咨询机制，借由该机制，私立学校财团法人可以顺利取得合并、业务重组等相关信息。作为一个掌握着大量私立学校信息的团体来说，私立学校事业团应主动收集关于合并的信息，并结合各个学校的实际情况进行匹配，推动合并工作的圆满实施。私立学校事业团也可以将具体的中介任务委托给专家，并且承担中间的手续费。特别是对于经营困难的学校法人，其自身是否需要进行合并本身很困扰，在这个时候，一些别有用心的合并者介入的风险也很高。因此，此时私立学校事业团应主动作为第三方机构进行干预和指导。

七是提供私立学校再生重整的案例介绍。文部科学省对经营困难的私立学校应该提供一些重整再生的案例，特别是包括执行人事冻结、招生以及经营困难学校变为正常状态的个案，以供营运改善阶段的私立学校财团法人参酌使用。

（4）对自力更生极度困难状态（红色地带）的处理。此种状态主要指学校法人由于债务过多等原因，难以凭借自己的力量进行重建。如若学校陷入自力更生

极度困难状态，建议采取自行和解，民事再生手续或停止招生的处理方式。

　　其一，自行和解。即不通过法院申请破产，而是通过与债权人协商和解缩减债务。与一般民事再生的情况相比，媒体等曝光学校可能面临破产的信息，会使学校的形象大受影响，社会评价也会很差。此时如果采取自行和解的方式，就可以在债权人和学校法人之间实施再生计划，能有效规避社会风评受损，避免学校财产价值的大幅度缩水。另外，在自行和解的情况下，像民事再生一样由法院来进行干预不可能。在金融债权人人数较多，债权额放弃较多的情况下调整起来较为困难，通过金融债权的同行作出一些调整往往更有效。希望成立能够使学校法人债务清理顺利开展的相关机构。私立学校事业团是占学校法人贷款40%的公共机构，因此，私立学校事业团将来的问题就是如何推动学校法人再生的债务处理顺利进行。

　　其二，民事再生。民事再生是再生手续的一种，是指债务人为继续从事自身事业，欲对债权人提出债务缩减等再生方案，向法院申请，当征得有决定权的出席者过半数同意，且该部分人持有学校财产1/2以上，就可以进行债务的缩减，实行民事再生。但问题是：一是运用此项制度进行早期债务减缩也面临一定困难。例如，一所学校学部学科构成出现问题导致破产。从进行大规模学部学科调整到新学科正式开设之间则还需要较长时间，如果不能确定申请期限，很可能带来招生上的混乱。二是尽管再生制度是经营者想继续维持自己的事业为前提的。但实际上，有关赞助者的选择是相当复杂和困难的，尤其是还没有建立排除抱有不良意图的赞助商的体系。此外，应从金融债权人以及司法的角度对再生计划的合理性进行审查，确定学校法人是否想要真正地进行再生，并且从司法的立场来讲，再生计划的正确性以及监督委员的任用也是非常重要的。因为按照民事再生的程序规定，如果再生计划被当庭否决，就会导致学校破产。站在学校法人的立场看，在校学生的学习机会就很难维持了。因此，在决定是否实施再生计划之前，应该进行细致的审查。

　　但是学校法人的民事再生还面临诸多问题：一是民事再生法是以企业为前提的，单凭简单的民事再生申请很难进行学校法人的民事再生；二是通过改组、重组进行的再生计划需要大量时间；三是考虑到对招生的影响，要注意提出申请的时间；四是此阶段更换经营者的事例较多；五是再生计划被否决的话就会转为破产程序，学生的继续就学机会将难以保证；六是有可能出现不以继续开展教育研究活动的不良赞助者；七是从金融债权人和司法的角度需要对再生计划的合理性进行审查，排除不适格的赞助者；八是在再生计划通过或被否决前，有必要建立排除不适格的赞助者的专门机构。

　　其三，停止招生。如前文所述，自行和解与民事再生存在一定的问题和困难。因此，在不能找到有效的解决方法时，破产就不可避免了。此时学校法人必须自主停止招生。在停招以后，学校必须运营至所有在校学生顺利毕业，并且待学校所有的学生毕业后停办。此后进行债务整理清算之后解散学校法人。从停招开始，到学生毕业为止，要求大学必须在三年内完成。短期大学要在一年内完成。在这期间占学校大部分收入的学费，将伴随学生人数的减少而减少。但是人工费等费用的支出与之前一样。教职员工的退休金以及需要向私立大学退休财团缴纳的特别金额也需要支付。因此，为了积累这些资金，学校法人应尽早停止招生。唯停办事由消失后，学校方可以继续招生。

对于停招，日本文部科学省采取了由私立学校财团法人自主办理的原则。但有些学校法人并不会自主停招，并有可能剥夺在校学生继续修学的可能性，甚至在学生全部毕业之前就导致了资金的枯竭。此时建议文部科学省采取一些强制手段来停止其招生。私立学校停招后，其运营将持续到所有学生毕业，在学生全部毕业后，才能进入学校停办阶段。待学校停办后，待债务整理清算完结，学校财团法人自行解散。

（二）破产后的处理建议

（1）破产状态的定义。学校陷入破产状态，大概有以下两种情况。一是没能及时停招，资金短缺导致与金融机构的交易中止，拍卖、冻结学校资产，学校教育研究活动难以为继，甚至出现学校法人机能停止的状态。二是民事再生手续申请、再生计划被否决，再生计划被取消等民事再生手续导致的再生困难状态。无论是哪种破产情况，理事或者债权人都应向当地的法院提出破产手续，并且法院应该派专门的破产管理人进行学校破产相关事宜的监督指导。

（2）破产后的一些问题与对策。

其一，关于转学的一些支援政策。①事前签订协定。学校濒临破产时，最重要的是要保障在校学生继续学习的机会。在经营困难的情况下，私立大学应该向附近的大学（公立大学或者私立大学）寻求转学的机会，秉承尊重自主性的原则签订事前协定，在紧急时能够互帮互助，及时接收学生入学以及教职员工派遣等。②寻求附近大学帮助。即使在双方没有签订事前协定的情况下，当学校法人濒临破产时，破产学校的校长应首先与附近的大学说明情况，表达希望得到其帮助接受学生转学的请求。如果转学困难，文部科学省、民办学校事业团体以及民办学校团体等都应该积极地在全国范围内寻找可以接收学生的大学。但是需要注意的是，在转学这件事情上，可能面临着附近的学校可能没有同一系统的学位授予能力，学生学分转换与认定上面临很多问题，也可能出现学生二次缴纳学费的情况。此外，学生学习程度的差异以及关于大学保送名额等问题都会成为影响学生转学的难点。③关于补助金的担忧。对于那些积极接收转学学生的学校，应当提供一些优惠措施。接受转学学生的学校在免除学生学费以及教材费的情况下，应考虑向其发放补助金。

其二，学校破产后未毕业学生顺利毕业的教育保障措施。由邻近的大学给予教育援助。在学生无法转学或再生计划被否决而须办理破产的情况下，应使该校遗留的在学生继续接受教育直到其毕业为止。要使破产学校的教育得以继续维系，除应维持学校原有的经营体制、教学组织和学生管理外，必须对学校的教学计划进行管理，保证资金运转，以及学生毕业后剩余财产的处分和学籍簿管理等。由邻近的包括公私立大学在内的大学给予援助，可以进行教师派遣、扩大学分互换、接收科目相近的学生等一系列教育委托事宜，此时发生的各种必要的经费、委托费等，尽管在破产法中不需要按照破产手续就能接受来自破产财团的随时偿还的债券（财团债券），但也应探讨如何给提供教育援助的邻近学校增加必要的补助金问题。

其三，采取经营方面的支援。因破产申请而选任的破产财产管理人可能面临从来没有接触过学校经营与学生事务管理等业务，因此，为圆满解决破产问题，那些熟知学校法人经营并具有很强公共意识的私学事业团应进行必要的指导和协助。对于共同财务管理人或事业管理人如何选任的问题也应该关注。

其四，对学籍簿的管理。如果因学校法人破产导致学籍簿丢失，学生的在学或结业将无法得以证明，这会给毕业生的就业造成阻碍。这是关系到教育制度的根本问题，学校法人应制定好学校破产解散时的应急预案。其中高等学校以下的学籍簿，由所在辖区的官署进行义务保管，而对于私立大学在破产解散的情况下学籍簿的保存地没有明确。因此，应由私立大学所在辖区的文部科学省之外的相关机构针对其保存地点的问题进行讨论。

其五，法人救济保险与已支出学费债权保险。首先，在学校法人破产的情况下，关于对法人保险这一项，先不管原本应采取停止招募员工等措施，若由于学校法人的经营者没有履行责任而破产，目前认为很难对其提供保险，应该也不会得到国民及其他学校法人的理解。在这种情况下为学生提供保险是必要的，即学校法人破产无法继续实施教育，若学生因此转学需再次负担学费，这时应给予一定补助，若学生放弃转学希望要回学费，此时可以考虑允许。但是如果无法区别学校法人破产是故意为之还是不得已的偶发事件，无法算出破产的概率，结果并非某集团中多数期待的那样，就很难得到民间的保险。虽然可通过互助制度强制加入，但若没有得到认为没有破产风险的学校法人的加入许可，这项制度也无法成立。从保护学生或维持高等教育系统的信用性这一观点出发，学生已支付的学费应被解释为破产手续等的财团债权。

其六，教职人员转职援助方案。如果学校法人经营困难或破产，被解雇的教职员工将会增加。如何帮助解决学校在经营破产或废止情况下教职员工转业的问题，学校法人的经营者应负起责任。如果具有较高教育研究业绩的教职员或具有良好业务能力的经验丰富的教职员没有发挥其人才的优势而失去工作，这将是社会的损失。因此，私学事业团应建立起一个能够帮助教职员转职的机构，通过与私学团体以及各领域的专家进行合作，将私立大学教职员的人才信息进行汇总整理，形成数据库，并向有需要的学校法人提供相关信息，从而实现对教职员的就业援助。

（三）最终报告书的评鉴

上述是最终报告书中富有启发性的内容，接下来笔者想就报告书中存在的两个问题点进行说明。

（1）私学事业团是债权人的问题。笔者认为，不能一味地强调私学事业团作为信用风险管理的债权人有权对改善经营进行指导建议。因为从私学事业团债权人身份出发，如果经营改善计划是在私学事业团的指导下制订出来的，这不仅会导致经营困难的学校法人对其身份的公平性产生存疑，而且对民事再生程序和破产程序也会产生影响。另外一个问题是，是否对经营困难的学校法人发放补助金，关键取决于学校法人的经营改善能否得到私学事业团的认可。补助金是学校经营的支柱，如果私学事业团债权人的身份被过度强调的话，很有可能出现学校优待某些特定的债权人，以不公正的手段使其经营计划得以通过的现象。如果这种现象被认可了，那么选择与私学事业团认真交涉的其他候选赞助方就会越来越少，最终导致有意向帮助、推进学校法人再建的赞助方流失。最终损害的是失去就学机会的学生的利益，这将产生本末倒置的结果。

（2）对于再生程序应进一步探讨。《定量的经营判断指标下的破产预防计划》中提出了新的建议，其基本方针是"不应轻易地放弃经营困难的学校法人，即使是经营困难的状态，只要还有再生的可能，并且也愿意进行重组的学校法人，就应对其再生进行积极的支持和援助。另一方面，在学校法人不可能再生的情况下，若要将社会影响降到最低，就必须推进停止招生等处理对策的顺利实施。在学校无法及时停止招生，即学生在校期间学校就已破产的情况下，必须采取对策以保证学生的就学机会"。这一论述自然是毋庸置疑的。但是，在经营困难状态或难以自主再生状态下，学校法人的应对办法需要进一步深化并扩大其可选项。尤其是对企业重建的基本程序——民事再生法的应用的探讨尚不充分。因此在最终报告书中屡次强调的"尽早停止招生"，难免给人以一种"尽早了断"的印象。

如上所述，在对民事再生法的应用中，存在以下问题：①即使学校方计划通过对学部学科的大幅度变动以实现学校的重建，但是学部学科的开设仍需相当长的时间；②若申请时间选择不当，停止招生也会陷入混乱；③赞助方的选择也是一大难题，因为现在尚未出现一个机构，能够剔除有不良企图的赞助方，所以在民事再生法的程序方面也存在很大问题。但是第①点问题并非民事再生程序自身存在的问题，而是学部学科改组程序远滞后于民事再生程序所导致的问题。也就是说，学校进入淘汰时代，对学部学科改组程序的速度也提出了新要求，所以应该通过立法等方式，解决这一问题。第②点问题其实只是民事再生程序应用方面的技巧问题，也并非民事再生程序本身的问题。比如，如果在新学年开始两三个月后再申请的话，就不会引起招生期间的混乱了。另外，对于赞助方的选择问题，与其考虑要怎样剔除有不正当意图的赞助方，不如从一开始就不应该将株式会社这样的营利性企业纳入赞助方候选名单中来。在学校法人的再生过程中，赞助方需要承担的费用包括：申请费用当前的运转资金（包括设立新的学部学科所需费用），以及某些情况下为领受补助金所必须偿还的私学事业团的债务等。而且赞助方只能将上述费用作为长期贷款贷出。因此，可以说只有真正热心于公益慈善事业的人才能成为赞助方，也正因如此，有学者认为应该限制株式会社等营利性企业成为学校的赞助方。所以，如果对该体系的探讨以及改革能够顺利进行的话，那么"剔除有不正当企图的候选赞助方"的问题也自然能够迎刃而解。

综上所述，最终报告书中提出的再生程序中的问题点，并不是决定性的因素。已经实施了十年的民事再生法，一直作为重建基本法并得到广泛应用，因此在学校法人重建领域，民事再生法仍有其使用价值。

第三节　对民办学校退出的主要启示

在民办教育新法新政背景下，制约我国民办学校发展的瓶颈在短期内难以克服，部分民办学校可能面临招生不足、转设困难以及办学成本剧增等多重压力。因此，我们有必要借鉴美国、日本私立学校退出的相关经验，提高民办高校危机应对能力，保障民办学校有序退出。

一、建立民办学校风险预警指标，完善风险防范机制

日本私立学校通过设定经营判断指标以及风险预警指标体系对私立学校进行先期预警，为科学判断学校经营状况、开展有针对性的辅导提供了依据。目前，我国民办学校尚未有专门的风险预警指标体系，建议尽快建立民办学校风险预警指标体系。这套指标体系应结合新政的具体要求和民办学校办学的主要风险类型，从财务风险、管理风险、质量风险、环境风险及政策风险等维度出发，按照"系统性、可比性、可操作性、符合实际、有法律和政策依据"的原则，依据《普通本科学校设置暂行规定》《普通高等学校本科教学工作合格评估指标体系》《关

于加强民办学校党的建设工作的意见（试行）》《高等学校财务分析指标》等对民办学校办学方面的规定及要求，设定风险评价与预警的一级指标和二级指标。私立学校的财务状况是其稳健发展的根本。财务风险预警指标主要有资本流动性、资产负债率和收支平衡度等。一旦发现财务状况不正常，要及时调整融资战略，以保证资金链安全。在了解学校的财务状况后，应对各项成本进行严格控制和管理。建立健全的风险管理体系，对学校财务风险进行预测、评估、监控和应对。通过制定应急预案、加强内部控制等方式，降低财务风险的发生概率。通过教育教学改革，提高教育质量和效率，增加学校的收入来源。例如，开展特色课程、拓展校外培训项目等，提高学校的知名度和竞争力。管理质量直接关系到学校的运营效率。预警指标包括管理层的稳定性、决策效率、内部沟通等。当这些指标出现问题时，学校应加强内部管理，优化管理流程。教学质量是学校的核心竞争力，不仅关系到学生的学业成绩和未来发展，更是民办学校生存和发展的关键。作为一家独立办学、自负盈亏的教学组织，私立学校的经营和发展会受到多种环境的影响。例如，政策环境的变化、经济环境的变化、社会文化环境的改变，都会影响到私立学校的经营。

总体来说，可以采取以定量为主、定性与定量相结合的指标设定方法，适度增加常态现金结余率、设备更新指数、减薪指数以及在校学生保留率等定量指标，同时考察其办学行为规范性和社会责任履行情况等因素，设计评价标准和计算方法，作出相应的风险等级评价。

二、强化对经营困难学校的政府辅导，完善外部监管制度

民办学校分类管理制度本质上是以政府为主导的强制性制度变迁的结果。在强化政府对民办学校转型退出和危机应对的辅导方面，可借鉴美国、日本的做法，建立重整及再生制度，积极引入合并、企业支援型（学校法人的资助者）、联盟（业务合作型）和部分教育事业终止等多种形式。对具备重生可能性的学校，一是帮助其订立再生计划书，可结合具体情况给予必要的行政指导和协助。二是积极创造有利于学校间合并重组的条件，如免除合并学校的印花税、契税及各种规费，减免土地增值税，缩小营业税征收范围等；由教育部门或委托地方民办教育协会定期发布对经营困难或合并重组的学校转型、退出的典型案例，以供民办学校参考。三是积极引入专业力量。鼓励成立第三方咨询机构，为学校合并重组提供专业的咨询指导；建立经营顾问派遣制度，吸纳相关领域的律师、会计和经营顾问等专业人士，组建经营顾问库，为民办学校提供专业指导。

要建立健全多元主体参与的外部监督机制。一是完善民办学校年检制度。当前教育行政部门对民办学校的年检结果只在很小的范围内公布，学生和家长对年检结果往往缺乏了解的渠道，教育主管部门应根据本地区的具体情况，进一步规

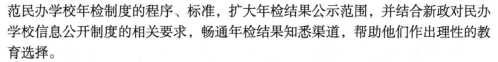

范民办学校年检制度的程序、标准，扩大年检结果公示范围，并结合新政对民办学校信息公开制度的相关要求，畅通年检结果知悉渠道，帮助他们作出理性的教育选择。

二是分别制定营利性和非营利性民办学校评估标准。在评估环节，对于非营利性学校，积极推进评估体系制度化，建立以政府为主导、专业评估机构为支撑、民办学校自评为补充的评估机制；对于营利性民办学校，按照新政要求，以市场化为导向，积极引入第三方评估机制，规范学校评估与退出，加强评估的公开透明和评估结果的有效使用。在实施环节，加大对评估方案、受评材料、评估主体、实施程序等的信息公开，对评估结果不合格或界定为"运营困难的学校"要建立观察名单或预警名单，及时向社会公布。

三是强化对民办学校的督导。《国务院三十条》提出要建立学校监事会制度，可在督导制度的基础上建立民办学校监事会制度。科学设定监事会成员构成，由督导专员、熟悉财务会计和法律事务的人员、教职工代表等组成，明确监事会工作职能，以改变督导专员个体专业能力不足、对民办学校举办者监督乏力等缺陷。此外，严格落实新政相关规定，进一步完善民办学校年度报告制度、年度检查制度、财务会计制度、内部控制制度、信息公开制度等，加大举办者资格审查和违规失信惩戒力度，积极引入第三方组织参与监督、评估，提高民办学校风险防范能力。

三、加强顶层设计，完善退出相关法律法规与制度性文件

新法新政构建了我国民办教育的基本法律框架，形成了以鼓励支持与规范发展并行的法规政策体系。然而，民办高校风险管理体系整体滞后，内容较为粗糙，一些规定不具操作性。针对民办高校风险管理体系的问题，可以进一步完善相关法律法规，明确风险管理的具体要求和标准，提高法规的操作性和可执行性；可借鉴域外相关立法经验，制定诸如民办学校停办实施原则、民办学校转型发展与退出机制方案等配套性法规条例，允许和鼓励民办学校改办为其他社会公益事业。政府应进一步转变职能，通过政府购买、定向委托和立项资助等方式，鼓励教育协会或其他专业组织参与民办学校的监督管理和服务，如积极构建第三方审计制度、教育评估制度及风险预警指标设计等，提高相关工作的专业化、规范化水平。政府应加强对民办高校的监管和评估力度，定期对学校的风险管理工作进行检查和评估。这不仅可以推动学校改进风险管理工作，还可以提高学校的整体办学水平和竞争力。各级地方政府应贯彻落实民办教育相关法律法规和政策规定，积极推动本地区民办教育实施意见和配套措施的出台、落地。条件成熟时，建议以营利性和非营利性民办学校为基本分析框架，出台诸如民办教育转型辅导与退出的实施条例，为民办高校转型及退出提供制度化保障。民办高校应加强对风险管理

的重视，增强全校师生的风险管理意识。通过开展风险管理培训、建立风险管理机制等方式，提升学校对风险的认识和应对能力。

　　加强顶层设计、完善民办学校退出相关法律法规与制度性文件是推动民办教育健康发展的重要保障。通过制定统一的法律法规和标准、建立健全监管机制等措施，可以有效地解决当前民办学校退出机制存在的问题和挑战。同时，这也有助于提高民办教育的整体质量和水平，为社会的可持续发展作出积极贡献。

第五章　民办学校风险防控与预警

当今社会，机遇与风险并存。学校作为社会组织系统中的一员，因其组织目标的多重性、主体关系的多样性以及影响因素的复杂性等特质，成为蕴含较大风险的组织载体。风险问题是导致民办学校退出的重要诱因，同时始终是阻碍民办学校健康、稳定发展的关键问题之一。研究民办学校退出问题，不可回避的是要对民办学校主要办学风险进行梳理和总结，以此为基础就如何建立民办学校风险预警机制进行系统研究。特别是伴随民办教育新法新政的颁布实施，民办教育进入分类管理时代。分类管理作为民办教育一项重大的制度创新，对传统民办教育格局产生了根本性影响，民办学校重新洗牌、转型退出将成为民办教育发展的新常态。传统原生性风险与转型过渡所致的后致性风险相互叠加，呈现出风险类型多元、复杂的新态势。本章将着重以民办高校为例对其办学风险防控问题进行探讨，以期为民办学校退出提供预防性和前置性的干预。

第一节　办学风险及其相关法规政策变迁

一、风险及其办学风险界定

（一）风险的内涵

"风险"一词最早来源于航海业。德国学者乌尔里希·贝克认为，风险概念可以追溯到洲际航船航行时期，探险家前往前所未知的地区，那时被理解为冒险，并且与保险概念紧密相关。后来"风险"一词逐渐被扩展到经济学、法学、社会学等学科领域并被赋予了更加丰富的内涵。美国学者海恩斯（Haynes）在其著作《作为经济因素的风险》中将风险定义为：风险意味着损害的可能性——某种行为能否产生有害的后果应以其不确定性界定，如果某种行为具有不确定性时，其行为就反映了风险的负担。2004年，美国反虚假财务报告委员会下属的发起人委员会发布的《企业风险管理——整合框架》（以下简称"整合框架"）将风险定义为：一个事项将会发生并给目标实现带来负面影响的可能性（COSO，2017）。结合其他学科相关的研究，风险概念主要包含两方面要素。一是强调状态上的不确定性，即引起风险的事项或因素在分布范围、发生时间等方面呈现一种复杂多变、不能确知的状态。二是强调结果的负面性。这种不确定的因素或事项往往会对目标的实现带来一定的负面影响，导致结果发生偏离甚至根本改变。

（二）办学风险的内涵

今天"风险"一词已广泛应用于高等教育领域，但对办学风险并没有一个明确统一的界定。美国全国大专院校事务官组织与普华永道公司共同发布了《发展策略以推动高等教育领域的全面风险管理》公告，绘制了"风险连续统一体"形象图，指出高校风险管理内涵的变化和发展，包括灾难、不确定性和机遇，指不同内涵应由高校不同职能部门承担起管理职责。由此，我们认为高校办学风险主要指高校在管理运行过程中，来自法规政策、市场竞争、组织管理等内外部不确定因素的影响，导致学校办学出现困难或遭受损失的结果或状态。高校办学风险一般具有以下特征。

第一，主观性与客观性统一。就风险的产生和存在而言，民办学校办学风险是主观和客观因素共同发挥作用的结果。一方面，风险是不以人的主观意识为转移的客观存在，其受社会发展规律所支配，随事物的运动而产生，并且呈现复杂多样、动态变化转化的状态。尽管人类认识自然、改造社会的能力不断增强，但人类只能在有限的时间和空间内改变风险发生和存在的条件，降低其发生频率，减少其造成的损失，但并不能完全消除风险。另一方面，尽管风险是客观的，但不是无法预料和克服的，特别是诸多风险往往与举办者风险防范意识不强、能力不足息息相关。因此，科学决策也是有效地规避风险发生的重要保障。

第二，不确定性和可控性统一。就风险的属性而言，它处于一种不确定性和可控性并存的状态。不确定性是风险的本质特征。主客观条件的不断变化以及人们对未来环境认识的不充分性，导致人们对事件未来的结果不能完全确定，即风险何时发生、范围多大、发生与否以及损失的大小都不能完全确定。这种不确定性决定了风险只是一种潜在发生的可能，至于这种可能是否转变为现实本身也具有不确定性，而风险本身又是可以防控的。这也为科学制定风险预防措施、规避风险预留了准备时间和行动空间。人们可以通过采取科学的方法，对风险进行识别，并根据风险范围、发生频率、影响程度等进行综合分析，对风险进行客观预测，从而在风险由潜在性转化为现实性的结果前改变其发生的条件和环境，规避风险，化险为夷。

第三，动态性和时效性统一。就风险的变化而言，动态发展变化是风险常态，即风险不是一成不变的，它是内外部因素综合作用的结果，一些风险随着环境的变化可能转化或消失，但在新的条件下它可能又会以另外一种样态出现。一些风险本身是环境的产物，环境的变化孕育了新的风险。新旧风险叠加转化构成风险社会的常态。这决定了对于各类风险的防范与克服，要坚持因事而异、因时而进、

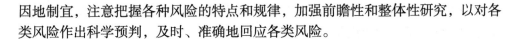

因地制宜，注意把握各种风险的特点和规律，加强前瞻性和整体性研究，以对各类风险作出科学预判，及时、准确地回应各类风险。

（三）高校风险防控

"整合框架"是当前最受社会各界广泛关注和使用的全面风险管理的指导方法。这一框架充分考虑了不同类型部门的特点，提出了包含八个构成要素的整合框架，对高校风险管理具有重要的指导意义（表5-1）。

表 5-1　"整合框架"要点

构成要素	解释说明
内部环境	①为组织成员如何认识和对待风险设定基础 ②包括风险管理理念、诚信与道德价值观、组织结构、权力职责分配、经营环境、风险容量
目标设定	①依据适当程序确立目标以支持和切合主体使命，并在内部层分解和落实相关子目标 ②目标设定应与主体的风险容量相符
事项识别	①必须识别影响主体目标实现的内部和外部事项，区分风险和机会 ②根据风险程度对其予以分类
风险评估	①通过考虑风险的可能性和事件爆发的影响来对其加以分析 ②以此作为决定如何进行管理的依据
风险应对	①管理当局选择风险应对——回避、承受、降低或者分担风险 ②采取一系列行动以便把风险控制在主体的风险容限和风险容量之内
控制活动	制定并执行相关政策、程序以有效确保风险应对得以有效实施
信息沟通	①确保员工履行其职责的方式和时机等相关信息得以识别、获取和有效沟通 ②包括信息在主体中的向下、平行和向上流动
监控	①对风险管理进行全面监控，必要时加以修正 ②监控可以通过持续的管理活动、个别评价两者结合来完成

"整合框架"为政府、企业等公私部门的风险管理提供了较为全面、规范的风险管理指导框架，对高校也具有较强的适用性和借鉴意义。但高校毕竟不同于一般的企业和政府，特别是民办高校由于营利性与非营利性法律性质和地位的双重性，其目标责任具有多样性、组织角色具有多重性，风险类型也呈现多元性和复杂性的特点。高校风险防控管理必须结合自身实际科学构建自己的风险防控机制。

二、民办学校风险防控法规政策变迁

民办学校经过四十多年的成长发展，从小到大、由弱到强，已成为我国教育事业的重要组成部分。与此相伴而生的是，各类风险交织叠加，对各类民办学校生存发展构成诸多挑战，有的甚至导致学校关门退出。因此，支持与规范民办教育健康发展成为始终贯穿民办教育发展过程的两条主线，民办学校风险防控法规政策也始终处于不断变化和动态演进的过程中。

（1）起步发展期的风险防控（1978～1991年）。1978年改革开放以来，伴随着全党工作重心转移和人们思想观念转变，教育领域的拨乱反正和教育战略的重新调整勃然兴起，我国民办教育得以恢复和发展。1981年，为解决人民群众对教育的迫切需求与教育资源严重供给不足之间的矛盾，国家创立了高等教育自学考试制度。1982年12月4日，第五届全国人民代表大会第五次会议通过了《中华人民共和国宪法》，有关社会力量办学的规定吹响了民办教育正式崛起的号角，第一次将社会力量作为国家教育事业的重要组成部分，使民办教育得到国家法律的承认，完成了民办教育自新中国成立以后由取消到恢复的转变。1985年《中共中央关于教育体制改革的决定》明确指出："地方要鼓励和指导国营企业、社会团体和个人办学"，同时提出要实行中央、省（自治区、直辖市）、中心城市三级办学的体制。

此后，国家层面又相继出台了《中共中央宣传部、国家教育委员会关于不得乱登办学招生广告的通知》（1986年）、《国家教委关于旧社会由私人创办的私立学校可否恢复原校名问题的复函》（1986年）、《国家教委关于社会力量办学的若干暂行规定》（1987年）、《社会力量办学财务管理暂行规定》（1987年）、《社会力量办学教学管理暂行规定》（1988年）、《国家教委关于跨省、自治区、直辖市办学招生广告审批权限的通知》（1990年）、《社会力量办学印章管理暂行规定》（1991年）、《国务院关于大力发展职业技术教育的决定》（1991年）等共计八项政策文本。

这一阶段的政策文本主要以实施规范性教育政策为主，民办学校风险防范整体还处于萌芽状态。这不仅源于国家和社会对民办教育整体上还抱有一种试探性、观望和谨慎的态度，而且随着民办学校的快速发展，社会力量在办学过程中也出现了虚假招生、违规招生、管理混乱等办学乱象。1986年至1991年间先后发布实施了八项政策规定，旨在对社会力量办学进一步进行限制和规范，特别是《国家教委关于社会力量办学的若干暂行规定》成为我国第一个较为全面地规范民办学校办学行为的规范性文件，不仅对民办教育的地位和发展定位作出了明确规定，也为早期民办教育办学指明了方向。其后颁布实施的《社会力量办学财务管理暂行规定》《社会力量办学教学管理暂行规定》《社会力量办学印章管理暂行规定》则分别从财务管理、教育管理、印章管理等方面对社会力量的具体办学行为作出了规定。这些对规范办学主体办学行为，维护民办教育办学秩序，化解办学风险起到了重要作用。但客观上，无论从风险防范的体系化、内容的全面性还是功能的预先防控性来讲，此阶段的风险防范机制仍处于萌芽状态。

（2）快速成长期的风险防控（1992～2002年）。20世纪90年代是中国经济快速发展的时期，特别是邓小平南方谈话和党的十四大召开，我国开始了计划经济体制向社会主义市场经济体制的转变，教育改革也开始突破"姓资姓社"的束缚得以深化发展。1993 年，由中共中央和国务院印发的《中国教育改革和发展纲要》，首次明确了对社会力量办学的十六字方针："积极鼓励、大力支持、正确引导、加强管理。"1997 年 8 月，国务院发布的我国第一个专门针对民办教育的行政法规——《社会力量办学条例》再次重申了"十六字方针"。1998 年出台的《中华人民共和国高等教育法》（以下简称《高等教育法》）对社会力量办学作出进一步肯定①。与此同时，1998 年教育部出台的《面向 21 世纪教育振兴行动计划》提出："今后 3—5 年，基本形成以政府办学为主体、社会各界共同参与、公办学校和民办学校共同发展的办学体制"。这些规范性文件的出台一方面反映了中国社会面临着经济、政治、文化、教育等各个领域的深刻变革；另一方面也反映出随着市场经济的逐步建立，我国教育领域供需矛盾的日益凸显。1999 年我国高校开始实施扩招政策，民办教育进入快速发展的黄金时期。随着民办教育的快速发展，民办领域一些违规违法现象也日益凸显。诸如生源短缺、办学质量不佳、经费困难、管理混乱等现象频繁出现。这一阶段有两项政策法规对规范民办学校办学行为产生了深刻的影响和作用，分别是《社会力量办学条例》《民促法》。尽管没有办学风险方面的直接论述，但有关办学风险防范和管控措施也在这几部法律法规中得到体现。总之，这一阶段民办学校办学风险防控机制的关注领域由招生办学等若干领域扩展到资产监管、法人财产权、法人治理结构等多个领域，特别是 2002 年《民促法》确立了十六字方针"积极鼓励、大力支持、正确引导、依法管理"，成为我国民办教育走向法治化和规范化的里程碑，其对民办教育办学理念、办学体制和基本制度等方面作出了整体架构，对民办教育产生了深远影响。

　　（3）规范发展期的风险防控（2003～2016 年）。《民促法》出台后，我国民办高校进入依法办学、依法管理时期。另外，《民促法实施条例》在 2004 年颁布后也对规范民办学校办学行为产生了深刻的影响和作用。但由于主客观原因，一些政策措施没有很好地得到贯彻与落实，部分民办高校在招生、管理、教学等领域相继出现了一系列问题，有的甚至因学籍、学历、收费等问题发生了群体性事件。据此，国家层面相继出台了《国务院办公厅关于加强民办高校规范管理引导民办高等教育健康发展的通知》（2006 年）、《民办高等学校办学管理若干规定》（2007 年）规章和法规，进一步强化民办高校规范管理。2010 年《国家中长期教育改革和发展规划纲要（2010—2020 年）》（以下简称《教育规划纲要》）明确提出要建立民办学校办学风险防范机制；同时，在推进民办学校分类管理和鼓励

---

　　① 1998 年出台的《中华人民共和国高等教育法》明确指出："国家鼓励企业事业组织、社会团体及其他社会组织和公民等社会力量依法举办高等学校，参与和支持高等教育事业的改革和发展。"同时规定："高等学校的举办者应当保证稳定的办学经费来源，不得抽回其投入的办学资金。"

社会力量进入教育领域方面，进一步明确和细化了相关政策。其首次将风险防控问题提到了国家政策文件的高度，丰富和拓展了风险防控的实施主体和实现路径，对民办教育发展具有里程碑意义。《教育规划纲要》颁布后，地方政府逐渐成为政策落实和制度创新的主体，并成为规范和引导本地区民办高校办学的主力军。

（4）分类管理期的风险防控（2017 年至今）。2017 年 9 月 1 日，修改后的《民促法》正式生效，并且国家也相继出台"若干意见"等一系列文件，这标志着民办教育进入分类管理时期。民办教育新法新政的实施，将改变长期以来民办学校营利性与非营利性混沌不清、扶持奖励边界不明等问题，分类管理、分类监管、差别化扶持将成为民办教育治理新常态。同时，存量学校历史遗留问题，转设过度问题以及法规政策改变所导致的利益调整和风险叠加等问题也日益凸显。2018年 8 月，司法部公布了《中华人民共和国民办教育促进法实施条例（修订草案）（送审稿）》，在社会各界引起广泛热议。集团化办学、不当关联交易以及公办学校品牌输出等问题成为各界热议的重点。这也表明，民办教育改革已进入攻坚期和深水区，风险防控问题任重而道远。2020 年 9 月 1 日中央全面深化改革委员会第十五次会议审议通过《关于规范民办义务教育发展的实施意见》。该文件强调要规范民办义务教育发展，强化民办义务教育规范管理，坚持国家举办义务教育，确保义务教育公益属性，办好办强公办义务教育。这与分类管理期风险防控密切相关，从宏观层面明确了民办义务教育的发展方向，通过控制规模、规范办学等方式，防止民办义务教育过度逐利，保障义务教育的公益性和公平性，降低因资本过度介入等带来的风险，维护教育生态的稳定。2021 年《民促法实施条例》修订并发布，对民办教育促进法的具体实施进行了细化安排，在风险防控方面作用显著。在财务管理上，要求非营利性民办学校收取费用、开展活动的资金往来，应当使用在有关主管部门备案的账户，并由主管部门实施监督；在关联交易方面，规范了民办学校和举办者、实际控制人等利益相关方的交易，要求遵循公开、公平、公允原则，建立信息披露制度，防止利益勾连；在招生行为上，要求民办学校遵守招生规则，实施义务教育的民办学校不得组织或者变相组织学科知识类入学考试；还完善了监督机制，要求民办学校设立监督机构，县级以上地方人民政府建立民办教育工作联席会议制度，建立年度检查和年度报告制度，创设信用档案等监管方式，强化举办者及其实际控制人的法律责任等，多维度防控民办教育办学风险。

三、法规政策变迁的特点与趋势

任何一项法规政策的出台都离不开其相应的现实环境，并或强或弱、或隐或现地影响着目标领域的发展走势。民办学校风险防控呈现一定的演进特征。

（一）从稳定为主到质量优先：风险防控观念转变更新

民办高校发展初期，基于审慎发展的态度，国家对其主要侧重于安全稳定方面的风险防控。1986 年至 1991 年，国家先后出台了八项法规政策，重点加强对民办高校财务、教学和印章等的管理。《社会力量办学条例》和《民促法》则为进一步强化民办高校依法管理、规范办学提供了法治保障，并且伴随民办高校快速发展，其在高等教育体系中的地位和作用日益凸显。《教育规划纲要》明确"民办教育是教育事业发展的重要增长点和促进教育改革的重要力量"，并"把提高质量作为教育改革发展的核心任务"。作为一项重要的制度设计，民办学校办学风险防范机制被正式提出。2012 年，《教育部关于全面提高高等教育质量的若干意见》出台，提出加强民办高校内涵建设，办好一批高水平民办高校的要求。民办高校进入注重质量和内涵建设的新阶段。

新法新政出台后，进一步明晰了民办高校质量发展和内涵建设的顶层设计和法律责任。《教育部关于全面提高高等教育质量的若干意见》明确要从民办高校办学定位、加强教师队伍建设、引进培育优质教育资源等方面提高办学质量。《民促法》对民办高校育人工作、党建工作以及教师队伍建设、治理机构等，作出了专门规定。《民促法实施条例》则在"法律责任"一章，专门将"关联交易""违反国家规定聘任""解聘教师""违背国家教育方针，偏离社会主义办学方向，或者未保障学校党组织履行职责的"等情况纳入其中，加以规范。这些方面既是长期以来民办高校质量发展的薄弱环节，也是诱发各类办学风险的重要因素，体现出强化质量优先的防控趋向。

（二）从一体到多元：风险防控主体不断拓展

作为一项公益性事业，教育历来是政府关注和干预的重点领域。在民办高校发展的各个阶段，政府始终是风险防控的主体之一，从政策制定、制度供给、监管执行到责任追究都呈现出浓厚的政府主导特点。政府是民办高校风险防控的主体，但不是唯一主体，有时由于其本身的有限理性，政策风险也成为民办高校不容忽视的办学风险之一。

随着民办高校快速发展，办学风险类型日趋多样，风险防控主体范围不断拓展，形成了政府、民办高校、社会机构等多元防控主体。一是地方政府的风险防控主体地位持续凸显。2021 年，新颁布的《民促法实施条例》要求各级人民政府及有关部门在对现有民办学校实施分类管理改革时，应当充分考虑有关历史和现实情况，保障受教育者、教职工和举办者的合法权益，确保民办学校分类管理改革平稳有序推进。根据部署，我国 31 个省（自治区、直辖市）已经全部印发本省（自治区、直辖市）关于促进民办教育发展的实施意见，并陆续出台了民办学校分类登记管理的实施细则。二是民办高校自我风险防控意识和能力不断增强。实践中一些民办高校主动加强特色办学和内涵建设，积极完善学校治理结构，办学质量明显提升，风险防控能力显著增强。三是社会组织和机构成为风险防控的新生力量。近年来，教育评估机构、质量认证机构、行业协会等第三方组织日益成为民办高等教育领域的新兴力量。例如，河北省将民办教育的部分行政执法事项委托给省民办教育协会代为实施。上海市探索"第三方治理"模式，将民办教育认证权和评价权交给符合资质的第三方机构。未来，在民办教育法律法规和统一规定框架下，由政府、民办高校、第三方组织为主体的风险防控体系将日渐完善并发挥越来越重要的作用。

（三）从混沌分散到分类系统：风险防控内容日益丰富

民办高等教育发展初期，风险防控重点主要集中在招生、教学、财务以及印章管理等方面。随着民办高校快速发展，办学行为不规范、教育质量不高、管理混乱等问题在某些高校、某些领域更加突出，风险防控进一步拓展到产权制度、治理结构、质量建设等领域。《教育规划纲要》提出要"积极探索营利性和非营利性民办学校分类管理"，一些地方政府（如温州）还出台了较为系统的民办教育政策文本。但整体上，大多数法规政策的设计还是在民办学校营利性与非营利性不分的语境下完成的，难以避免边界不清、混沌冲突等问题，风险防控内容也大多散见于各种条文或文本中。

新法新政出台后，对非营利性民办高校的法人治理和内部运行机制等作出了一系列新规制（如完善风险防范、失信惩戒制度等），风险防控的重点和实现路径更加明晰。《关于加强民办学校党的建设工作的意见（试行）》，对民办高校党建工作提出了意见。《营利性民办学校监督管理实施细则》重点对民办高校在教育教学、财务资产、信息公开、监督与处罚等方面作出了制度安排。《民促法实施条例》则对关联交易、集团化办学、校中校等问题给予了重点关注，并且《民促法实施条例》实行后，民办教育分类管理的国家顶层设计基本完成，并构建起一个由高到低，由宏观到微观组成的法律、行政法规、国务院文件、部门配套政策相衔接的相对完整的制度和实施体系。民办高校风险防控也逐步迈入分类化、体系化建设进程。

（四）从管控为主到扶持规范并行：风险防控路径融会贯通

民办高校风险防控不是单纯的管控围堵，其经历了由单纯强化管控向鼓励扶持与规范管理并行的路径转换。《教育规划纲要》是这一转换的关键节点，特别是新法新政和《民法典》出台后，从法律层面明确了民办学校非营利性和营利性法人的法人属性，为推进分类管理改革扫清了制度障碍。

一方面，新法新政释放了诸多民办高校利好的"亮点"，体现出支持社会力量办学的倾向。诸如拓展细化了对非营利性民办高校的奖励扶持措施。对营利性民办高校，允许其在收费定价、薪酬激励、收益分配等方面作出更符合市场特点的规定。另一方面，强化对民办高校难点、痛点的管控，体现出以规范管理重塑民办教育的倾向。除强化细化产权、治理、财务、资产、教育教学以及监督管理等方面措施外，还将关联交易、公办学校利益输出等焦点问题纳入规制。未来以分类管理为框架，坚持管控与扶持相结合，分类施策、分类监管，不仅有利于提升民办高校整体办学质量和风险防控能力，还将有效地避免因法规政策边界不清导致的政策失灵和搁浅等问题。

第二节　非营利性民办学校风险防控与预警

一、非营利性民办学校主要风险样态

办学风险主要指学校在经营管理过程中，因法规政策、生源、市场主体、组织管理、财务等因素的不确定性，学校经营管理过程出现失误而使办学主体遭受损失的不确定性和可能性。风险防控是指为消除这些不确定因素可能给组织或个人带来的风险，化险为夷甚至转害为利而制定的一系列的策略、计划、方案和组织制度等。

（一）办学质量风险

办学质量是民办学校的生命线和核心竞争力。诚如前文所述，我国民办教育风险防控经过了早期关注生存风险、稳定风险到 2010 年《教育规划纲要》实施后更加关注质量风险的价值嬗变。长期以来，我国民办教育过分强调以速度和规模为导向的粗放式发展路径，忽视质量和效益为导向的内涵式发展。人才培养目标错位、专业课程设置不合理、师资结构不稳定、生源质量较低等原因导致毕业生就业质量和学校社会认可度普遍较低。在分类管理背景下，面对国内外教育环境的深刻变化，民办学校只有持续提高其办学质量才能立于不败之地。《国务院三十条》对提高民办学校办学质量提出了具体要求[①]，因此，如何科学地定位学校发

---

① 《国务院三十条》对提高民办学校办学质量提出了具体要求：一是明确学校办学定位。积极引导民办学校服务社会需求，更新办学理念，深化教育教学改革，创新办学模式，加强内涵建设，提高办学质量。二是加强教师队伍建设。各地要将民办学校教师队伍建设纳入教师队伍建设整体规划，全面提升教师师德素养、不断提高教师的业务能力和水平，要关心教师工作和生活，吸引各类高层次人才到民办学校任教。三是引进培育优质教育资源。鼓励支持培育高水平有特色民办学校培育优质学科、专业、课程、师资、管理，整体提升教育教学质量，着力打造一批具有国际影响力和竞争力的民办教育品牌，着力培养一批有理想、有境界、有情怀、有担当的民办教育家。

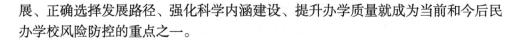

展、正确选择发展路径、强化科学内涵建设、提升办学质量就成为当前和今后民办学校风险防控的重点之一。

（二）法规政策风险

如同任何事物都具有两面性一样，任何政策或制度在落实过程中，既可能产生法规政策要求的，契合立法者立法意图或制度设计者设计初衷，具有建设性或积极作用的正向价值，也可能产生立法者或制度设计者无意追求却偏偏可能出现的具有破坏性和消极作用的负效应或反向功能，诸如曾经饱受争议的"合理回报"制度一样。这表明政策本身也具有一定的风险性。

分类管理后，民办学校固有的利益格局会被打破。这意味着民办学校长期以非营利法人为假设条件，以捐资办学模式为参照的非对称性的政策管理模式嬗变为营利性与非营利性"分类""分管"的对称性管理模式；意味着举办者、民办学校、利益相关者之间的权利、义务、责任将由混沌不清变得泾渭分明；意味着"举办者利益优先"的妥协性资源配置方式将逐渐让渡于多元利益主体均衡发展的资源配置方式，特别是围绕分类管理的一些关键性问题，诸如如何确定政策过渡期、如何转为非营利性民办学校、如何进行财务清算、资产确权、剩余财产分配等问题，《民促法》都规定得比较粗糙，需要地方教育主管部门和相关部门进一步的制度创新和高度的协同协作。由于面临新旧政策的冲突调适、平稳过渡以及各方主体的利益平衡等诸多难题，目前各地法规与政策制定和落实的情况并不乐观。自 2018 年《民促法》修正以来，整体来看，对民办学校风险管理的具体规定还尚显不足，缺乏可操作性。因此，如何科学制定民办教育发展的配套实施意见，保证政策落实落地，避免因各方利益纠缠和认知分歧导致国家相关政策"搁浅""打折"或出现类似资产过户等"制度失灵"或"政策失效"等现象是风险防控的一个重点。

（三）市场变化风险

一直以来，民办教育在社会认知、政策环境、制度支持等方面与公办学校存在实质不平等，导致民办学校在生源市场、就业市场、社会认可等方面存在较大差距，成为制约民办学校发展的主要风险源。在新政背景下，原本制约民办学校发展的困境问题短期内难以克服。随着新政实施，部分民办学校可能面临更大的生存发展困境。一是少子化与教育国际化趋势加剧民办学校生源竞争。二是日益普遍和低门槛的留学教育对民办学校生源构成了竞争。三是新型多元主体合作办学模式的兴起对传统民办学校构成潜在冲击。按照《国务院三十条》第九条关于"探索多元主体合作办学"的相关规定，随着新政实施，政府和社会资本合作（public-private-partnership，PPP）模式、混合所有制办学模式将大量兴起。营利性民办学校法律地位的确认及其制度瓶颈的突破将进一步促进营利性民办学校的大发展。这些学校可能凭借其雄厚的资金基础、灵活的产权形式、良好的政府关系以及优质多元的教育产品和服务对传统民办学校产生巨大冲击，一部分学校的生存发展环境可能会进一步恶化。

（四）法人治理风险

完善的法人治理结构是现代大学制度的本质特征之一。在实践中，一些民办学校的法人治理结构不健全、内部管理不规范诱发办学风险甚至导致学校倒闭。一是法人财产权不清晰。实践中不少民办学校法人财产权未落实，办学初期由出资者投入的土地、建筑物等办学资产始终未过户到学校名下，甚至有的将贷款作为个人投入或将办学积累转移到出资人自己名下，致使学校存在严重的法人财产虚置现象。一旦举办者经营不善或资金链断裂，公司收回土地校舍，学校就陷入极其危险的境地，甚至倒闭。二是缺乏严格的法人治理机制。从表面上看，多数民办学校都建立了法人治理机构，实行了董事会领导下的校长负责制。然而实际上，相当一部分学校停留在形式上。例如，董事长以出资人、投资人的身份行使权力，董事会沦为咨询机构或顾问机构；董事会被家族所垄断，事实上陷入"家族化经营"；董事长和校长的关系不顺，职责分工不明，矛盾冲突不断等。由于缺乏有效的监督机制，家族式、家长式管理盛行，学校往往面临严重的办学风险。

新政更加强化学校法人治理能力建设。《民促法》规定民办学校应当设立学校理事会、董事会或者其他形式的决策结构并建立相应的监督机制。《国务院三十条》强调民办学校要完善学校法人治理，规范学校在办学条件、办学规模、宣传招生、学籍管理、证书发放等方面的办学行为，落实安全管理责任。这对民办学校治理能力建设提出了新的要求。然而任何制度变迁都不是一蹴而就、一帆风顺的。"如果变迁中受损失者得不到补偿（在大多数情况下他们确实得不到补偿），他们将明确地反对这一变迁"。新政实施后，学校治理能力建设成为民办学校完善大学制度建设、提升学校竞争力和社会影响力的关键，也必将对传统家族式、家长式管理方式产生较大的冲击和影响，因此，现代民办学校法人治理能力建设本质上将是不同利益主体重新分配权力、财富和收入的利益博弈过程，极易成为诱发各类办学风险的策动源。

（五）财务管理风险

我国民办学校办学模式多样、投资主体各异，但本质是以投资办学为主的。其资金来源渠道主要依赖于创始人投资、银行贷款和学费收入等。长期以来，由于实质地位的不平等，民办学校难以享受像公办学校一样在土地、财政、生均拨款等方面的优惠政策，加之融资渠道不通畅、社会捐赠机制不健全、学费收入不稳定，资金问题成为制约民办教育发展的主要瓶颈。

新政实施后现有的民办学校可能面临更大的办学成本。一是转设为营利性民办学校的成本较高。《国务院三十条》第十五条①和《民办学校分类登记实施细则》第十五条②均对转设为营利性学校的土地使用上作出了详细规定，这意味着非营利性民办学校转为营利性学校时将面临巨大的转设成本。二是新政后办学成本普遍上升。《国务院三十条》第十三条③，第十八条④和第二十四条⑤分别就学生的奖励、教职工社会保障以及教职工素质培训作出规定，同时学校应将党建、思想政治以及群团工作等经费纳入学校经费预算。在目前多数地方政府财政趋紧，扶持政策语焉不详的情况下，主要依靠学校自身解决上述办学成本上升问题无疑对民办学校构成新的压力。三是财务管理不规范。实践中相当一部分民办学校财务管理不规范，有的没有专门的机构；有的没有配备具有任职资格的专职财会人员，而多由出资者亲属出任；有的资产管理混乱，出资者凭借对学校的控制权，通过各种隐性的方式变相营利⑥。

（六）党建与意识形态风险

2016 年中共中央办公厅印发了《关于加强民办学校党的建设工作的意见（试行）》（以下简称《党建工作意见》）专门对民办学校党建工作做了详细规定⑦。一直以来，民办学校整体上不太重视党建和学生思想政治教育工作，党组织建设处于"宽、松、软"状态。2017 年浙江树人学院调研组对全国部分省市民办学校的党建工作进行调研，发现已有 20 个省（自治区、直辖市）开展了全面选派

---

① 《国务院三十条》第十五条规定："土地使用权人申请改变全部或者部分土地用途的，政府应当将申请改变用途的土地收回，按时价定价，重新依法供应。"

② 《民办学校分类登记实施细则》第十五条规定："现有民办学校登记为营利性民办学校的，应当进行财务清算，经省级以下人民政府有关部门和相关机构依法明确土地、校舍、办学积累等财产的权属并缴纳相关税费，办理新的办学许可证重新登记，继续办学。"

③ 《国务院三十条》第十三条规定，民办学校"应从学费收入中提取不少于 5%的资金，用于奖励和资助学生"。

④ 《国务院三十条》第十八条规定："民办学校应依法为教职工足额缴纳社会保险费和住房公积金。"

⑤ 《国务院三十条》第二十四条规定："学校要在学费收入中安排一定比例资金用于教师培训。要关心教师工作和生活，提高教师工资和福利待遇。"

⑥ 如通过虚增基建成本、日常开支和拿回扣，变相收回出资；以先期投资购置的土地或建筑物作抵押，从银行获得贷款，变相回收投资；改变土地使用性质，从事具有商业性质的开发；将公司运行成本转移到学校；利用学校资产从事有偿服务提高投资者及有关人员工资；提高举办者的福利和消费水平，甚至瓜分学校办学结余等。

⑦ 《党建工作意见》指出："民办学校党建工作仍然面临一些新情况新问题新挑战。党组织覆盖率比较低，隶属关系不顺畅，党组织书记队伍还不强，党员教育管理比较松散，党组织保证监督作用发挥不到位，思想政治工作薄弱。"

或部分选派党委书记兼督导专员的工作。但仍有部分民办高校法人治理结构仍不完善，出现了董事长、校长、党委书记三职一身兼的情况，党委书记的职能被弱化；部分民办高校对上面选派的党委书记有抵触情绪，感觉自己的工作被监督，办学自主权受到冲击，对党委书记的工作被动应付；部分民办高校未按组织程序产生和罢免党组织负责人职务，党组织负责人在学校的身份也是聘用，可随时解聘的现象也存在，这些都影响了党组织负责人的正常履职。

作为社会主义教育事业的重要组成部分，民办学校同样承担着培养社会主义建设者和接班人的重任。加强民办学校党的建设，对于全面贯彻党的教育方针、坚持社会主义办学方向、落实立德树人根本任务具有重要意义。如何坚持和加强党的全面领导，充分发挥民办学校党组织战斗堡垒作用和党员先锋模范作用，确保民办学校按照党的要求办学立校、教书育人既是新时代高校党建工作的新要求，也是保证正确的办学方向，防范办学风险的重点。

二、构建风险预警指标体系

当前学界愈加重视民办学校风险预警指标体系的建立，采取科学的方法来分析和监测民办学校的办学风险水平，旨在对学校运行中的各类潜在风险作出预判，以便采取相应的应对措施，来防控和化解风险。笔者重点选择了典型国家的风险预警指标体系进行考察，以期对我国民办高校风险预警指标体系问题进行研究。

（一）日本私立学校经营判断指标设定及其指导

日本主要通过设立经营判断指标的方式来对私立学校经营状况进行预警。经营判断指标的设定，侧重与现金流相关的指标，并依据教育和研究活动中产生的现金流，划分各学校财团法人财务健全状态[①]，并作为综合分析学校经营状况的依据，以此确定学校经营管理困难的程度。

按照这一指标，对于教育和研究活动的现金流没有出现赤字，负债在十年内有能力返还，并且收支情况差额不大的私立学校，称为正常状态；对于教育和研究活动的现金流连续两年出现赤字，并且负债过高致十年内无清偿可能的学校，唯有通过经营管理的积极改革，学校的经营状况仍有改善可能的私立学校，才被认为陷入经营困难状态。

---

① 一方面从公司的资金收支计划书来了解其收支状况以及财务活动等相关信息，把握其收支情况。另一方面是教育与研究活动产生的现金流，如果出现了赤字，今后将在几年之内填补上以及外部的借款能否在一定的期限内返还。依据这些信息，对学校法人的经营状态进行分类。但是通过这些指标也不能很完整地判断出学校法人的经营恶化状态，因此要从文部科学省进行指导和帮助的时期开始，综合分析设备的状况、学生数的变化以及其他相关数据。

日本私立学校风险预警指标体系呈现出不同的特点，日本政府侧重从资金流动和学校负债状况两个角度来对私立学校的经营状况进行判断，优点在于指标更加简单直接便于操作，不足之处在于风险考察的视角过分单一，仅从财务状况的角度来设定风险指标，容易忽略对整个学校内外部风险状况的整体了解。

（二）完善我国民办高校风险预警指标体系的思考建议

风险预警指标是衡量私立高校经营现况、评估学校经营困难程度的标准，主要帮助教育主管机关及时发现私立高校存在的潜在风险，警示学校及时纠正；而退场预警指标是政府部门筛选劣质学校的依据，主要帮助政府部门及时介入并开展专项辅导。

1. 风险预警指标设计的主要原则

为了预防民办高校系统性风险，促进我国民办高校健康、可持续地发展，参考日本等国家的经验，制定民办高校风险预警指标体系。主要遵循以下指标设计原则进行设计。

（1）本土化原则。我国民办高校无论在生成背景、发展路径、资金来源等方面都与日本的私立高校存在本质上的不同，因此完全借鉴日本等国家的预警指标体系都是不科学的，也是不合理的，应该立足我国民办高校实际，从而进行有针对性的设计。

（2）系统性原则，即用一组各有侧重又相互联系的指标来全面地反映各高校的风险状况。每一个指标都有明确的内涵和科学的解释，并尽量保证评价体系中每一个指标在权重设置和计算方法方面的科学性。

（3）可比性原则，即尽量确保被选指标在各个被评院校之间具有可比性。

（4）可操作性原则，即尽量使各项指标简单、明确和易用，尽量采用通用的财务指标。不易客观量化、计算方法过于复杂烦琐的指标不纳入评价体系中。

（5）可持续性原则，即尽量确保指标体系设计和指标遴选具有持续性、稳定性，确保数据获取途径、计算方法的可持续性、稳定性，能够跨年比较。

2. 风险评价与预警指标体系计分标准

风险评价与预测指标由定量指标和定性指标组成。其中，风险类型有财务风险、质量风险、管理风险、环境风险四种；定量和定性指标由财务状况、法人财产权、办学条件、师资队伍、学生质量、治理结构、内控制度、党的建设、生源数量等 9 个一级指标共 30 个二级指标组成。所有指标均为正向指标，即得分越高，说明风险越高，学校的可持续发展能力越差。民办高校办学风险评价与预警指标体系见表 5-2。

表 5-2 民办高校办学风险评价与预警指标体系

风险类型	一级指标	二级指标	评价标准和计分办法	实际得分
财务风险	1.1 财务状况	①资产负债率（负债/总资产） ②流动比率（流动资产/流动负债） ③累计欠薪月数	• 参照《高等学校财务分析指标》。当资产负债率在10%以下时，则处于A（优良）；介于10%～20%，则处于B（尚可）；在20%以上，则处于C（不佳） • 当流动比率大于2时，则处于A（优良），介于1与2，则处于B（尚可）；小于1，则处于C（不佳） 当未积欠薪资则处于A（优良）；积欠达2个月以上者则处于B（尚可）；连续3个月或累计达6个月以上者则处于C（不佳）	定量分析
	1.2 法人财产权	①举办方出资是否按时、足额出资 ②举办方投入的资产是否过户到学校名下	• 举办者足额出资且100%以上过户到学校名下的，则处于A（优良）；足额出资但80%过户的则处于B（尚可）；未足额出资且过户不到80%的则处于C（不佳） 若上述三项其中任何一项处于C类或任何两项处于B类，则可认定该校已陷入比较严重的财务困难，此类学校将被列入观察名单；若上述三项中任何两项处于C类，则学校存在重大财务问题，教育部须派人员进校核实以确定是否停办	
质量风险	2.1 办学条件	①生均占地面积 ②生均校舍建筑面积 ③生均教学科研仪器设备值 ④生均适用图书	参照《普通本科学校设置暂行规定》当"办学条件"或"师资队伍"两个一级指标中有三个（包括三个）以上或总体有五个以上不符合标准的，则认为该校教育质量存在严重风险，处于预警状态，列入观察名单	定量分析
	2.2 师资队伍	①生师比 ②具有研究生学历的教师数占专任教师总数的比例 ③具有高级专业技术职务以上的专任教师数 ④一线专职辅导员岗位师生比		
	2.3 学生质量	①生源质量（同比入学分数水平） ②初次就业率及年度就业率 ③英语四六级过关率 ④国家计算机二级过关率		
管理风险	3.1 治理结构	①章程制定情况 ②是否实行亲属回避 ③举办者任职情况 ④教师董事情况 ⑤学校重大事项决策	• 内控制度的健全性：包括财务管理制度、会计基本制度、各类资产分类登记入账制度、年度报告和年度检查制度、计算机操作与维护管理制度、突发事件报告制度、安全保卫制度等规章制度是否建立健全。缺一项制度增加0.5分，增加到5分为止 • 内控制度的有效性：是否存在违反上述内控制度的行为（现场检查前已自纠并追究了违规人员和有关领导责任的除外）。若存在违规行为并造成严重影响或因违规导致被追究民事或刑事责任的，酌情减分直至0分	侧重定性分析
	3.2 内控制度	①内控制度的健全性 ②内控制度的有效性		

续表

风险类型	一级指标	二级指标	评价标准和计分办法	实际得分
管理风险	3.3 党的建设	①党支部设置（2分）②党组织书记（2分）③党组织参与决策和监督机制（2分）④党组织生活开展情况	• 党支部设置：未按照《党建工作意见》建立党支部或成立联合党支部记为2分 • 党组织书记：建立了党支部或成立了联合党支部记为0分；未按照要求选派党组织书记记为2分；选派党组织书记记为0分 • 党组织参与决策和监督机制不健全酌情记1～2分；明确了党组织在学校法人治理结构中的地位，保证其在重大事项决策、监督、执行各环节发挥作用，党组织班子成员进入学校决策层，记0分 • 落实"三会一课"制度情况，党员领导干部民主生活会和支部组织生活会开展情况；教工党员和学生党员教育管理开展情况	定性与定量分析
环境风险	4.1 生源数量	①本校当年生源减少情况②新生报到率	• 70%以下记为5分 • 71%～80%记为4分 • 81%～85%记为3分 • 86%～90%记为2分 • 91%～95%记为1分 • 96%以上记为0分	定量分析

3. 风险评价与预警指标结果使用

（1）依据评估结果，受评学校60分以下的视为存在重大风险隐患。对此类民办高校，省级教育行政部门应组织评估小组到学校考察，若学校无法采取有效措施化解办学风险，则督促其考虑退出程序。

（2）依据评估结果，受评学校60～70分的（包括60分）视为存在风险隐患。对此类民办高校，省级教育行政部门要通过书面或约谈的方式，对其学校主要领导提出告诫，并针对存在的问题限期进行整改。

（3）依据评估结果，受评学校70～80分的（包括70分）视为有可能存在风险。对此类民办高校，要督促其加强投入、加强管理、强化内部约束机制，制定措施有效地控制和化解风险，改善办学状况。

（4）依据评估结果，受评学校80分以上的（包括80分）视为学校处于良好发展水平。对此类民办高校，要引导其进一步增强风险防范能力，不断提高教育教学质量，增加社会影响力。

三、高质量发展是非营利性民办学校风险防控的根本

当前世界高等教育正面临深刻变革，全人教育与质量建设构成高等教育改革的战略主题。如果说经济社会发展的刚性需求孕育了民办教育，政府法规政策推动了民办教育发展，那么在分类管理时代，高质量发展将是决定民办教育生死存亡的关键，也是抵御民办学校办学风险的根本之策。

（一）高质量意味着较高的人才培养质量

伴随新时代高等教育主要矛盾、发展方式、人才需求结构、外部发展环境等的深刻变化，高等教育质量问题日益凸显，内涵建设迫在眉睫。人才培养模式改革已成为高等学校内涵建设的核心。民办高校作为我国高等教育中的重要组成部分，必须深刻认识到培养高质量人才的重要意义和形势要求。

当前我国民办高校在人才培养质量上还存在诸多问题，制约着民办高校整体的高质量发展。首先，在招生这一环节中，由于公办本科院校的持续招生，而民办高校自身的竞争力不强等因素，一方面民办高校在生源上增长势头没有公办院校大，另一方面民办高校很难招收到优秀的生源。其次，在人才培养上，一是存在着培养目标趋同，培养目标与培养手段脱节，教学方法与培养方案脱节等培养目标与现实相脱节的问题；二是存在专业设置趋同，布局不合理等专业设置的问题。再次，某些民办高校对学生思想政治教育、心理健康教育、党建等方面的工作不够重视，育人工作存在短板。最后，在民办高校毕业生方面，由于前期招收不到好的生源，中期在人才培养上存在诸多问题，民办高校的毕业生大多存在专业能力不强，就业质量不高等问题。总之，前期无优质生源，中期人才培养不合理，导致了后期毕业生能力不强，而后期毕业生能力的问题，又会影响到前期招收生源的质量，并由此形成了一个恶性循环，长此以往，我国民办高校高质量发展将受到严峻挑战。

当前，民办高校人才培养一方面应着力完成从趋同型向特色化、应用型的转变，另一方面应着力实现从智育型向德育智育并重的蜕变。第一，办学和人才培养的趋同化，不仅使民办高校难以彰显人才培养特色，也无法满足多层次人才培养需求并将严重影响学校生源、就业和社会声誉，这也是导致很多民办高校举步维艰、难以发展的根本所在。因此，民办高校人才培养模式应该从趋同向特色、应用转变，这是新常态下民办高校转型发展的核心。要紧密围绕为国家和地方经济社会发展服务的实际，找准自身办学定位，凝练办学特色，进一步优化人才培养模式，着力实现专业发展与社会需求、课程建设与职业需求、培养标准与资质认证有效对接，努力培养应用型人才。第二，在新教育变革背景下，以习近平同志为核心的党中央高度重视高等教育事业，始终强调要落实立德树人根本任务，解决好"为谁培养人、培养什么人、怎样培养人"的根本问题。2018年新时代全国高等学校本科教育工作会议、全国教育大会以及《教育部关于加快建设高水平本科教育　全面提高人才培养能力的意见》对如何落实立德树人根本任务，提升高校人才培养质量提出了更加明确的要求。因此，民办高校应服务于立德树人这一根本任务，进一步强化学校教育的育人功能，改变重营利性轻公益性、重智育轻德育的不良倾向，引导学生树立正确的世界观、人生观和价值观，培养社会主义事业合格建设者和可靠接班人。

（二）高质量意味着较强的科学研究水平

高等院校科研综合能力关乎区域经济社会的发展，体现着学校的综合竞争力和服务地方经济社会发展的贡献力。同时，科研水平的高低也是衡量高校学术实力排名的关键性因素，在很大程度上体现了一所高等院校的高质量水准。近年来，尽管有的民办学校已经开始注重提高自身科研实力，在一些学科领域，一些学校表现抢眼。但科研资源匮乏、高水平科研人员不足、科研平台不高等问题导致民办高校整体科研能力不强，特别在高水平成果产出方面还存在明显的短板。笔者以近几年部分公办高校与民办高校在核心期刊、基金项目方面的差距做一分析（表 5-3、表 5-4）。

表 5-3　2021～2023 年中国公办高校 [1) 与民办高校 [2) 北大核心期刊发文量对比

类型	排名	高校名称	2023 年北大核心期刊发文量	2022 年北大核心期刊发文量	2021 年北大核心期刊发文量
公办高校	1	中国科学院大学	1053	1094	1255
	2	清华大学	884	968	977
	3	北京大学	834	976	863
	4	中国人民大学	749	909	765
	5	武汉大学	720	756	738
	6	浙江大学	709	746	701
	7	北京师范大学	656	702	554
	8	南京大学	609	689	630
	9	同济大学	561	547	575
	10	上海交通大学	560	660	608
		合计	7335	8047	7666
民办高校	1	重庆移通学院	37	33	16
	2	武昌理工学院	70	69	78
	3	西京学院	373	365	529
	4	珠海科技学院	175	130	88
	5	三江学院	249	213	295

续表

类型	排名	高校名称	2023 年北大核心期刊发文量	2022 年北大核心期刊发文量	2021 年北大核心期刊发文量
民办高校	6	浙江树人学院	167	106	7
	7	三亚学院	506	483	516
	8	南京传媒学院	322	326	289
	9	吉林外国语大学	171	198	253
	10	武昌首义学院	94	97	90
		合计	2164	2020	2161

1）表示此处选取中国公办高校北大核心期刊发文量前十名，资料来源均为《中国高校科研成果评价分析数据库》，排名以 2023 年为准；2）表示中国民办高校评级结果前十名，资料来源于中国大学排行榜（China university rankings，CNUR）版

在 2018 年全国高校北大核心期刊论文排行榜中，排名高校一共发表了 342 069 篇论文，公办高校前十名一共发表 37 718 篇论文，占论文总数 11.02%，而民办高校前十名共发表 1063 篇，仅占总数 0.3%；前 100 强门槛是 931 篇，且均为公办高校，在民办高校中排名第一的是西京学院，仅有 204 篇，在总榜中只排 383 名，距离 100 强还有一段很远的距离，除此之外，还有 9 所民办高校发表数量为 0。2018 年民办高校北大核心期刊发文量为最低，并且同公办高校的差距逐年增大。

表 5-4　985 高校与民办高校综合科研实力对比

学校类型与数量	2018 年北大核心期刊发文量/篇	2018 年中文社会科学引文索引（CSSCI）期刊发文量/篇	2018 年国家社会科学基金立项数/项	2018 年国家自然科学基金立项数/项
745 所民办高校	4 862	475	18	31
39 所 985 高校	86 088	30 084	1 029	14 223
2018 年总数	342 069	78 661	5 002	大于 42 000

数据表明，2018 年 39 所 985 高校北大核心期刊共发文 86 088 篇，而 745 所民办高校共发文 4862 篇，民办高校发文量仅为 985 高校的 5.6%，差距显著；2018 年 39 所 985 高校 CSSCI 共发文 30 084 篇，而 745 所民办高校共发文 475 篇，民办高校发文量仅为 985 高校的 1.58%，与之相比差距尤为巨大。2018 年民办高校申请国家社会科学基金立项数仅为 39 所 985 院校的 1.75%，而国家自然科学基金

立项数仅为 0.22%，其中的差距更是显而易见的。

科研水平是一个学校学科建设的重要指标和支撑，也是关系民办高校生存发展的基础性工程。因此，一方面要确立学科建设"宏观思维"，主动聚集国家和地方经济社会发展需求，结合学校实际，积极凝练学科建设方向、培育学科梯队，完善学科规划和制度支持体系，力争在新一轮学科建设、专业调整的过程中及时调整转型，培育学科增长点；另一方面，应确立科研发展的"特色之路"。当前公办与民办高校在科研基础、科研队伍、科研文化等方面的差距越来越明显，"跟跑"战略似乎并不适合大多数民办高校，那种"错误地认为只有像公办高校那样办成学术型大学，才能有更大的办学效益"也是不明智的。要结合学校发展定位，主动跟踪学科发展前沿，寻找新的学科和科研增长点，加强内部科研团队建设，完善科研管理体系，加强外部科研协同合作，不断壮大自身科研实力。

（三）高质量意味着较高的社会服务能力

当前在经济领域供给侧结构性改革深入推进、产业结构升级转型、人才需求结构调整变化的时代背景下，民办高校向应用型转型已成为民办学校的发展趋势和必然选择。同时，在新时代教育改革背景下，全人教育与终身教育成为世界教育发展的重要趋势，在学习型社会条件下，民办高校如何利用自身相对灵活的办学机制，为消费者提供更加开放、多元的教育选择不仅是民办学校的使命担当，也为民办高校快速健康发展带来了新的发展机遇。而这一切意味着民办高校应该为社会提供更加优质、高效的社会服务。高校社会服务功能有广义、狭义之分。广义的社会服务，是指高校具有培养人才、发展科学技术以及直接为社会服务等功能。狭义的社会服务，是指高校除完成国家下达的教学与科研任务之外，在各种教育活动和教育过程中以各种形式为社会发展所做的经常的、具体的、服务性质的活动。当前民办高校社会服务主要体现在人才培养和智力支持两方面。尽管近年来民办高校着力加强自身社会服务能力建设，但整体上民办高校在服务地方经济社会发展上还存在一定的短板弱项，主要表现在：一是缺少主动服务地方经济发展的精神；二是校企合作成效不明显；三是民办高校服务地方经济的能力不足。

为此，民办高校要切实提高自身社会服务能力。一方面，制定科学的人才培养体系。主动对标地方经济社会发展需求和人才变化实际，采取"走出去、请进来"的办法，科学制定学校的人才培养方案和人才质量标准。以此为基础，加快推进学校专业设置、课程改革、教学实践等工作，形成更能彰显自身独特人才培养标准与质量，且高度契合社会发展需求的高质量人才。另一方面，深化产教协同和深度融合。2017 年 12 月，国务院办公厅发布《关于深化产教融合的若干意见》，产教融合上升为国家战略。这为进一步推进高校转型升级提供了实现路径和前进方向。因此，民办高校要发挥自身优势，整合资源、开放拓展，加大产教协同力度，积极推动产教深度融合，提高民办高校社会服务能力。

（四）高质量意味着良好的师资队伍

民办高校师资队伍状况决定人才培养的质量和水平，也是民办高校高质量发展的基本保障。从某种程度上说，其也是民办高校抵御办学风险的关键环节。与我国民办高校迅猛发展的现实相比，民办高校整体师资队伍质量不高、流动性大成为制约和影响民办高校发展的重要障碍，也成为民办高校社会接受度不高、社会竞争力整体不强的关键原因。我国民办高校师资队伍建设存在的主要问题有以下三点。

一是专任教师流动性大。相对公办高校而言，民办高校教师招聘平台较低、来源窄、教师工作具有不稳定性。尽管学校对专任教师的福利待遇逐年提高，但较大部分教师没有稳定的国家编制等问题，导致教师群体一遇到新的发展机遇就转业，造成民办高校教师群体工作的不稳定。

二是职业认同感与归属感低。目前我国民办高校很多专职教师聘请的都是劳动成本相对较低的专业硕士类教师。这些教师基本完成职责范围内的教学任务，并取得相应的工薪报酬，但是可能对自身教育事业并没有深刻的认识和坚定的信心。高校教师是教学活动的主导者，直接影响教育质量和水平。若民办高校教师群体对自身职业没有清晰的认知和明确的定位，很难造就高质量的民办教育。

三是培养机制相对薄弱。一些民办高校的学历结构不合理，导致部分教师的教学任务过于繁重而无时间开展科研项目或进一步学习深造。再加上学习机制难以得到保障，这也是影响师资水平的又一关键因素。

因此，在师资队伍建设上，如何保证民办高校教师群体工作的稳定性，如何为教师创造再学习的机遇与平台，增强其职业认同感、归属感并积极发挥主观能动性，直接关乎我国民办高校的高质量发展。

（五）高质量意味着完善的治理结构

经营管理风险是民办高校普遍存在的风险类型之一，民办高校想要实现高质量健康发展必然离不开学校治理机构的完善。民办高校的治理机构是指民办高校中的各利益群体（如出资人、决策者、教职工和其他利益相关者等）通过权力的合理分配和治理机构的有效协调，相互配合、相互制衡，从而实现其共同的目标。构建一个职责明确、运行规范的治理机构不仅对民办高校自身的持续健康发展显得尤为重要，同时也对完善我国高等教育体系起到了推动作用。

然而，各地民办高校在治理机构上普遍存在着一些问题，例如，董事会成员构成单一化，部分高校存在家族式管理；董事会和校长的权责不清，难以独立行使职权；内部监管不到位等。这些问题在某种程度上直接导致了民办高校危机的出现。针对我国当前高等院校的问题所在，我国民办高校的内部治理机构应按照决策、执行、监督三个方面进行详细划分，具体如下。

1. 完善董事会多元主体机制

《民促法》第二十一条中规定了学校董事会的组成及资格："学校理事会或者董事会由举办者或者其代表、校长、教职工代表等人员组成。其中三分之一以上的理事或者董事应当具有五年以上教育教学经验。"由此可见，民办高校是一个涉及多方权益相关人的利益共同体，在董事会这样的决策机构中应当由出资人、管理者、教职工代表、政府代表及社会代表等多元主体共同参与，保证其在利益共享、相互制衡的前提下高效运作。然而多数民办高校董事会人员过于单一化，重大决策均由出资多的董事与其亲属说了算，忽视了教职工等代表的切身利益，直接导致董事会的商讨、决策、下达等功能限于形式，起不到实际作用。因此，学校要避免家族化经营，广泛吸纳利益相关者进入董事会中，发挥真正的参谋作用，以确保决策的科学性、民主性，降低民办高校的办学风险。

2. 明确董事会和校长的职责

当前民办高校的治理结构普遍是董事会领导下的校长负责制。校长由董事会选出，负责学校的教育教学和行政管理工作。然而一些高校存在董事会和校长的权责不清，以及董事会和校长合二为一的现象。因此应加强以下两方面的建设。一是确保双方独立行使权力。许多高校的董事往往利用其作为出资人的身份过多干预学校行政事务，阻碍校长行使合法职权。民办高校应当严格按照法律规定，划清董事会和校长的职权界限，确保双方各司其职，从而保证学校的重大决策得到有效落实。二是完善校长的选拔激励机制。民办高校应综合多方面的素质考量，严格按照选拔条件从董事会中选出真正有能力胜任的管理人才，并且在校长的任职薪酬方面给予一定的激励。

3. 健全长效的监督机制

一是设立专门的监事会。民办高校应该建立一个完全独立出来的由部分教职工代表、学生家长、会计师、教育主管部门代表等成立起来的监事会。对董事会决策的下达是否合法、学生的合法利益是否得到真正保障、学校的财务是否能够做到信息公开、管理规范等进行监督。

二是健全相应的法律法规。我国民办高校的法律法规还不够完善，尤其是在内部监管方面缺乏相应的规定，导致部分高校的董事会有空可钻、有利可图，严重损害了民办高校的发展初心，影响其持续健康发展。因此，我国在完善法律对民办高校整体发展的基础上，还应该向国外的民办高校学习，针对每个省份的具

体情况出台相应的法规政策。

　　三是加大外部监管力度。主要从以下三方面考虑：第一，强化政府部门对民办高校的监管检查。教育行政部门应当严格、规范地进行民办高校的年检年报工作。邀请年检和评估专家共同对民办高校的学校章程、教育教学质量、资产财务管理等各方面进行全面、细致的检查，引导民办高校健康发展。第二，委托第三方机构依法授权实施监管，依托第三方提供专业技术采取评估等有效手段提高监管的效力，弥补政府监管的不足。第三，主动接受社会监督。民办高校应推进信息公开制度，主动向社会发布招生、收费、财务管理、办学条件等重要信息，认真听取群众的意见并及时作出整改。

第三节　营利性民办学校风险防控与预警

一、问题的提出

　　民办教育新法新政出台后，营利性民办学校获得了法律地位的认可，也为其规范发展创设了良好的制度空间。然而随之而来的是包括政府、社会公众在内的对营利性民办学校办学行为的深度担忧？营利性民办学校是否会出于利益最大化的逐利本性而出现违背教育公益性要求、偏离教育方向甚至违法违规的情况？现有非营利性民办学校在向营利性学校转型过程中是否会出现国有资产流失，举办者违规操作等财务管理风险？事实上，近些年民办教育，特别是在营利性民办教育领域频繁发生的各类违法违规行为，诸如虚假招生、食物中毒、圈钱跑路、虐待儿童等事件频频见诸媒体，已成为全社会关注的焦点和热点问题。上海、北京、广东、成都、西安、武汉等省市就培训行业规范出台了相关的规定、办法。在实践层面，2018年初，《教育部办公厅等四部门关于切实减轻中小学生课外负担开展校外培训机构专项治理行动的通知》发布，重点对培训机构在安全隐患、有无证照、是否超纲教学等方面开展专项整治，各地也纷纷开展了专项整治行动。2021年12月，教育部办公厅专门就全国校外培训机构专项治理行动整改工作进展情况进行了通报。如何看待营利性教育？如何以分类管理为契机，针对营利性民办学校整体制度设计滞后、办学质量相对不高、管理亟待规范的实际，防控营利性教育当下和未来可能的办学风险，构筑多层次、全方位的风险防控体系，优化营利性民办教育发展生态，保障其规范有序发展，成为落实新法新政、加快民办教育改革创新的关键所在。

二、主要办学风险样态

　　新法新政明确提出允许设立营利性民办学校，并在产权、收费、收益分配、税收优惠等方面作出了规定，进一步扫清了其发展的制度障碍，营利性民办教育将带来新的发展契机。同时，营利性民办学校财务及资产管理的风险也将进一步加剧。针对营利性民办学校的风险来源，依据不同的标准，其办学风险可以分为内部风险与外部风险，原生性办学风险与后致性办学风险，资产、财务、治理与监管等风险。为研究方便，本书主要将学校风险源分为内部风险和外部风险。

（一）内部风险

（1）法人治理风险。首先，面临资本逐利性对教育公益性可能的侵蚀和破坏。营利性教育合法性地位的确立，极大地激活了办学主体办学的积极性。同时，缺乏有效监管的营利性教育可能执着于资本的追逐，混同于一般公司企业而变得愈加贪婪，背离教育本身的公益性特质。一是举办者的权力惯性与现代企业法人治理需要的冲突风险加剧。分类管理后，营利性民办学校将彻底失去以往民办学校营利与非营利混沌不清状态下的制度庇护，并且要履行依法纳税、缴纳土地出让金等法定义务，办学成本急剧上升；同时，营利性教育兼具教育机构与企业双重属性，按照现代企业法人治理结构重新设计并严格执行将是学校法人治理的新要求和新趋势。一些举办者出于自身利益的最大化考量，将加快对学校控制权的争夺。《公司法》《教育法》的冲突，现代企业制度和现代学校制度的嫁接，举办者公司股东大会与学校董事会在决策中对主导权的争论将愈加激烈。在这种情况下可能会出现"董事会领导下的校长负责制遭受董事长负责制甚至董事长一言堂的挑战"。学校家族化管理与学校企业化运行进一步加剧，学校举办者与经营者和消费者间的矛盾将日益凸显。二是营利性背景下传统学校评价与师生关系都面临解构风险。学校不同于一般企业，立德树人是其根本任务。在营利性组织架构下，民办学校传统教师与学校的聘用关系将转变为类似企业与员工的劳动关系，而劳动关系解除的相对便捷性可能导致学校教职员工的频繁流动性，这对要求师资队伍具有相对稳定性，教育教学过程具有连贯性、学校发展具有稳定性的学校而言，无疑构成重大的挑战与威胁。同时，追求单位经济利益最大化将成为举办者考核和评价教师的最主要标准，而这些标准往往可具化为升学率、考研率、科研产出等指标。相反，思想政治教育、党团建设、校园文化营造等学校"软实力"提升等方面将面临进一步边缘化、形式化的风险，而强调经济利益至上、缺乏教书育人为纽带的师生关系也将面临师道尊严式微、师生紧张关系加剧等风险，由此引发的一系列群体性事件将进一步恶化营利性教育的发展环境，压缩其成长空间。

为防止此类风险，《营利性民办学校监督管理实施细则》着重从三个方面对营利性民办学校的组织机构问题进行了规定①。这些规定主要传递了这样的信息：营利性民办学校因其具有公益性属性，在本质上不同于一般的公司、企业，因而不能单纯以追求机构经济利益最大化为根本目的，其不仅要求具备完善的学校治理机构和监督机制，还要求加强党组织建设、切实保护师生利益，以维护正确的办学方向，促进民办教育事业健康发展。因此，对于营利性民办学校，建立健全学校治理机构，提高学校治理能力，是规范办学的基本要求，搞不好也会诱发学校的办学风险。

（2）财务与资产管理风险。雄厚的资产和健全的财务管理制度是营利性民办学校债务履行的基础和风险防控的重要保障。一是分类管理制度使得营利性民办学校面临更为严峻的办学成本上升和资金缺口压力。首先，对于现有民办学校转制为营利性学校的，按照《国务院三十条》和《民办学校分类登记实施细则》的有关规定②，应当依法完成财务清算并进一步明确财产权属。这意味着民办学校总资产中政府资助、社会捐资和部分办学积累将与举办者的投入相剥离，实现产权明晰。同时，对于先前无偿划拨或低价获得土地还得补缴高额的土地出让金，以实现产权的平稳过渡。此外，按照民办教育新法新政要求，以往一些民办学校没有为教职工缴纳的社会保险费应当足额缴纳，应为思想政治教育、党建群团工作等安排专门的经费预算。

其次，对于新设的营利性学校，一些学校面临分类管理后土地市场化供应的巨大成本压力，一些培训机构面临场所条件（如要求校外培训机构必须有符合安全条件的固定场所，同一培训时段内生均面积不低于3平方米）以及消防、环保等方面的严格要求，这些都增加了学校的办学成本。

最后，除类似企业的投资风险、经营风险外，融资风险成为制约其发展的重要风险源。近年来，一些民办学校的举办者通过普遍采取VIE（variable interest entities，可变利益实体）架构的模式，作为境内企业境外融资的一种特殊的利益安排，这种模式通过间接的国外资本"上市"，在一定程度上解决了国内上市"无

---

① 一是明确了学校的主要组织机构。营利性民办学校应当建立董事会、监事（会）、行政机构，同时建立党组织、教职工（代表）大会和工会，营利性民办学校法定代表人由董事长或者校长担任。二是提出了学校组织机构的人员要求。营利性民办学校监事会中教职工代表不得少于1/3，有犯罪记录、无民事行为能力或者限制行为能力者不得在学校董事会、监事会、行政机构任职，一个自然人不得同时在同一所学校的董事会、监事会任职。三是对学校党组织参与决策作出专门规定。推进双向进入、交叉任职，监事会中应当有党组织领导班子成员，切实加强党组织建设，强化党组织政治核心和政治引领作用，在事关学校办学方向、师生重大利益的重要决策中发挥指导、保障和监督作用。

② 《国务院三十条》规定"选择登记为营利性民办学校的，应当进行财务清算，依法明确财产权属，终止时，民办学校的财产依法清偿后有剩余的，依照《中华人民共和国公司法》有关规定处理"。《民办学校分类登记实施细则》规定：现有民办学校如果登记为营利性民办学校要"依法明确土地、校舍、办学积累等财产的权属并缴纳相关税费"。

望"导致的融资难问题。但该模式也存在诸多弊端，诸如境外资本市场融资需要支付比国内上市更高的上市费用、审计费和咨询费以及可能出现的信息披露风险等。同时在财务及资产管理方面，为严格管理、防范风险，《民促法实施条例》作了较为细致的规定①。

（3）教育教学质量风险。一直以来，作为校内教学有益补充和满足人们教育多样化、个性化和分众化需要的产物，以营利性为主的民办学校（主要是各类民办教育培训机构）发展迅猛，并日益受到资本市场的青睐。但品质良莠不齐，特别是无证办学、教育质量不高、教师队伍流动性强、教学质量难以保障、遇到学费纠纷时学生权益难以得到有效保护等问题，也作为"顽疾""痼疾"长期困扰民办教育培训行业的健康发展。《营利性民办学校监督管理实施细则》对营利性民办学校的教育教学质量也作了明确规定，营利性民办学校应当以培养人才为中心，抓好思想政治教育和德育工作。实施学历教育的营利性民办学校应当按照国家规定设置专业、开设课程、选用教材。营利性民办幼儿园应当依据国家和地方有关规定科学开展保育和教育活动。营利性民办学校招收学历教育学生、境外学生应当遵守国家有关规定，招生简章和广告应当报审批机关备案。另外，该细则还对加强教师队伍建设作了规定。因此，如何规范营利性民办学校办学行为，保障教育教学质量，防范质量风险是营利性学校风险防控的重点之一。

（二）外部风险

（1）频繁并购构成竞争新压力。近年来，民办学校并购重组成为教育界的热点。继 2009 年中国辅教第一品牌诺亚舟收购小新星，2010 年中国规模最大的司法考试培训机构万国教育集团对国培网的收购等典型案件以来，教育行业并购重组进入快速发展轨道。2018 年，广发恒正证券发布的《教育行业专题报告——民办学校扩张模式》指出，2018 年是教育行业海外并购高峰年，一些民办学校出于节约成本，快速扩张的需要将会选择以轻资产和并购等方式加快自身发展。

一方面，民办学校并购持续升温来自民办学校追逐利益最大化考量。分类管理后，为应对拿地难、拿地贵、获取资质难等问题，民办学校更愿意选择与政府、

---

① 《民促法实施条例》第四十二条规定："民办学校应当建立办学成本核算制度，基于办学成本和市场需求等因素，遵循公平、合法和诚实信用原则，考虑经济效益与社会效益，合理确定收费项目和标准。对公办学校参与举办、使用国有资产或者接受政府生均经费补助的非营利性民办学校，省、自治区、直辖市人民政府可以对其收费制定最高限价。"第四十四条规定："非营利性民办学校收取费用、开展活动的资金往来，应当使用在有关主管部门备案的账户。有关主管部门应当对该账户实施监督。营利性民办学校收入应当全部纳入学校开设的银行结算账户，办学结余分配应当在年度财务结算后进行。"第四十五条规定："民办学校应当建立利益关联方交易的信息披露制度。教育、人力资源社会保障以及财政等有关部门应当加强对非营利性民办学校与利益关联方签订协议的监管，并按年度对关联交易进行审查。"

房地产商等第三方合作办学的轻资产方式或者直接并购方式解决办学成本上升等难题。另一方面，在终身教育、全人教育、素质教育蓬勃兴起的时代背景下，追求高品质、多元化的教育需求将进一步释放我国教育服务市场的潜力并步入快速增长轨道。此外，国家和地方持续出台的扶持政策也成为助推包括民办教育在内的教育市场繁荣的重要诱因。

（2）社会认同偏低引致持续发展危机。近年来，营利性民办学校快速发展，特别是在学前教育、义务教育和高中阶段的一些民办学校表现抢眼，其提供的优质、高效的教育服务成为不少家长的当然选择。然而，由于社会公众内心普遍存在的对教育是公益性的，是实施立德树人、人才培养的高雅之地而非不是以营利为目的的企业或者商家，因而对于民办教育存在一定的排斥心理，特别是在我国营利性民办教育发展过程中频繁曝出的各类违法违规行为进一步恶化了民办教育的存在生态，导致社会普遍对民办学校存在一定的排斥心理。在高等教育领域，民办学校基本属于过去的三本院校，在教育教学、师资力量、社会声誉等方面还没有获得广泛的社会认同。分类管理后，营利性民办学校具有了更明显的公司或企业特征。目前工商总局、教育部关于营利性教育机构名称登记的一些规定①颠覆了家长和社会对传统学校的认知，很多家长和学校教职员工表达了担忧和抵触。调研表明，对营利性民办学校，如果不能相应地提高教职员工的薪酬待遇，切实改善受教育者的教育教学质量并形成与其他学校明显的竞争优势，将面临严重的教职员工流失和招生困难等问题。

（3）政策调整带来的生存压力持续增大。分类管理改革前，由于缺乏明确的营利性与非营利性民办学校之分，营利性民办学校实际上混同于民办学校之中，虽不能完全享受到像公办学校一样的政策待遇和平等地位，但在税收、用地等方面会享受一定的政策倾斜与优惠。分类管理后，这种营利性与非营利性混沌不清的模糊状态被打破，国家也相应建立了一套明显有别于营利性民办学校的政策体系和管理体系。目前政府的顶层设计明显体现了一种鼓励非营利性民办教育发展，日益强化营利性民办学校规范管理的政策倾向。一方面，通过在奖励扶持、税收优惠、土地使用等方面实行严格的差别化扶持政策，营利性民办学校很难获得相应的政策支持；另一方面，政府监管的持续加强和相应监管力度加大将使一批不规范的民办学校面临越来越严重的生存和发展危机。

三、营利性民办学校典型风险防控与监管

推进营利性民办学校健康稳定发展、加强营利性民办学校风险防控的顶层设

---

① 《工商总局教育部关于营利性民办学校名称登记管理有关工作的通知》（工商企注字〔2017〕156号）规定：民办学校应当按照《中华人民共和国公司法》《中华人民共和国民办教育促进法》有关规定，登记为有限责任公司或者股份有限公司，其名称应当符合公司登记管理和教育相关法律法规的规定。

计和风险防化对推动民办学校分类管理的实施显得尤为重要。该部分将重点选取营利性民办学校在法人财产权和培训机构两个方面，就如何完善营利性民办学校风险防控提供建议和思考。

（一）民办学校法人财产权风险防控与监管

产权问题是民办学校发展的核心问题。长期以来，民办学校产权归属不明、性质不清、关系混乱导致民办教育实践中出现诸多问题，甚至引发了一系列矛盾与冲突。国家陆续出台了一些法规政策不断规范民办学校法人财产权问题[①]。

1. 相关法律法规政策解读

在国家层面，新法新政对民办学校法人财产权作出了一系列规定。其中《国务院三十条》再次强调民办学校依法享有法人财产权。与旧法相比，新《民促法》在规定上没有太大差异。较显著的变化一是体现在《营利性民办学校监督管理实施细则》对营利性民办学校法人财产权的特殊规定[②]；二是《民促法实施条例》对民办学校法人财产权的细化规定。除应当按时、足额履行出资义务，存续期间，举办者不得抽逃出资，不得挪用办学经费等一般性规定外，专门对关联交易等问题作出了规定[③]，旨在解决长期以来困扰民办学校发展的产权问题。

在法人财产权制度方面，新法新政体现出一定的创新性：一是明确分类管理后，民办学校依法享有法人财产权。二是拓展了出资方式和出资种类。例如，允许混合所有制职业院校以资本、知识、技术、管理等要素参与办学并享有相应权

---

① 《国务院办公厅关于加强民办高校规范管理引导民办高等教育健康发展的通知》（2006年）规定，民办高校要落实法人财产权，出资人按时、足额履行出资义务，投入学校的资产要经注册会计师验资并过户到学校名下，任何组织和个人不得截留、挪用或侵占。《民办高等学校办学管理若干规定》（2007年）规定，第六条 民办高校的举办者应当按照民办教育促进法及其实施条例的规定，按时、足额履行出资义务。民办高校的借款、向学生收取的学费、接受的捐赠财产和国家的资助，不属于举办者的出资。民办高校对举办者投入学校的资产、国有资产、受赠的财产、办学积累依法享有法人财产权，并分别登记建账。任何组织和个人不得截留、挪用或侵占民办高校的资产。第七条 民办高校的资产必须于批准设立之日起1年内过户到学校名下。资产未过户到学校名下前，举办者对学校债务承担连带责任。

② 《营利性民办学校监督管理实施细则》第三十条规定，营利性民办学校拥有法人财产权，存续期间，学校所有资产由学校依法管理和使用，任何组织和个人不得侵占、挪用、抽逃。营利性民办学校举办者不得抽逃注册资本，不得用教育教学设施抵押贷款、进行担保，办学结余分配应当在年度财务结算后进行。第四十七条规定，营利性民办学校有下列行为之一的，由教育、人力资源社会保障、工商行政部门或其他相关部门依法责令限期改正，并予以警告；有违法所得的，退还所收费用后没收违法所得；情节严重的，责令停止招生、吊销办学许可证；构成犯罪的，依法追究刑事责任：（六）抽逃办学资金、非法集资。第四十八条规定，民办学校有下列情形之一的，其举办者不得再举办或者参与举办营利性民办学校：（一）法人财产权未完全落实。

③ 《民促法实施条例》第四十五条规定，民办学校与利益关联方发生交易的，应当遵循公开、公平、公允的原则，不得损害国家利益、学校利益和师生权益。民办学校应当建立利益关联交易的信息披露制度。教育、人力资源社会保障以及财政等有关部门应当加强对非营利性民办学校与利益关联方签订协议的监管，并按年度对关联交易进行审查。

利。鼓励营利性民办学校建立股权激励机制。这极大地拓展了传统意义上的货币、实物、知识产权等出资方式和种类，有利于激活人力资本的创造性和活力。三是重点对营利性民办学校注册资本、抽逃办学资金、未落实法人财产权等可能对民办学校法人财产权造成侵害的违法责任进行了规定。但总体来看，法人财产权的相关规定还较为粗糙、相关权能内容不够具体明确。相对民办教育新法新政，《民促法实施条例》对民办学校法人财产权的规定更加细致、全面，法规政策关注的重点主动聚焦"校中校"、不当关联交易、国有资产监管等问题，对不同类型营利性民办学校的出资过户问题也规定得更加细致。

各地在落实民办学校法人财产权方面的措施，主要包括对非营利性民办学校法人财产权、民办学校各项资产产权归属及转让、资产过户、举办者财产权与学校资产相分离等作出新规定。

一是明确民办学校资产过户的要求。首先，确定各类资产过户的具体要求。广东省将投入民办学校的资产，分为货币资产和非货币资产，并规定，各类资产经过相关机构验资后才能过户到学校，如货币资产须经法定验资机构验资，非货币资产要经有资质的中介机构评估。浙江省要求投入民办学校的各类资产所形成的产权，按照账面原值限期过户到学校，包括投资、捐资、办学积累等形成的土地、房屋、设备等资产。河南规定民办学校由专项资金获得的奖励（含资助资金购买）教学设备应列入学校固定资产。其次，明确各类举办者出资原则和出资比例。陕西省规定出资人过户到民办高校的土地、房屋等各类资产，须符合国家办学标准，并经相关部门验资确认，且不得高于其原值。未经批准不得改变土地教育用途，不得出租转让土地使用权。

二是明晰并规范民办学校利益相关者的产权收益。在民办学校土地使用权方面，浙江省规定，非营利性民办学校以行政划拨方式取得土地使用权，原以有偿使用方式获得土地使用权的，其土地用途、土地使用权取得方式不变；营利性学校一律以有偿使用方式供地，原以行政划拨方式供地的，可依法办理土地出让手续，经评估确定后补缴土地出让金，或以作价出资（入股）、租赁等方式处置。浙江省温州市在出台的《关于民办非企业法人学校改制为企业法人学校的办法》中规定，民办非企业法人学校改制为企业法人学校时涉及的房产，在向土地部门申请土地使用权变更后，向房屋登记机构申请办理学校房产所有权的转移登记。

三是明确民办高校股权转让与产权流转监管。湖北省加强对民办普通高校举办者股权转让行为的监管。民办普通高校举办者是社会组织的，该社会组织的股权转让或股东变更时，社会组织的审批机关或登记机关应函商省级教育行政部门，就变更行为和股权转让协议进行审查，防止举办者变相抽逃学校资金。浙江省规定，除捐资举办的民办学校外，其他民办学校存续期间，出资或投资者对所有者权益（股权）可以增设、释股、转让、继承、赠予。对非营利性民办学校，在产权流转过程中，一律按账面原值计价；对营利性学校按市场规则操作。所有者权益流转要纳入所在地政府产权交易平台，规范操作。河南省民办学校举办者变更清算时，所获财政奖励或资助的资金及设备应单列，不得作为举办者的投入；在终止办学时，存有的属政府奖励或资助的设施也应按照相关规定进行处理。

从实施效果上看，《民促法》等相关法律法规，进一步规范了民办学校的办学行为，使其逐步走向有序化、规范化的发展道路，民办教育发展的生存环境总体趋好。

分类管理后，各地更加重视民办学校法人财产权问题，并在法规政策上有所创新。宁夏要求出资过户应在法人登记成立一年内完成，云南规定学校设立后须及时足额过户，安徽要求分类登记前完成过户。重庆和安徽分别在产权流转制度、举办者权益转让、资产重组及交易税费减免方面提出创新措施。此外，陕西在《陕西省营利性民办学校监督管理实施办法》中对法人财产权作出具体规定。

2. 思考与建议

分类管理将根本改变民办学校营利性与非营利性不分所导致的产权关系不清、投资收益不明、管理体制不顺畅等问题，有利于进一步明确民办学校与举办者的产权关系，确立产权明晰、权责明确、管理科学的民办学校法人财产权制度。但是各省（自治区、直辖市）有关法人财产权的相关规定还存在一定问题。

第一，民办学校法人财产权相关规定缺位。当前各地主要对民办学校的独立法人财产权的范围作出了规定，但对法人财产权的具体权能（主要包括占有权、使用权、收益权、处分权等）没有作出具体规定，特别对虚假出资、抽逃出资以及资产重组、VIE架构和关联交易等可能影响学校法人财产权的真实性和独立性等规范类型及其法律责任等没有作出规定，对法人财产权保护不周。

第二，举办者相关权益规定失位。作为重要的权利主体，举办者的权益保护事关分类管理改革顺利推进和民办学校健康发展。各地的法规政策大多考量了旧法与新法过渡期举办者的奖励补偿问题，但对于分类管理后举办者还享有哪些主要权利以及如何主张自身权利等问题没有提及，影响分类管理改革的推进和实效。

第三，营利与非营利民办学校法人财产权规定不平衡。现有的地方性法规政策更多地关注非营利性民办学校法人财产权的问题，除上海、浙江、重庆等少数几个省份外，对营利性民办学校法人财产权问题关注普遍不够，没有进一步细化《营利性民办学校监督管理实施细则》的相关规定。

第四，一些焦点难点问题轻描淡写。一是民办学校产权流转问题。除重庆、安徽两地专门对民办学校产权流转制度进行规定外,其他大部分省市没有对该问题作出规定,易导致产权流动不规范,交易风险高。二是出资过户等问题。大部分地区多是对民办教育新法新政的内容复制,缺乏有关出资过户的时间节点、具体程序和法律责任等可操作性的制度规定。三是对关联交易、集团办学过程中出现的产权问题鲜有提及。

因此,要进一步落实法人财产权,还要努力做到以下几点。

一是明确民办学校法人财产权性质。民办学校的法人财产权是以所有权为中心,包括占有权、使用权、处分权、收益权等具体权能的权利束。这种权利具有独立性和排他性,一旦举办者或出资人完成了出资,则民办学校拥有对学校财产全面、独立、排他的占有和支配权。同时,民办学校法人财产权也是一种受限制的所有权。其不像企业法人那样以追求企业或股东利益最大化为目标,而应当以国家公共利益为目的,对公众利益负责。其权利的行使和实现要受到一定的限制,如限制民办学校以教育教学的基本设施进行抵押、转让。对民办学校涉及的重大资产转让行为,一般须经过教育主管部门的审批同意等。

二是深入推进民办学校法人财产过户工作。针对当前民办学校法人财产权的落实情况不理想,很多民办学校实际上都处于"轻资产"乃至"空壳"状态。建议各级教育行政部门会同财政、税务等部门建立联席会议制度和联合执法队伍,采取必要措施,包括简化资产过户程序、减免资产过户相应规费、将法人资产落实情况与政府专项资金扶持和税费减免以及招生指标分配等与民办学校利益相关的内容相挂钩,尽快敦促并推动各类民办学校将相关教育资产及时足额过户到学校法人名下。这样才能从根本上杜绝举办者的灰色套利行为,保障民办学校法人财产的完整性和安全性。

三是规范民办学校不当关联交易行为。一直以来,民办学校基于各种功利动机和规避合法性审查,现实当中出现很多不当关联交易,不仅严重干扰民办学校法人财产权落实,有的甚至构成违法犯罪。例如,有的公司控股股东或实际控制人操纵学校和公司管理层"掏空"学校资产,有的举办者所在公司或个人无偿占用(挪用)学校学费的现象,有的利用学校平台面向社会融资后再从事商业投资的情况等。建议进一步梳理实践中营利和非营利民办学校在办学过程中的不当关联交易行为类型,尽快补齐相关制度短板和漏洞,切实加大内控机制和外部监管,健全违规关联交易风险预警防范和事后法律责任追究等机制,阻止违法违规行为发生,依法保障民办学校独立法人财产权。

四是健全民办学校产权流转制度。在一定条件下允许和鼓励民办学校产权合理流动,不仅符合资本本身的逐利特性,也是优化组织体资本结构、促进资源优化配置的有效方式。要在明晰举办者与民办学校产权界定的基础上,建立完整的教育产权流动体系，依法规范资产评估程序，建立和完善民办学校产权交易市场，并积极完善民办学校产权流动的相关法律体系。

（二）民办培训机构风险防控与监管

近年来，民办教育培训行业风生水起，社会资本竞相涌入，呈现出迅猛发展的势头，对满足人民群众教育多样化、个性化和分众化需要，促进民办教育快速发展起到了积极作用。与此同时，无证办学、教育质量不高、教师队伍流动性强、教学质量难以保障、遇到学费纠纷时学生权益难以得到有效保护等问题，也作为"顽疾""痼疾"长期困扰着民办教育培训行业，并对民办教育整体的健康发展产生了不良影响。新法新政实施后，如何规范和引导教育培训机构健康发展成为各级政府和全社会关注的热点问题之一。

1. 培训机构监管的相关法律法规与规范性文件

国家层面的法律法规既涉及宏观方面的顶层设计，也涉及微观层面的具体措施，体现出健全和完善校外培训机构长效监管机制的立法旨意。

（1）明确民办学校培训机构的设置和准入。一是明确校外培训机构的审批机构和部门。在机构设置方面，坚持"谁审批谁监管、谁主管谁监管"，明确了审批机构的监管职能，有利于纠正实践中重审批轻监管的倾向，消除了因多部门监管职责不清导致的监管盲区，进一步健全监管工作机制和责任体系。二是明确了各类民办培训机构设置的基本要求。在场所条件、师资条件、管理等方面作出了明确规定，这样改变了各类校外培训机构长期以来门槛低、标准不清导致的遍地开花、良莠不齐等乱象，为下一步规范管理、完善监管提供了规范依据。三是进一步细化了培训内容。例如，培训内容不得超出相应的国家课程标准，培训班次必须与招生对象所处年级相匹配，培训进度不得超过所在县（区）中小学同期进度等。

（2）持续加强监管。一是结合各自主要工作职责，进一步明确教育部门、市场监管部门、人力资源社会保障部门、机构编制部门、民政部门、公安机关、应急管理部门、卫生部门、食品监管部门等各部门的职能分工。二是落实年检年报制度。特别强调对于在境外上市的校外培训机构，其向境外公开披露的定期报告以及对公司经营活动有重大不利影响的临时报告等信息，应以中文文本在公司网站（如无公司网站，应在证券信息披露平台）向境内同步公开、接受监督。三是建立黑白名单制度。对利用互联网技术在线实施培训教育活动、实施职业资格培训或者职业技能培训活动的机构，或者为在线实施前述活动提供服务的互联网技术服务平台提出规范要求并纳入监管范围。民办教育新法新政出台后，上海、北京、广东、成都、西安等省市就培训行业规范出台了相关的规定、办法，大多数省市是遵照新法新政的要求，在教育培训机构的审批与设立、管理与监督等方面作了一些规定（表5-5）。

表 5-5　我国部分地方政府关于民办培训机构的规定

省份	法规名称	颁布部门	规定要点
甘肃	《甘肃省人民政府关于进一步促进民办教育健康发展的实施意见》	省政府	1. 开展以技能培训为主的职业资格培训、职业技能培训的民办学校可自主确定学校年度招生计划，面向社会自主招生 2. 民办学校的管理坚持"谁审批、谁负责、属地管理"相结合的原则
湖北	《湖北省人民政府关于鼓励社会力量兴办教育促进民办教育健康发展的实施意见》	省政府	探索建立民办学校第三方质量认证和评估制度，定期对民办学校开展办学综合效益考评，每 5 年对民办学校及培训机构信用等级开展一次评估，评估结果向社会公布
北京	《北京市教育委员会关于加强北京市民办非学历教育机构管理工作的若干意见》	市教育委员会	（一）严格把控增量（二）优化结构布局（三）促进资源整合（四）引导转型发展（五）严格规范管理（六）引导有序退出
上海	《上海市民办培训机构设置标准》	市教委、工商、人社、民政四部门	对适用范围、设立民办培训机构的基本条件、民办培训机构的举办者、民办培训机构的名称、章程和组织机构、民办培训机构的管理制度、民办培训机构的法定代表人、校长（行政负责人）及主要管理人员、师资队伍、办学投入、办学场所和设施设备、教学点以及培训项目、课程及教材等作出了条件性规定
	《上海市营利性民办培训机构管理办法》		除了总则和附则，分别由五大部分内容组成，对营利性与非营利性民办培训机构的设立审批登记流程、民办培训机构管理要求、开展义务教育阶段相关培训活动的特殊规定、民办培训机构变更与终止流程以及对民办培训机构监督管理体系的建构等作出了规范性规定
	《上海市非营利性民办培训机构管理办法》		
广东	《广东省民办培训机构设置标准》	省教育厅、省人力资源和社会保障厅	设立总要求，并对举办者条件、党建工作要求、机构名称、章程、办学出资、培训场所和互联网平台、设施设备、理事会或董事会、监督机制，以及行政负责人等作出具体规定
西安	《西安市民办非学历文化教育培训机构设置指导标准》	市教育局、市工商局、市民政局	1.适用对象:民办非学历文化教育培训机构的审批设立适用本标准。职业技能类培训机构、非学历高等教育机构以及从事托管、婴幼儿照护的市场服务机构不适用本标准。2.设置标准:民办教育培训机构应有满足培训要求、符合消防安全及卫生标准的培训场地和教学用房，有满足培训教学需要的设施设备、图书资料、生活及安全保障设施

续表

省份	法规名称	颁布部门	规定要点
武汉	《武汉市文化教育类民办培训机构设置标准》	市教育局	主要包括举办者、办学场地、办学规模、办学安全、人员配备、设备设施、教育教学、办学经费、内部管理、其他等10个方面的项目，并对每个项目进行具体化
成都	《成都市民办教育培训机构设置指导标准》	市教育局、市公安局等	主要对名称、开办资金、场地设施、章程制度、组织结构等作出了规定

综合各省市相关法规、规章的考察，主要呈现以下特点和趋势。

其一，明确设置标准和适用范围。一是明确设置标准。上海、广东、西安、武汉、成都等省市专门出台了民办培训机构设置标准，这些标准涉及办学场所、消防安全、教师队伍、食品卫生、设施设备、人员配备、教育教学、办学经费、内部管理等方面。这些标准多以表格化、条目式甚至直接量化的形式呈现，使举办者一目了然，容易理解，便于对标准备，也便于管理部门对其监督管理。二是明确适用范围。例如，上海市重点对本市行政区域内，面向社会举办的专门从事文化教育或职业技能培训的非学历教育机构规定了设置标准，对开展三周岁以下婴幼儿照护、儿童早期教育服务以及仅通过互联网等非线下方式提供培训服务的机构，另行制定设置标准。广东除将实施与学校文化教育课程相关的、职业技能类非学历教育培训机构外，也将与升学、考试相关的补习辅导机构纳入其中；对涉外教育培训以及保安、消防、安全生产等特定行业培训的，从其特殊规定。

其二，强化监管机制建设。例如，上海市颁布"一标准两办法"，创新性地设计了市、区、乡镇（街道）三级联动的综合监督机制，明确联合执法及组织方式，完善市、区教育培训市场管理联席会议制度，畅通投诉举报渠道，加大对违法违规办学行为的查处力度。广州市建立信息信用制度和信用分级监管机制，进一步丰富了监管手段。北京市坚持日常巡查和专项检查相结合，严格执行年检制度，年检结果向社会公示，增强民办非学历教育机构依法办学、规范办学、诚信办学意识。江苏省依托国家企业信用信息公示系统，加大对违法违规办学行为的查处力度，加强对非学历教育培训机构的监管，重点查处超范围经营、无证无照经营、发布虚假广告等违法违规行为。

其三，突出安全管理。例如，《成都市学科类校外培训机构设置指导标准》体现安全居首。强调培训机构的场地应符合安全、规划、环保、卫生等有关规范要求，依法通过相应的房屋安全鉴定、消防安全检查（备案），并对生均面积、走廊面积、班额等均有详细规定。西安市规定明确禁止选用地下室、半地下室、居民住宅以及其他有安全隐患的场所作为办学场地，要符合《建筑设计防火规范》

设置要求，经公安消防机关检查验收。武汉市强调在选址上要使用民用公共建筑，不得选址在住宅、工业用房等用房内。在楼层上，依据国家《建筑设计防火规范》的相关规范，提出针对"学龄前儿童和小学生培训"的场地依据其耐火等级最多不超过三楼的要求。广西壮族自治区强调培训机构场所应符合消防、卫生、建筑安全、抗震等安全要求，建立"人防、物防、技防"三位一体安全防范体系。

其四，关注信用建设。成都市提出董（理）事、监事及营利性培训机构的举办者信用状况良好，无犯罪记录。同时积极吸纳诚信考察因素，举办者不能被法院列入失信被执行人名单，也不能是被列入政府公共信用信息系统严重失信人名单的个人、社会组织及其法定代表人；规定校长应当品行良好，无犯罪记录等。上海市强调建立健全营利性民办培训机构信用分类分级管理机制，建立营利性民办培训机构违法失信惩戒制度。湖北省规定探索建立民办学校第三方质量认证和评估制度，每五年对民办学校及培训机构信用等级开展一次评估，评估结果向社会公布。

其五，坚持需求导向。北京市坚持需求导向，鼓励转型发展。积极引导通过引导办学定位与首都功能定位不相符，但具备一定办学条件的教育机构转型发展，扩大基础教育和学前教育阶段教育资源供给。成都市将营地教育、互联网在线教育的相关许可、认证、师资等标准纳入其中，积极探索、包容审慎新产业、新业态、新模式，体现了培训市场的行业动态和人们未来的培训需求增长点。上海市对义务教育阶段相关培训活动进行了特殊规定，对其教材、教学管理、师资等提出具体要求，并对竞赛管理作了严格规范等都是对各方关切的积极回应，同时，我们注意到当前民办培训教育持续步入快速发展的快车道、野蛮式生长、办学行为不规范甚至违法违规等现象短期内难以避免。当前从各地民办培训机构的法律政策实施情况看，虽然大部分地区都出台了相关法规政策，但在执行力度上存在差异。有些地区的监管较为严格，而有些地区则可能因为资源限制、执行能力不足等原因，导致政策执行力度不够；市场规范化程度仍有待提高，一些违规行为依然存在，如虚假宣传、超范围经营等，需要持续加强监管力度；虽然对师资资质提出了要求，但在实际执行中，确保所有教师都达到规定标准仍面临挑战，师资质量的提升需要时间，同时，教师的持续培训和专业发展也是保障教学质量的关键。

2. 校外培训机构监管的实施困境

其一，法律法规有关设计不周延。一是按照《营利性民办学校监督管理实施细则》的相关规定，校外培训机构需要经过前置审批程序，即培训机构在取得办学许可证后再到工商管理部门进行登记，然后才有资格招生并开展相关培训业务。现实中可能导致的实施困境是"很多民办教育培训机构是先进行经营性行为，发展到相当规模之后才办理办学许可证的，还有大量无照无证或有照却不具备办学资质的各种事实性培训机构"。按照现行法律规定，对大量业已存在的"无证无照"或者"有照无证"等校外培训机构简单以不合法为由强制关闭或退出似乎并不能从根本上解决培训机构管理混乱的局面，相反可能引致培训机构采取地下活动等方式逃避监管。二是培训机构的内涵和外延模糊，导致出现治理困境。例如，《民促法》对"其他文化教育"、在线教育等概念范围没有作出清晰界定，导致实际生活中对上述培训机构的治理和监管陷入名义上多头治理，实质上无人管理的窘境。

其二，运动式监管难以保证培训机构监管长效性。2018年初，《教育部办公厅等四部门关于切实减轻中小学生课外负担开展校外培训机构专项治理行动的通知》发布，文件指出要重点加强对培训机构在安全隐患、有无证照、是否超纲教学等方面开展专项整治，各地也纷纷开展了急风骤雨式的专项整治行动。教育部办公厅还专门就全国校外培训机构专项治理行动整改工作进展情况进行了通报。但由于行业整顿主要是由教育部发起的，属于从上至下的行政主导型的监管，整顿后，如果没有一个长效性的监管机制和风险防范机制，可能培训机构的监管又如同其他类似的行业整顿一样，陷入"一乱就治、一放就乱"的怪圈。

其三，在线教育监管问题丛生，难度更大。随着信息技术的飞速发展，以慕课、翻转课堂以及各类在线教育平台为主要样态的在线教育以其产品和服务的多样性、便捷性与交互性日益受到消费者青睐，并呈"井喷式"增长。据报道，2023年，我国在线教育市场规模达到3000亿元，同比增长22.9%。未来几年，在线教育的市场规模将继续保持稳健的增长势头。与此同时，在线教育在教学质量、师资力量、机构信用、办学行为等方面饱受诟病，各种违法侵权行为也频繁发生。在线教育监管问题已成为政府和社会日益关注的热点和焦点问题。

3. 完善校外培训机构监管的建议

其一，丰富培训机构的营运管理标准。教育行政部门应以提升培训机构办学水平为导向，组织专业力量对培训机构的教学质量进行评价和评估，积极建立包括法定资质、财务情况、有无不正当竞争和不实招生宣传、风险控制等在内的评估指标体系，加强对培训机构的教学督导，并将结果向社会公布。行业审批主管单位应将重点放在广受关注的青少年身心安全、教师教学水平虚假宣传、学费管理上。

其二，明确监管范围，简化行政许可程序。一是属于教育主管部门监管的培训机构应该按要求办理办学许可证，把不属于教育部门监管的教育培训机构规划至相应的行政主管部门管理。属于教育主管部门监管的培训机构应该严格执行行政审批程序，保证教学质量。充分发挥行业力量对其他培训机构的监管，鼓励第三方切实发挥行业自律作用。二是允许实行分公司形式，采取合并纳税政策。借鉴《公司法》有关设立分公司的做法，允许民办培训行业采用一个地级市或一个县只须办理一张办学许可证，隶属同一地区的其他教学点无须办证仅须备案的制度，母体学校对分支机构对外承担法律责任，同一地区的民办培训机构可采用合并纳税政策，以简化行政许可程序。三是采用逐步达标法作为培训机构的准入条件。针对培训机构先租场地、招聘教师、招收学生，逐步实现滚动发展的现状，建议教育行政部门采用逐步达标法，将培训机构的设立条件逐年细分，连续五年达到一定条件发放办学许可证。

其三，完善民办培训教育行业的监管机制。一是进一步落实并强化检查机制，提倡并激励行业自律，引入督导制度、第三方监督评价机制，建立全国统一的教育培训行业从业人员电子档案平台等相关办法，完善民办培训教育行业的管理体系。二是加强舆论引导与监督，落实黑白名单制度。通过政策引导、鼓励正规机构行使监督举报职责、树立模范典型，加大对影响培训行业良性发展的非正规机构的处罚力度，增加其经营成本，倒逼业内形成培训机构合法化、教师正规化的发展趋势。三是建立多部门工作协同和联合执法机制，从法律上厘清各部门的监管责任和职能分工。可借鉴上海市"一标准两办法"设计的市、区、乡镇（街道）三级联动的综合监督机制，提高监管的实效性。

其四，加强在线教育民办培训机构的监管。我国对在线教育缺乏必要的行业准入标准，准入门槛低，加之缺乏明确的监管政策和制度，导致在线教育始终处于监管盲区，劣币驱逐良币现象严重，甚至出现教学质量堪忧、办学行为不规范、侵权事件频发等问题。《民促法实施条例》首次将在线教育纳入民办教育监管范畴。根据相关法规，本书建议：一是实施定期评估与检查，对在线教育民办培训机构进行定期的评估与检查，包括教学质量、师资水平、学生反馈、安全管理等方面，及时发现并纠正存在的问题。同时制定详细的监管政策和制度，明确监管机构的职责、监管范围、监管方式、违规处罚措施等，确保监管工作的规范性和有效性。二是促进透明度和公开性，要求在线教育机构公开其教学计划、师资信息、收费标准、投诉处理流程等信息，增加教育服务的透明度，方便学生、家长和社会公众进行监督。三是实施信用评价体系，建立在线教育机构的信用评价体系，对机构的运营状况、教学质量、学生满意度等方面进行综合评价，定期公布评价结果，作为消费者选择教育服务的重要参考。同时加强师资队伍建设，制定在线教育教师资格认证标准，定期对教师进行专业培训和考核，确保教师具备良好的教育背景、专业知识和教学技能。四是推动技术安全与隐私保护，制定在线教育平台的技术安全标准，要求平台采取有效的安全措施，保护学生数据和隐私，防止信息泄露和网络攻击。支持在线教育行业协会的建立和发展，通过行业自律规范，促进在线教育机构之间的相互监督和合作，共同维护行业秩序。

2019 年 7 月，教育部等六部门联合发布《关于规范校外线上培训的实施意见》，重点就规范面向中小学生的学科类校外线上培训活动进行规范，意见中提出的有关实施备案审查制度、强化综合治理和建立黑白名单制度等使得线上培训机构有了更具操作性的规范依据。2021 年，国务院办公厅印发了《关于进一步减轻义务教育阶段学生作业负担和校外培训负担的意见》（以下简称"'双减'政策"），明确了培训课程的时长与间隔，并提出将现有学科类培训机构统一登记为非营利性机构、严禁资本化运作等一系列强制性要求。同年，教育部成立校外教育培训监管司，对学科类校外培训机构开展监管工作，对校外培训机构进行综合治理、综合执法。2024 年，教育部起草了《校外培训管理条例（征求意见稿）》，用以规范校外培训活动，提高校外培训质量，满足多样化的文化教育需求。

第六章　非营利性民办学校退出

作为课题研究的重点内容之一，本部分重点就非营利性民办学校退出的相关制度与实现机制展开研究。我国民办学校本质以投资办学为主要特征，长期以来民办学校产权归属不明、性质不清、关系混乱导致民办教育实践中出现诸多问题，甚至引发了一系列的矛盾与冲突。因而，产权问题不仅是民办学校发展的核心问题，也是解决民办学校退出问题的基础与前提。我们认为，分类管理背景下非营利性民办学校仍是民办教育特别是民办高等教育发展的主导方向，而影响和制约非营利性民办学校退出的主要制度与机制仍然聚焦在产权制度与机制、风险预警机制（该部分已在第四章做了重点论述）、利益相关者保护机制、法律保障机制等方面。

第一节　民办学校退出产权问题

一、民办学校产权界定

产权问题可能是经济学、法学、教育学等诸多学科使用最为频繁、研究最为广泛的问题之一。产权的渊源可追溯到19世末20世纪初的旧制度经济学派。其中诺贝尔经济学奖获得者科斯发表的《企业的性质》《社会成本问题》等文章被公认为西方产权理论的开创之作。但学科间理解的差异使之也成为最富争议的范畴之一。诚如巴泽尔在著作《产权的经济分析》中对产权概念的评价："若当时经济学家能另造一名词，与法学概念划清界限，局面当不致如此混乱。"从经济学视角考察较为典型的观点：一是所有权说。《牛津法律大辞典》认为："产权亦即财产所有权，是指存在于任何客体之中或之上的完全权利，它包括占有权、使用权、出借权、转让权、用尽权、消费权和其他与财产有关的权利。"二是功能论。典型如德姆塞茨在《关于产权的理论》认为的，"产权包括一个或者他人受益或受损的权利""产权是社会的工具，其意义来自这样一个事实：在一个人与他人做交易时，产权有助于形成那些他可以合理持有的预期"。从法学视角考察，法学一般侧重于狭义的产权，主要指物权，也称财产所有权。著名民法专家王利明教授认为，产权就是指财产权。财产权是指以财产利益为内容，直接体现某种物质利益的权利。从我国民办教育相关法律法规的规定来看①，民办学校没有使用产权概念，而更多采用的是法人财产权概念。因此，笔者采用了法人财产权的概念，并对民办学校法人财产权作出如下规定，即民办学校法人财产权是指法律赋予民办学校对其资产享有的占有、使用、收益以及有条件处分的权利。民办学校法人财产权从权属范围上讲，包括法律所规定的民办学校法人的全部财产；从权能上讲，民办学校对其财产享有完全的占有权、使用权、收益权及一定条件下的处分权；从抽象属性上讲，民办学校对其财产享有完全独立的支配权。不同于自然人财产权，也不完全等同于公司等企业法人财产权，非营利性民办学校法人财产权具有以下主要特点。

（1）民办学校法人财产权具有绝对性。即在权利归属上，民办学校是民办学校法人财产权的唯一主体，其享有对民办学校财产的专有性、排他性权利。任何组织和个人都负有不得任意干涉学校依法独立行使其所拥有财产的义务。

（2）民办学校法人财产权具有独立性。其独立性表现为财产的独立、管理的独立和责任的独立。首先，财产的独立。即民办学校也遵循物权法上的一物一权原则，即投资人一旦将自己的资产投入到民办学校，即将自己对该出资的所有权让渡给了学校，出资人不能凭借其对原始资产的所有权来主张对民办学校法人财产的所有权，不能任意抽回出资，也不能任意分割和处分学校的法人财产。在这一点上，民办学校的财产是独立的。其次，管理的独立。即民办学校法人财产实现了投资人对出资财产的原始所有权向法人财产权的转化，同时也宣告了所有权与直接控制权（管理权）的分离，民办学校资产如何运营，是民办学校法人权利范围内的事，出资人不能随意干预民办学校的经营管理，只能通过选举管理者或借助董事会等表意机关参与学校的管理。最后，责任的独立。即法人的财产与出资人的个人财产有明确的界限。法人财产不能作为出资人个人承担责任的财产，出资人出资额以外的个人财产也不能作为法人承担责任的财产。民办学校以自己的全部财产独立承担民事责任，即使学校破产也与出资人的其他个人财产无关。

（3）民办学校法人财产权具有完整性。民办学校的法人财产不是单个出资者

---

① 《国务院办公厅关于加强民办高校规范管理引导民办高等教育健康发展的通知》提出"民办高校要落实法人财产权"。《国务院三十条》规定"建立分类管理制度""民办学校依法享有法人财产权"。《民促法》第三十六条规定，民办学校对举办者投入民办学校的资产、国有资产、受赠的财产以及办学积累，享有法人财产权。

个人财产的简单相加与总和,也不能由出资者依个人意志自由地进行控制和支配。出资人不能以个人身份直接支配他已投入学校的资本,而只有作为法人组织的一分子,通过一定的组织程序,才能参与对学校资产的最终控制。出资人不能凭借所有权来破坏学校法人财产权的完整性和独立性,除非民办学校终止或解散,而且需要依照法律程序,所有者才可以分配民办学校的剩余资产。

（4）民办学校法人财产权具有公益性。民办学校法人财产权的获得和使用,不能像企业法人那样以追求企业或股东利益最大化为目标,而应当以国家公共利益为目的,对公众利益负责。其法人财产权的各项权能在行使和实现的过程中要受到一定的限制,如民办学校不能像企业法人那样对教学的基本设施进行抵押、转让。当民办学校终止时,剩余财产只能用于教育事业或其他类似的社会公益事业。公益性是民办学校法人财产权和企业法人财产权的根本区别。

（5）民办学校法人财产权具有延续性,即只要民办学校存续,民办学校就不会丧失对其财产的所有权,举办者、董（理）事、校长等组成人员的变更也不影响法人对这一权利的行使。

二、民办学校产权制度现状考察

围绕民办学校法人财产权,国家陆续出台了一些法律法规与制度性文件不断规范民办学校法人财产权。分类管理后,新法新政也重点对法人财产权问题作出了一系列规定,旨在解决长期以来困扰民办学校发展的产权问题。

（一）国家层面的相关规定

分类管理前,有关民办学校法人财产权的规定主要集中在 2006 年《国务院办公厅关于加强民办高校规范管理引导民办高等教育健康发展的通知》与 2007 年《民办高等学校办学管理若干规定》中,分类管理后民办学校法人财产权问题主要集中在 2016 年《国务院三十条》①、2018 年《民促法》②以及 2021 年《民促法实

---

① 《国务院三十条》中规定：（五）建立分类管理制度。民办学校依法享有法人财产权。（九）探索多元主体合作办学。探索举办混合所有制职业院校,允许以资本、知识、技术、管理等要素参与办学并享有相应权利。

② 《民促法》第三十六条规定,民办学校对举办者投入民办学校的资产、国有资产、受赠的财产以及办学积累,享有法人财产权。第三十七条规定,民办学校存续期间,所有资产由民办学校依法管理和使用,任何组织和个人不得侵占。第六十二条规定,民办学校有下列行为之一的,……责令限期改正,并予以警告；有违法所得的,退还所收费用后没收违法所得；情节严重的,责令停止招生、吊销办学许可证；构成犯罪的,依法追究刑事责任：（一）擅自分立、合并民办学校的；（八）恶意终止办学、抽逃资金或者挪用办学经费的。

施条例》①等法律法规中，体现了进一步规范民办学校法人财产权的立法旨意。

作为民办学校投资人、举办者普遍关注的焦点问题，也是分类管理最核心和最基础的制度之一，新法新政在法人财产权制度方面具有一定的创新性：一是明确分类管理后，民办学校依法享有法人财产权。二是拓展了出资方式和出资种类。如允许混合所有制职业院校以资本、知识、技术、管理等要素参与办学并享有相应权利。鼓励营利性民办学校建立股权激励机制。这极大地拓展了传统意义上以货币、实物、知识产权等出资的方式和种类，有利于激活人力资本的创造性和活力。三是重点对营利性民办学校注册资本、抽逃办学资金、未落实法人财产权等可能对民办学校法人财产权造成侵害的违法责任进行了规定。但总体来看，法人财产权相关规定还较为粗糙、相关权能内容不够具体明确。

相对民办教育新法新政，《民促法实施条例》对民办学校法人财产权的规定更加细致、全面，法规政策关注的重点主动聚焦"校中校"、不当关联交易、集团化办学、国有资产监管等问题，对不同类型营利性民办学校的出资过户问题也规定得更加细致。

（二）地方政府层面的相关规定

通过对各省（自治区、直辖市）有关法人财产权相关规定的梳理，地方政府对民办学校法人财产权制度主要作出了如下规定。

（1）明确民办学校享有法人财产权。分类管理后，各省（自治区、直辖市）进一步明确了民办学校的独立法人财产权。辽宁、甘肃、天津、湖北、上海、河北、内蒙古、陕西、河南、宁夏、重庆、江西12个省（自治区、直辖市）明确规定民办学校依法享有法人财产权或者要落实学校法人财产权。海南在《海南省人

---

① 《民促法实施条例》第六条：举办民办学校的社会组织或者个人应当有良好的信用状况。举办民办学校可以用货币出资，也可以用实物、建设用地使用权、知识产权等可以用货币估价并可以依法转让的非货币财产作价出资；但是，法律、行政法规规定不得作为出资的财产除外。第七条第三款：公办学校举办或者参与举办的民办学校应当具有独立的法人资格，具有与公办学校相分离的校园、基本教育教学设施和独立的专任教师队伍，按照国家统一的会计制度独立进行会计核算，独立招生，独立颁发学业证书。

第八条：地方人民政府不得利用国有企业、公办教育资源举办或者参与举办实施义务教育的民办学校。以国有资产参与举办民办学校的，应当根据国家有关国有资产监督管理的规定，聘请具有评估资格的中介机构依法进行评估，根据评估结果合理确定出资额，并报对该国有资产负有监管职责的机构备案。

第十条：举办民办学校，应当按时、足额履行出资义务。民办学校存续期间，举办者不得抽逃出资，不得挪用办学经费。举办者可以依法募集资金举办营利性民办学校，所募集资金应当主要用于办学，不得擅自改变用途，并按规定履行信息披露义务。民办学校及其举办者不得以赞助费等名目向学生、学生家长收取或者变相收取与入学关联的费用。

第十三条第三款：同时举办或者实际控制多所民办学校的，应当保障所举办或者实际控制的民办学校依法独立开展办学活动，存续期间所有资产由学校依法管理和使用；不得改变所举办或者实际控制的非营利性民办学校的性质，直接或者间接取得办学收益；也不得滥用市场支配地位，排除、限制竞争。

民政府关于鼓励社会力量兴办教育　促进民办教育健康发展的实施意见》中把其纳入"健全资产管理制度和规范财务管理、会计核算"中，规定在民办学校存续期间，民办学校对学校资产享有法人财产权，任何组织和个人不得侵占、挪用、抽逃。山东、吉林两地将其纳入"建立健全资产管理制度"中加以规定。

（2）明确了民办学校法人财产的范围。关于民办学校法人财产权的范围，地方政府的规定不尽相同。海南省的最为宽泛，没有具体限定学校法人财产的范围。《海南省人民政府关于鼓励社会力量兴办教育　促进民办教育健康发展的实施意见》指出"存续期间，民办学校对学校资产享有法人财产权，任何组织和个人不得侵占、挪用、抽逃"。而绝大多数地方政府作出了这样的限定：在民办学校存续期间，其对举办者的出资、国有资产、受赠的财产以及办学积累享有法人财产权，任何组织和个人不得侵占、挪用、抽逃，即民办学校的法人财产应包括：举办者的出资、国有资产、受赠的财产以及办学积累。也有一些地方政府做了更加细致的规定。例如，重庆规定，学校存续期间，民办学校对举办者投入形成的资产、财政补助形成的资产、捐赠形成的资产、自身办学积累形成的资产以及债务资金形成的资产等依法享有法人财产权。其将"债务资金形成的资产"也作为法人财产的一部分。《江苏省民办学校分类登记实施细则》进一步明确了"办学积累、财政投入、捐赠收入等不得作为举办者的出资"。

（3）重申出资过户相关要求。一是除广东、甘肃、广西以外，20个省（自治区、直辖市）均明确民办学校要依法履行出资义务。四川还作出了"民办学校不得以办学地址变更抽逃或变相抽逃出资，不得转移学校资产"的禁止性规定。二是除广东、甘肃、四川以外，20个省（自治区、直辖市）均明确民办学校举办者应当将其出资足额过户到学校名下。其中贵州、广西、安徽、宁夏四地除明确依法履行出资义务外，还规定了要办理验资、评估等必要手续。

（4）明确分类登记入账。除江苏外，20个省（自治区、直辖市）均明确民办学校应当将举办者出资、政府补助、受赠、收费、办学积累等各类资产分类登记入账，定期开展资产清查，并将清查结果向社会公布。四川、重庆等地还出台了民办学校分类登记实施细则。

（5）部分地方政府落实法人财产权的特殊规定。早在2005年，《黑龙江省人民政府关于促进民办教育发展的若干意见》中第十二条规定："对于《中华人民共和国民办教育促进法》施行前滚动发展起来的民办学校，目前办学积累达到一定规模但没有明确出资比例的举办者，根据对学校发展贡献情况，经学校理事会或者董事会同意，审批机关核定，可以一次性给予举办者相当于学校净资产（扣除国有资产和社会捐赠部分）15%的奖励，作为举办者的初始出资额。"这也是国内第一部对民办学校举办者初始出资额作出明确规定的地方性法规。而在分类管理实施前，国内较为成熟、系统的是2010年上海市教育委员会等七部门制定的

《上海市推进民办学校落实法人财产权的实施办法》不仅明确了民办学校法人财产的范围，而且重点对资产过户问题作了规定，规定民办学校办理资产过户相关程序要求，结合不同的出资形态作出了相应的资产过户规定并且出台了鼓励民办学校资产过户的优惠政策。广东省教育厅《关于促进民办教育规范特色发展的意见》也规定了资产过户具体的时间表，即"未完成资产过户的民办高等院校，应于 2018 年前基本完成资产过户工作"。

分类管理后，各地更加重视民办学校法人财产权问题。在地方政府新一轮法规政策文本中，一些地方也作出了创新性尝试。宁夏规定出资过户的时间原则上要在法人登记成立后一年内完成，未完成过户的民办学校应于重新分类登记前完成过户。云南规定要在学校获得正式批准设立后，及时足额过户到学校名下。安徽明确规定未完成资产过户的民办学校应于重新分类登记前完成过户。此外，重庆在建立产权流转制度，规范举办者权益转让和举办者变更行为，规范民办学校的资产重组和关联交易行为，安徽在建立民办学校产权流转制度，免除交易税费等方面具有一定的创新性，丰富了民办学校法人财产权的内容和实现形式等。《陕西省营利性民办学校监督管理实施办法》中对营利性民办学校的法人财产权作出了规定。

（三）存在的主要问题

（1）法人财产权相关制度性规定缺位。当前各地主要对民办学校的独立法人财产权的范围作出了规定，但对法人财产权的具体权能（主要包括占有权、使用权、收益权、处分权等）没有作出具体规定，特别对虚假出资、抽逃出资以及资产重组、VIE 架构和关联交易等可能影响学校法人财产权真实性和独立性等规范类型及其法律责任等没有作出规定，对法人财产权保护不周。

（2）法人财产权落实不到位。由于没有明确规定举办者或投资人的收益权，加之民办高校法人治理结构普遍不完善，缺乏对民办高校法人财产权的有效监管，举办者或投资人对学校法人财产权滥用的情况屡屡发生。部分投资者要么直接担任或委托亲属担任学校的董事长、校长等高级职务，实际掌握着学校的控制权和管理权，要么直接干预学校的经营运作及校产支配，严重影响了学校法人财产权的独立行使。据上海教科院民办教育研究所董圣足于 2007 年调查，在 45 所民办高校中，资产完全没有过户的、资产完全过户到位分别有 11 所、2 所，占调查学校的 24.4%、4.4%。学校法人财产占全部资产 50% 以下的学校有 29 所，其比例高达 64.4%。31 所高校对于这项政策处于观望阶段，并明确表示'不理解但无奈'或者干脆表示'不支持'，表示'理解并完全支持'的 8 所学院多数为创办者少量投入，长期滚动发展起来的民办院校，其资产本身已登记在学校账上，不存在过户的问题。

（3）举办者相关权益规定失位。作为重要的权利主体，举办者的权益保护事关分类管理改革顺利推进和民办学校健康发展。各地的法规政策大多考量了旧法与新法过渡期举办者的奖励补偿问题，但对于分类管理后举办者还享有哪些主要权利以及如何主张自身权利等问题没有提及，影响分类管理改革的推进和实效。

（4）一些焦点难点问题仍须破解。一是民办学校产权流转问题。截至 2018 年，除重庆、安徽两地专门对民办学校产权流转制度进行规定外，其他大部分省市没有对该问题作出规定，易导致产权流动不规范，交易风险高。二是出资过户等问题。大部分地区多是对民办教育新法新政的内容复制，缺乏有关出资过户的时间节点、具体程序和法律责任等可操作性的制度规定。三是关联交易、集团办学过程中出现的产权问题鲜有提及。

三、完善民办学校产权退出制度

（一）明确民办学校独立的法人财产权

要加强宣传教育，进一步引导民办学校举办者树立民办学校享有独立法人财产权的理念，该项权利本质上具有法人所有权的性质，即民办学校的法人财产权是以所有权为中心，包括占有权、使用权、处分权、收益权等具体权能的权利。我国《民促法》也明确规定："民办学校存续期间，所有资产由民办学校依法管理和使用，任何组织和个人不得侵犯。"《民促法实施条例》第六条规定"举办民办学校的社会组织或者个人应当有良好的信用状况。举办民办学校可以用货币出资，也可以用实物、建设用地使用权、知识产权等可以用货币估价并可以依法转让的非货币财产作价出资；但是，法律、行政法规规定不得作为出资的财产除外"。这表明，民办学校的法人财产权具有独立性和排他性，一旦举办者或出资人完成了出资，则同时完成了权利的让渡，即由个人对出资的所有权让渡到学校的法人财产权的一部分，未经法定事由和程序，任何组织和个人不得随意处分，民办学校拥有对学校财产全面、独立、排他的占有权和支配权。

而一直以来，民办学校的不少举办者（特别是自然人）存在认为举办民办学校是自己辛辛苦苦奋斗的结果，民办学校就是自己的个人财产的错误认识，在管理中出现了搞"一言堂""家长制"，在财务上将学校财产与举办者个人财产混同，甚至侵占、挪用学校财产或者抽逃资金，破坏学校独立法人财产权等现象，其中财产混同成为典型现象之一。主要表现为：一是收入混同，即将向学生收取的学费、住宿费等费用直接存入举办者或亲属名下，导致学校收入与举办者收入混同；二是日常办学资金混同，即学校账户与举办者或亲属名下的个人账户混用，或通过个人账户对外支付学校应付款项或应付工资，或举办者或亲属与学校的借款往来账户混用等；三是办学积累混同，即学校财务制度不规范，用学校办学积累购买用于举办者或亲属个人适用的财产等。

因此，要进一步落实民办学校法人财产权制度。一是按照新法新政的要求，进一步健全民办学校资产与财务管理制度，按照财产属性，分类建账、分类登记，明确举办者和学校资产归属。二是建立有效的财务监管制度。制定非营利民办学校财务准则，加强办学成本核算，防止学校法人资产流失。重点加强民办学校资金流动与财务活动的监管，引入民办学校风险保证金制度，防化各种债务风险。完善以监事会为核心的民办学校内部监督机制。三是完善民办学校法人章程。明确在学校章程中载明学校的资本构成、产权归属、举办人的出资方式、出资额以及违约处置方式，以保护学校独立法人财产权。

同时，民办学校法人财产权是一种受限制的所有权。该项权利不能像企业或公司法人一样以追求企业或公司利益最大化为目标，其权利的行使和实现效果都应以社会公益为目的，不得违反教育的本质，影响甚至破坏正常教育事业的开展，如我国《民法典》均对民办学校以教育教学的基本设施进行抵押担保等作出了限制。在学校终止清算后，剩余财产仍应当用于社会公益事业等。

（二）认真落实民办学校资产过户工作

针对当前民办学校资产过户总体状况不佳，法人财产权落实情况不理想等情况，建议如下。

一是建议各级教育行政部门会同财政、税务等部门建立联席会议制度和联合执法队伍，采取必要措施，包括简化资产过户程序、减免资产过户相应规费、将法人资产落实情况与政府专项资金扶持和税费减免以及招生指标分配等民办学校利益相关的内容相挂钩，尽快敦促并推动各类民办学校将相关教育资产及时足额过户到学校法人名下。这样才能从根本上杜绝举办者的灰色套利行为，保障民办学校法人财产的完整性和安全性。

二是完善举办者出资等义务责任。一方面，明确举办者按时足额缴纳出资的义务。可借鉴《公司法》有关出资人出资义务、出资责任的系统法律规定，如建立举办者资本充实责任，举办者怠于行使出资过户义务的赔偿责任，出资有瑕疵或违约的举办者对出资没有瑕疵和守约的其他主体的违约责任，以及其违约行为导致学校设立失败而应承担的其他责任等。

另一方面，保证学校资本的充实性和完整性。加大资产过户监管和惩罚力度，保证资产过户；加强对抽逃出资、虚假出资行为的监管和惩处，保证资本的真实性；建立和完善资产流动的程序机制，保证法人财产的合理流动。例如，建立举办者对其原始出资权处分行为的备案制度和核准制度；允许举办者在法律框架下自由处分其原始出资，鼓励其在学校内部转让或处分其原始出资，鼓励和引导其

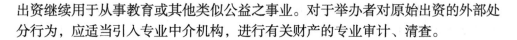

出资继续用于从事教育或其他类似公益之事业。对于举办者对原始出资的外部处分行为，应适当引入专业中介机构，进行有关财产的专业审计、清查。

（三）规范民办学校不当关联交易行为

一直以来，民办学校基于各种功利动机和规避合法性审查，现实当中出现很多不当关联交易，不仅严重干扰民办学校法人财产权落实，有的甚至构成违法犯罪。例如，有的公司控股股东或实际控制人操纵学校和公司管理层"掏空"学校资产，有的举办者所在公司或个人无偿占用（挪用）学校学费的现象，有的利用学校平台面向社会融资后再从事商业投资的情况发生等。因此，应着力从以下方面加强对不当关联交易行为等的规范管理。

第一，进一步梳理实践中营利性和非营性民办学校在办学过程中的不当关联交易行为类型，尽快补齐相关制度短板和漏洞，切实加大内控机制和外部监管，健全违规关联交易风险预警防范和事后法律责任追究等机制，预防违法违规行为发生，依法保障民办学校独立法人财产权。

第二，建立和完善理（董）事的义务和责任制度。国际上多数国家一般通过赋予非营利法人董事注意义务和忠实义务来规范其行为。该规则并不要求非营利董事在发生利益冲突时牺牲个人利益，而是不允许董事所获取的个人利益超过正当的市场利益，或超过市场中的竞争者所能获取的正当利益。具体到民办学校，要建立完善董事或理事相关义务责任。例如，自我交易禁止义务、竞业禁止义务、禁止挪用学校资金或将学校资金借贷给他人，禁止将学校财产以个人名义或他人名义开立账户存储，禁止以学校财产为他人提供担保等。对理（董）事违反法律或学校章程行使职务的行为应承担相应的法律责任。

（四）健全民办学校产权流转制度

产权作为一项财产权益，允许其在一定条件下流动，不仅符合资本逐利本性，也是优化资源配置，实现资源合理流动的基础。民办学校退出必然要面临产权主体的产权流动与退出。按照产权流动的主体不同，民办学校产权流动主要涉及举办者产权流动与民办学校产权流动。当前我国非营利性民办学校产权流动的障碍主要有三方面。一是产权体系残缺，产权流动不完整。一般意义上，一个成熟完整的产权流动体系应该由实物权利、持股权利、债权的流动和重组构成。当前我国民办高校产权交易的主要方式局限于实物权利交易，产权交易客体严格限制在少数有形资产中，股权、债权等无形资产难以归入产权流动客体。二是产权界定不清，交易成本较高。我国民办高校长期存在产权界定不清，举办者与学校产权混同等状况，导致诸多产权交易落空，甚至出现违规违法等现象。此外，交易费用高也始终成为阻滞民办高校产权流动的重要因素，导致一些举办者通过私下交易等方式实现交易，增加了交易风险和不确定性。三是产权流动制度不健全，产权流动不规范。民办学校产权流动涉及产权界定、资产评估、产权市场建立、产权交易监管等环节，同时由于产权整体交易可能还涉及学校师生员工的分流与安置以及财产流转中税收政策的确定与调整等问题，可见民办学校产权流动是一项系统工程。我国《民促法》以及相关配套文件对民办学校产权交易与流动等问题要么语焉不详，要么缺少规定，导致我国民办学校产权流动始终处于科学性弱、规范性差、随意性强等状态中，不仅影响了民办学校资源的合理流动，也不利于建立健康、有序地退出市场。

因此，应进一步健全民办学校产权流转制度。要在明晰举办者与民办学校产权界定的基础上，建立完整的教育产权流动体系，依法规范资产评估程序，建立完善的民办学校产权交易市场，积极完善民办学校产权流动相关法律体系。

第二节　民办学校退出与举办者权益保护

举办者是民办教育事业发展的主体力量,没有广大举办者积极投身教育事业,就没有民办教育事业蓬勃发展的今天。同样地，举办者也是民办教育改革发展的直接利益关联者，离开举办者的广泛认同和积极参与，民办教育改革发展也会遭遇困难和阻力。构建民办学校退出机制要切实加强举办者利益保护。

一、利益相关者理论：举办者权益保护的理论基础

20 世纪 80 年代以来，利益相关者理论对传统股东至上的公司法理念提出挑战并深刻影响着当今各国公司立法。利益相关者理论主张，公司是由各个利益平等的相关利益者组成的，股东只是其中的一员，管理者不仅要为股东利益服务，还应为公司所有相关利益者的利益服务。作为一种有别于企业的特殊法人，民办学校是一个典型的利益相关者组织，而且利益相关者涉及的范围更广，利益诉求更加多元化。

结合美国学者米切尔对利益相关者的划分，笔者认为民办学校的利益相关者主要可划分为以下三个层次。

（1）核心利益相关者。主要包括投资者、教职工、受教育者等，即民办学校的举办者或出资人（主要包括个人、企事业单位、社会团体、银行或其他组织等）是民办学校的首要利益相关者。教职员工特别是广大教师向学校投入了一定人力资本和非人力资本，其人力资本作为一种专用性资产投入学校后对学校的发展和壮大具有举足轻重的作用,他们理应是民办学校的首要利益相关者。受教育者（主要是学生）是民办学校存在和发展的基础，他们是教育服务的消费者以及民办学

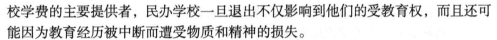

校学费的主要提供者，民办学校一旦退出不仅影响到他们的受教育权，而且还可能因为教育经历被中断而遭受物质和精神的损失。

（2）重要利益相关者。主要包括政府以及银行等债权人。政府是民办学校重要的利益相关者。这是因为政府作为政策制定者、管理者和监督者，影响甚至决定着民办学校发展的方向、性质、规模和运行。此外，作为一种特殊的投资者，政府还通过税收优惠、经费资助和补偿、土地使用等方式对民办学校直接或间接地发挥着重要影响。民办学校承担着政府向社会公众提供教育公共产品的任务，具有一定的社会功能和文化功能。民办学校的退出不仅会冲击我国本就薄弱的民办教育，也会对国家教育政策产生不利影响。因此，政府是民办学校重要的利益相关者。

民办学校基于借贷或者建设工程等契约关系必然与银行、企业等产生一定的债权债务关系，特别是我国民办学校的资本结构一方面依赖于学生收费，另一方面主要依靠银行的贷款。一旦民办学校主动或被动地退出将直接影响已存在的债权债务关系。在这种意义上，债权人是民办学校重要的利益相关者。

（3）间接利益相关者或边缘利益相关者，主要包括民办学校所在社区和社会公众等。民办学校往往对其所在社区提供多方位的益处，如增加就业、促进当地经济发展、提升城镇文明等。同时，民办学校所在社区也会为民办学校提供咨询建议、治安保障、实习平台、锻炼机会等多方面的帮助。从这个意义上讲民办学校所在社区也是民办学校的利益相关者。同理，民办学校的存在和发展也会对当地的社会公众产生多方面的影响，社会公众是民办学校的一个利益相关者。

二、多重利益聚合：举办者的主要权益

举办者有不同的办学动机并由此决定了其具体的办学行为和利益诉求。有学者以人性假设为研究工具，通过实证研究，对举办者的办学动机和主要利益诉求进行了总结，认为举办者基于"经济人"假设[①]（追逐经济利益最大化）、"社会人"假设[②]（参与社会交往和获得社会认同）、"自我实现人"[③]假设（发展自我

---

① "经济人"假设起源于享乐主义哲学和英国经济学家亚当·斯密（Adam Smith）的关于劳动交换的经济理论。亚当·斯密认为：人的本性是懒惰的，必须加以鞭策。人的行为动机源于经济和权力维持员工的效力和服从。人的一切行为都是为了最大限度地满足自己的私利，工作只是为了获得经济报酬。

② "社会人"假设是西方现代管理学关于人性假设的一种。它认为物质利益对于调动人们的生产积极性只有次要意义，而良好的人际关系在这方面起决定性的作用。它是由霍桑实验的主持者梅奥提出的。这种假设强调在工作中与周围的人友好相处，创造和谐的工作环境，对现代管理理论的发展起推动作用，特别是在这种假设基础上出现的"参与管理"的方式，对缓和劳资关系、提高生产效率、形成企业文化产生了重大影响。

③ "自我实现人"（self-actualizing man）是美国管理学家、心理家马斯洛提出的一个概念。自我实现指的是"人都需要发挥自己的潜力，表现自己才能，只有人的潜力充分发挥出来，人的才能充分表现出来，人才会感到最大的满足"。

和实现价值）以及"复杂人"假设①（兼具追求经济回报、实现社会认同和自我实现），其利益诉求主要呈现如表 6-1 所示。

表 6-1 举办者的主要权益——基于人性假设分析

人性假设	利益诉求	办学动机	激励手段
"经济人"	满足物质需要	经济利益最大化	承认人的利己性并保障经济利益
"社会人"	满足社会需要	参与交往和获得社会认同	承认人的主体地位并鼓励参与管理
"自我实现人"	满足精神需要	发展自我和实现价值	构建发挥潜能和实现自我的制度环境
"复杂人"	满足物质需要、社会需要和精神需要	追求经济回报、实现社会认同和自我实现	因人、因事和因时而异，满足多元化的需要

从法律视角考察，民办学校举办者的利益主要集中在财产性和管理性权益两个方面。

（一）举办者财产性权益

（1）财产收益权。投资办学是我国民办教育的基本特征，大多数民办学校的举办者都希望获得合理回报。分类管理改革之前，旧《民促法》通过合理回报制度使得举办者变相都能获得较好的办学收益。分类管理后，除新《民促法》取消了"合理回报"制度，明确"非营利性民办学校的举办者不得取得办学收益"以及强调义务教育阶段不得开展营利性教育外，新法新政还从多个方面对举办者可能直接或间接获得办学收益的途径进行了限制，根本上阻却了举办者的财产收益权。但笔者认为，基于一直以来举办者获取合理回报的路径依赖和经济人的人性使然，部分举办者希望获取财产收益权的利益诉求并不会因为新《民促法》而在内心中真正放弃。这一点也是笔者参加的多次民办教育学术研讨会或座谈会上举办者最关心和争议最大的地方。

（2）剩余财产分配请求权。剩余财产分配请求权是产权的重要内容之一。不同学科剩余财产分配权（也称剩余索取权）有不同的指涉范围，具体到公司法领域，指的是股东分配公司利润和公司剩余资产的权利。我国《公司法》第二

---

① "复杂人"是在 20 世纪 60 年代末 70 年代初提出来的一种人性假说。它认为人既不是单纯的"经济人"，也不是完全的"社会人"，更不是纯粹的"自动实现人"，而应当是因时、因地、因各种情况采取不同反应的"复杂人"。

百三十六条①对剩余财产分配请求权做了详细规定，按照规定股东剩余财产分配请求权只能在"公司解散→清算→偿还公司所有负债和应缴税款→存有剩余财产"的条件下才可能行使（清算期间发现公司资不抵债将由清算程序变更为破产程序）。正常情况下，不管公司剩余财产数量如何，按照股东的"出资比例"或"持股比例"通过清算组的分配满足股东的剩余索取权。

在我国民办教育领域无论是初期"滚动发展型"的民办学校还是后来"投资办学型"的民办学校，举办者都投入了大量的人力资本、社会资本和物质资本，因此，大部分举办者都希望享有学校终止后的剩余财产。2002 年《民促法》第五十九条对民办学校剩余财产分配问题进行了规定，指出民办学校清偿上述债务后的剩余财产，按照有关法律、行政法规的规定处理。尽管"按照有关法律、行政法规的规定处理"的规定语焉不详，难以操作，但也没有明确禁止举办者享有剩余财产分配请求权。《民法典》第九十五条的规定②以及新《民促法》第五十九条的规定③，表明非营利性民办学校的举办者实质上也不再享有对剩余财产的分配请求权。

（3）补偿奖励权。民办学校新法新政最突出的一个变化是赋予了举办者补偿奖励权。在《全国人民代表大会常务委员会关于修改〈中华人民共和国民办教育促进法〉的决定》以及《国务院三十条》（十）健全学校退出机制④中都明确提出了有关补偿奖励的办法，该项规定尽管在新《民促法》中没有体现，但因其关系到分类管理改革能否顺利推进以及是否能解决好民办教育历史问题，因此其重要性不言而喻。甚至有学者认为此次修法如果没有补偿奖励条款的设立或在地方立法中缺乏对"补偿奖励条款"的正确理解与合理体现，民办学校分类管理新政将

---

①《公司法》第二百三十六条第二款、第三款对剩余财产分配请求权作出规定，强调公司财产在分别支付清算费用、职工的工资、社会保险费用和法定补偿金，缴纳所欠税款，清偿公司债务后的剩余财产，有限责任公司按照股东的出资比例分配，股份有限公司按照股东持有的股份比例分配。清算期间，公司存续，但不得开展与清算无关的经营活动。公司财产在未依照前款规定清偿前，不得分配给股东。

②《民法典》第九十五条规定："为公益目的成立的非营利法人终止时，不得向出资人、设立人或者会员分配剩余财产。剩余财产应当按照法人章程的规定或者权力机构的决议用于公益目的；无法按照法人章程的规定或者权力机构的决议处理的，由主管机关主持转给宗旨相同或者相近的法人，并向社会公告。"

③《民促法》第五十九条明确规定："非营利性民办学校清偿上述债务后的剩余财产继续用于非营利性学校办学。"

④《国务院三十条》即《国务院关于鼓励社会力量兴办教育促进民办教育健康发展的若干意见》（十）健全学校退出机制。捐资举办的民办学校终止时，清偿后剩余财产统筹用于教育等社会事业。2016 年 11 月 7 日《全国人民代表大会常务委员会关于修改〈中华人民共和国民办教育促进法〉的决定》公布前设立的民办学校，选择登记为非营利性民办学校的，终止时，民办学校的财产依法清偿后有剩余的，按照国家有关规定给予出资者相应的补偿或者奖励，其余财产继续用于其他非营利性学校办学；选择登记为营利性民办学校的，应当进行财务清算，依法明确财产权属，终止时，民办学校的财产依法清偿后有剩余的，依照《中华人民共和国公司法》有关规定处理。具体办法由省、自治区、直辖市制定。2016 年 11 月 7 日后设立的民办学校终止时，财产处置按照有关规定和学校章程处理。各地要结合实际，健全民办学校退出机制，依法保护受教育者的合法权益。

面临巨大的政策风险。实践中关于补偿与奖励的标准，各地作出了一些制度性的创新，但对补偿奖励获取的条件、标准、资金来源和终止的日期在认定上存在分歧，导致在补偿奖励问题上没有获得实质性进展和创新。因此，在当前新法新政对非营利民办学校举办者财产收益权和剩余财产分配请求权取消的情况下，如何妥善解决好举办者的补偿奖励权是分类管理制度的关键，也是考量各地政府管理决策能力的重要标准。

（二）举办者管理性权益

（1）举办者在学校决策机构中的成员权。社员权又称成员权，是指社团法人的构成人员即社员对社团法人所享有的一种独特的民事权利。无论是营利性社团法人，还是公益性社团法人，作为社员均享有社员权。举办者开办民办学校，不论是出于公益目的还是营利目的，都有权参加学校的决策机构，并且享有相应的表决权，以便在学校决策中体现自己的办学思想。除少数捐资办学者外，绝大多数举办者都不会将自己的财产向民办学校一投了之，他总是希望学校财产使用情况和学校运行状况符合自己的愿望和要求。这既是举办者权利的应有之义，也是实现其办学思想的客观需求。因此，举办者享有在决策机构中的成员权，是举办者固有的一项权利，是基于身份而享有的自然权利。

然而在现实生活中，很多民办学校校长和教职工代表尽管是决策机构成员，但这些人员的去留往往由举办者决定，他们为保全职务很难形成自己独立的意志，希冀通过校长和教职工代表的参与来平衡举办者利益与教育公益目标之间关系的目的难以完全实现。因此，应明确举办者参加决策机构的权利以及权利行使边界，并通过建立和完善学校治理结构，对决策机构加以引导和监督。

（2）举办者表决权。按照商法之规定，股东表决权（又称股东决议权），是指股东基于其股东地位而享有的，就股东大会的议案作出一定意思表示的权利。股东的表决权从法律性质上来讲是一种典型的固有权、共益权、单独股东权，同时，表决权又是一种特殊的民事权利。当表决权为公司所侵害时，股东应以此为由提出股东大会决议撤销之诉，并得以直接向参与此种侵权行为的董事请求损害赔偿；当表决权为第三人所侵害时，股东应以侵权法的一般原则，向侵权人请求停止侵害、排除妨碍和损害赔偿。

表决权对于举办者的作用和意义主要体现为：其一，参与制订学校的发展规划、计划和其他重大事项，努力实现自己的意志和要求；其二，参与学校管理机构的选举，通过影响学校的人事安排和组织结构，使符合要求的人员进入学校管理机构和教职工队伍。在一个治理结构科学的民办学校中，出资人只能通过决策机构来体现其办学思想，而不能越过决策机构直接干预学校的日常管理和教学。因此，无论是出于公益目的还是营利目的出资办学，举办者都只能通过在决策机

构中行使表决权，来实现其办学思想，维护其各项权利。

三、学校退出与举办者权益保护的实现路径

在举办者上述权利中，因民办学校退出而导致的权益保护问题主要涉及举办者的补偿奖励权和控制权，因此在这里重点予以分析。

（一）赋予举办者补偿奖励权

（1）各地应进一步细化补偿奖励办法。关于举办者补偿奖励问题应重点考察补偿奖励的额度、资金来源、计算的时间节点等因素。建议在新的《民促法实施条例》并没有作出具体的规定的这些方面，进行进一步细化。要充分尊重举办者的历史贡献以及我国民办学校的特殊性，特别对新政实施前的举办者，其补偿奖励要给予必要的政策倾斜，以减少分类管理的改革阻力。

一些地方对举办者的补偿奖励采取了一些创新做法，如江苏省的补偿做法具有一定的典型性。江苏省规定给予出资者相应补偿，补偿数额为出资额（即学校在登记管理机关登记的开办资金数额）及其增值，增值按照清算当年中国人民银行五年期存款基准利率计算；同时，综合考虑出资者取得合理回报的情况、办学成本、办学效益、社会声誉等因素，可采取一次结算、分期奖励的形式，从民办教育专项资金和民办学校剩余净资产中给予出资者一定奖励，奖励数额不高于民办学校补偿后剩余净资产的20%，其余财产继续用于其他非营利性学校办学。重庆市则规定，补偿额最高不超过2017年8月31日前举办者的累计投入；若补偿后仍有结余净资产，可以在该结余净资产额度内按照结余净资产种类、不同的时间段和终止的情形等情况综合考虑实施奖励，实行"一地（校）一策"。实施补偿或奖励后的剩余财产继续用于其他非营利性民办学校办学。广东省综合考虑出资者2017年8月31日前的出资、取得合理回报情况以及办学效益、继续办学时间长短等因素，按"一校一策"原则对出资者进行补偿或奖励，其余财产继续用于其他非营利性学校办学，具体补偿或奖励办法由各级教育、人力资源社会保障部门按照审批权限另行制定。浙江省专门出台了《浙江省民办学校财务清算办法》，对清算形式、清算原因、清算程序、清算组职责等进行了详细的规定，进一步完善民办学校终止退出管理机制。

（2）尽快明确补偿奖励的时间节点。民办教育新法新政对选择登记为非营利性民办学校的举办者，其补偿或奖励的时间节点规定为"终止时"。如何理解"终止时"是关系到补偿或奖励的具体测算和最终额度的关键问题，学界一般认为有两种理解。一是将学校停止办学看作终止时间，如果按照这种理解将可能引发以下问题：因为停止办学是一种状态，并非意味着学校法人资格灭失，且停办分为

主动停办和被动停办两种情形。如果是主动停办，则可能存在补偿奖励问题；如果是举办者本人违法犯罪等原因导致学校停办，其可享有补偿但是否还有权享有奖励，是否违背了奖励本身的价值和意义？另外，如果按照学校终止时间来计算，可能还面临着 2017 年 8 月 31 日以后的出资是否应纳入补偿或奖励的计算范围的问题，这不仅与新《民促法》补偿奖励设计的条款初衷相违背，也与现在一些地方政府设定的补偿或奖励的计算时间节点不一致，此外，如果以终止办学为前提，也难以满足部分举办者急于兑现自己出资的需要。二是以 2018 年 12 月新的《民促法》实施日作为学校终止日，即以新法的颁布实施作为终止的起点，这个时间节点也标志着民办学校从一种办学状态向另一种办学状态的转变，实践中一些地方政府也按照此来计算举办者的补偿与奖励办法，但问题是 2018 年 12 月后到学校实质终止办学的这一段时间，新法规定的给予举办者补偿奖励的相关规定是否还适用，是否需要计算利息，需不需要考虑通货膨胀等因素。如果这一段时间举办者的投入不被计入补偿奖励范围，可能带来的结果是举办者丧失了继续向学校投入物力、人力等方面的努力，势必影响民办学校的可持续发展。

（二）尊重举办者的管理权

《民促法》第二十条规定："民办学校应当设立学校理事会、董事会或者其他形式的决策机构并建立相应的监督机制。民办学校的举办者根据学校章程规定的权限和程序参与学校的办学和管理。"这一规定为举办者参与学校办学和管理提供了法律依据，但也明确了学校章程对举办者管理权的前置和限制功能，即要求民办学校的章程内容中应该对举办者参与学校办学和管理的方式、手段和权限加以明确。这也是针对我国很多民办学校存在家族化管理现象，举办者通过控制董事会，进一步滥用控制权侵犯学校利益等问题而制定的内容。一方面，要进一步明确维护董事会的权威性，依法保证董事会的最高决策机构地位，监督机构行使监督职能不能影响董事会的独立决策。另一方面，鉴于目前大多数民办学校的举办者担任学校董事长，所以在学校章程中可以对董事长的年龄、任期、退出机制以及接班者的选任等作出新的规定。

另外，允许举办者改变其捐助目的并改办为其他社会公益事业。同时规定转型后的董事会人员还可以继续保留；对于故意或重大过失导致学校陷入严重经营困境甚至终止的举办者，则不得再享有学校的决策权与管理权，但可以允许其在原学校的出资或股份继续保留在新学校。对于并购重组等"发展型"退出，如涉及其中一所或几所学校终止，经举办者申请、新成立学校的董事会（理事会）过半数同意就可以决定举办者继续留任并参与学校的决策与管理，或允许其在原学校的出资或股份继续保留在新学校。同时也应进一步优化民办学校董事会治理结

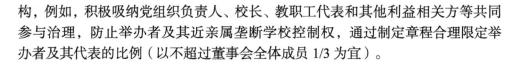

构，例如，积极吸纳党组织负责人、校长、教职工代表和其他利益相关方等共同参与治理，防止举办者及其近亲属垄断学校控制权，通过制定章程合理限定举办者及其代表的比例（以不超过董事会全体成员 1/3 为宜）。

（三）合理解决剩余财产处置问题

按照学校出资方式和转设类型不同，各地对民办学校退出后剩余财产处置问题作出了相应的规定，主要规定如下。

（1）关于捐资举办民办学校的终止。大多数省市规定清偿后剩余财产统筹用于教育等社会事业，明确了该项财产主要用于但不限于教育等社会事业，有利于延续捐资办学的公益性质，但对于谁来统筹以及如何统筹并没有作出明确规定。宁夏《自治区人民政府关于鼓励社会力量兴办教育促进民办教育健康发展的实施意见》在此基础上增加了"属协议方式捐赠的民办学校，需征求捐赠人意见后实施"的条款，充分考虑了捐赠协议中捐赠人的意见，但征求了意见以后，倘若捐赠人不同意，能否因为不能达到捐赠目的而行使撤销权成为值得研究的问题。重庆则进一步对捐资举办的民办学校清偿后的剩余财产的使用用途做了进一步限定，《重庆市人民政府关于进一步促进民办教育健康发展的实施意见》强调只能"统筹用于其他非营利性民办学校办学"。

（2）关于新设学校的终止。对于新设的民办学校（2016 年 11 月 7 日以后设立的），各地均规定财产处置按照有关规定和学校章程处理。这体现了财产处置强调政府规定与学校自主规定相结合的立法倾向，但同时也对究竟适用哪些规定，如何处理相关规定与学校章程可能的内容冲突等提出了进一步的思考。

（3）关于转设学校的终止。主要针对现有存量学校在选择登记为营利性民办学校和非营利性民办学校后，一旦终止剩余财产的处置问题。一是对于选择登记为营利性民办学校，除海南省、湖北省外，22 个省（自治区、直辖市）对于民办学校的财产清偿与剩余财产分配均规定要依照《公司法》有关规定处理。《浙江省民办学校财务清算办法》第二十六条规定，营利性民办学校按照本办法第二十四条规定程序清偿后剩余的财产依照《中华人民共和国公司法》和学校章程进行分配。海南省尽管没有对转设为营利性民办学校的终止问题作出规定，但为保障转设的平稳过渡，在税收减免、规划建设相关费用减免、土地使用权出让金补缴等方面提出了一系列独创性的举措。二是对于选择登记为非营利性的民办学校，在终止时，各省市均作出了剩余财产中可以给予出资人一定补偿或奖励，其余财产要继续用于其他非营利性学校办学的规定。例如，浙江省进一步明确对于财政拨款、社会捐赠形成的净资产和补偿奖励后的剩余资产属于社会公共资产，探索通过学校所在地民办教育公益基金会托管等方式进行管理。

2020 年 5 月，教育部办公厅印发《关于加快推进独立学院转设工作的实施方案》的通知，要求按照"能转尽转、能转快转，统筹兼顾、协调推进，分类指导、因校施策"的工作思路，2020 年末，所有独立学院全部制定转设工作方案，同时推动一批独立学院实现转设。转设路径采取转为民办、转为公办、终止办学三种形式。截至 2021 年 11 月，全国独立学院还有 164 所未完成转设，分布在 28 个省份，河南与黑龙江两省已经彻底完成独立学院转设。

第三节 民办学校退出与学生受教育权保护

一、问题的提出

近年来，民办学校倒闭导致学生学业中断或无学可上的事件[①]频繁被媒体曝出，有的甚至引发了严重的群体性事件，不仅对民办教育造成了很大的负面影响，也对社会稳定产生了消极影响。当前学界关于民办学校退出过程中学生受教育权的研究整体较为薄弱，主要聚焦于两个方面：一是针对《民促法》以及相关立法，对学生安置相关法律条款和规范的研究；二是主要针对私立学校或民办学校本身，对退出时如何保障学生利益的研究。但从国家义务配置的视角，对民办学校退出时受教育权保护问题的相关研究付诸阙如。

民办学校退出学生安置问题主要体现在《民促法》第五十七条的规定，民办学校终止时，应当妥善安置在校学生。实施义务教育的民办教育终止时，审批机关应当协助学校安排学生继续就学。按照规定，似乎民办学校是承担学生安置义务的主体，而代表国家意志的审批机关仅仅对义务教育阶段的学生承担协助义务。笔者认为，学校与学生是紧密的利益共同体，受教育权是民办学校退出机制的核心问题，民办学校发挥受教育权保护的主体作用毋庸置疑。同样地，受教育权是人权的重要组成部分，也是我国宪法的一项基本权利，特别是我国民办学校具有典型的政府主导下的强制性制度变迁的特点，民办教育的成长发展与政府相关政策密切相关，甚至可用唇亡齿寒来形容。因此，从国家义务视角审视当前民办学校退出受教育权保护存在的主要问题、寻求解决之策具有重要的理论和实践价值。

---

① 2019 年 4 月，东莞市南城尚城学校倒闭，2200 多名学生面临学业中断和转学等问题（东莞阳光网在 2019 年 4 月 29 日发布的《官方通报！南城依法处置尚城学校违规办学行为》）；2016 年仅仅办了一年的武汉大学深圳（杰仁）外国语学校忽然宣布停办，家长临近期末才被告知，对孩子的去留不知所措（今日头条在 2021 年 1 月 30 日发布的《深圳一国际学校"倒闭"，招生 1 年就停办，家长：孩子们咋办？》）；2011 年山东烟台建文学院由于经营不善面临倒闭，千余学生面临"被退学"处境，引发社会广泛关注（山东商报在 2011 年 3 月 26 日发布的《烟台建文学院成我省首个倒闭的民办院校》）。面对民办学校的倒闭或退出，如何切实保护学生受教育权不受侵害不仅是广大学生及家长最为关切的问题之一，也是保障民办学校有序退出和社会安全稳定的重要基础。

二、受教育权国家义务配置的法理分析

（一）受教育权是人权的一项重要内容

由于教育在提升一国国民素质、培养人才、传播文明、增加国家整体竞争力等方面具有独特而重要的作用，教育权与受教育权历来被国际社会和各个国家地区高度重视。作为一项基本人权，受教育权不仅在《世界人权宣言》《经济、社会及文化权利国际公约》等规范性国际文件得以规定①，而且作为一项基本权利在绝大多数国家的宪法中都给予了明确规定。1954 年《中华人民共和国宪法》第九十四条首次对受教育权作出规定，使其成为公民一项基本权利。此后历次宪法都对受教育权作了明确规定。2018 年《中华人民共和国宪法》第四十六条不仅规定了公民受教育权，也从人才培养目标的角度对国家义务作出规定。不同于一般权利，基本权利是一国宪法所规定的公民的根本权利，具有广泛性、平等性和不受侵犯性等鲜明特点，而国家义务作为与公民基本权利相对应的宪法基本范畴，是基本权利的根本保障。易言之，公民基本权利的实现不仅需要国家在最高立法层面的宣示，更依赖于国家义务具体化为有效形式，以期为基本权利的实现创造尽可能有利的环境和条件。按照德国宪法学有关理论，受教育权所对应的国家义务主要呈现三种样态：对应受教育权防御权功能的国家消极义务（不予以侵犯的义务）；对应受教育权受益权功能的国家给付义务（请求国家积极作为的给付义务）以及对应受教育权客观价值秩序功能所衍生的国家保护义务（竭尽全力促进基本权利实现的义务）。而在具体运用方面，该国家义务突出表现为通过立法机关、行政机关和司法机关等国家职能的设定和履行等方式来实现，如在立法领域，目前我国已初步形成了以宪法为基础，以教育法和其他教育法为核心，以教育法规和各类教育规章为主体的多层次的教育法律体系，以保障公民的受教育权。

受教育权的人权意义不仅体现在其被越来越广泛地规定于国际条约和各国宪法法律之中，成为公民的一项基本权利，也体现在学界对受教育权本质认识的不断深化和持续争论中。按照民法"利益说"的观点，权利的本质是法律所承认和保护的利益。那么受教育权究竟为何种权利，受教育者据此可获得什么利益，对其自身有何意义？学者见仁见智、莫衷一是。我国学者从人权的角度，结合受教

---

① 《世界人权宣言》第二十六条规定："人人都有受教育的权利，教育应当免费，至少在初级和基本阶段应如此。初级教育应属义务性质。技术和职业教育应普遍设立。高等教育应根据成绩而对一切人平等放开。"我国于 1997 年签署了《经济、社会及文化权利国际公约》，其中第十三条第二款明确规定："（甲）初等教育应属义务性质并一律免费；（乙）各种形式的中等教育，包括中等技术和职业教育，应以一切适当方法，普遍设立，并对一切人开放，特别要逐渐做到免费；（丙）高等教育应根据成绩，以一切适当方法，对一切人平等开放，特别要逐渐做到免费。"《世界人权宣言》的上述规定是国际人权法首次明确规定了国家促进和保护受教育权的具体义务，而《经济、社会及文化权利国际公约》是对《世界人权宣言》所做的细致化的阐述。

育权本质学说的演变进程，将受教育权本质的争论观点划分为四种学说：公民权说、生存权说或社会权说、学习权说、发展权说。其中公民权说认为受教育权是一种政治权利，其实质是享有主权的国民为扩充其参政的能力而要求国家从经济角度提供必要的文化教育条件的权利。生存权说或社会权说认为受教育权是一种经济受益权利，实质是为了获得更好的生存能力而要求国家从经济角度提供必要的文化教育条件和均等的受教育机会的权利。学习权说认为受教育权是一种要求完善和发展人格的权利，其实质是个人与生俱有的，要求获得充分的发展和成长的权利。发展权说认为从全面的最终意义来看，受教育权实质上是受教育者身心全面和谐发展的权利。

尽管这四种学说对受教育权本质的认识都失之偏颇，但无疑呈现出两个鲜明特点。一是受教育权内容具有丰富性。受教育权不仅包括政治权利、经济权利还包括对受教育者主体发展和人格完善等权利。受教育权在本质上是一项复合权利，是受教育者的一项"公民权""生存权或社会权""发展权""学习权"。二是国家义务主体具有主导性。国家不仅应承担为受教育者主动提供有助于其受教育权实现的学习条件与机会，消除妨碍其受教育权实现的不利环境和条件等积极义务，也要承担不得损及受教育者正当学习权和学习效果的消极义务。这也表明受教育权不仅是主权国家必须履行的法定义务，也是联合国各成员国和国际人权公约缔约国义不容辞的国际责任。

（二）对国家义务的认识不能脱离受教育权具体的法律关系

法律关系是以权利义务为主要内容的社会关系。在任何法律关系中，一方主体权利的实现，意味着对方主体必然要承担相应的法律义务，反之亦然。民办学校受教育权涉及多重法律关系，主要有政府（教育或工商行政管理部门等）与民办学校之间形成的管理关系以及学校与学生之间形成的特殊教育行政关系。

（1）对于政府与学校之间的法律关系，由于我国民办教育的形成发展与政府相关法律法规和政策息息相关，因此，尽管该法律关系不直接涉及学生但对学生利益往往影响重大。因此，在探讨民办学校退出对受教育权影响以及保护等问题时，不能脱离对国家义务的配置思考，这种义务可能体现为政府对民办学校的辅导、指导与救济等多重义务中。

（2）关于民办学校与学生之间的法律关系，主要有一般行政法律关系说、特别权力关系说及改良说、教育契约关系说、监护代理关系说，民事与行政关系兼有说等。在受教育权纠纷处理实务中，大多采用一般行政法律关系说和教育契约关系说。我国民办学校具有典型的投资办学特征，其提供的教育产品兼具公共产品和私人产品属性，具备公益性和市场性双重特征。因此，简单用一种学说来解释民办学校与学生之间的法律关系似乎都难圆其说。比如，不论是"特别权力关系说"还是改良后的"重要性理论",其前提都是以大陆法系国家公务法人或公法人理论作为逻辑基础的,而我国民办学校主要是以私法理论为基础,兼具公法和私法属性的综合体。按照公法人和私法人的判断标准,我国的民办学校虽在设立阶段主要是一种公权行为的介入,然而一旦学校成立,其与学生权利义务关系的建立主要依据的是合同行为或捐助行为。因此,把民办学校之间的法律关系仅仅局限于一种特别权力关系来解释本身缺乏说服力。

因此,很多学者反对用单一的民事或行政法律关系来处理受教育权纠纷,也不主张从整体上确定民办学校与学生之间的基础法律关系,而是强调按照办学性质、教育阶段和具体行为等不同情形来确定受教育权法律关系,即"学校在活动时,根据条件和性质的不同,可以具有两种主体资格。当其参与行政法律关系,取得行政上的权利和承担行政上的义务时,它就是行政法律关系主体;当其参与民事法律关系,取得民事权利和承担民事义务时,它就是民事法律关系的主体"。学者也普遍认为,对于义务教育阶段,不论公办教育抑或私立教育,受教育权体现的是一种行政法律关系;对于非义务教育阶段则视具体行为而定。其中有关招生录取、资格审查、学籍管理、退学以及开除学籍等纪律处分、颁发毕业证、学位证等,可视为一种授权性行政行为,此时学校与学生之间构成一种行政法律关系。而民办学校为学生提供的后勤、餐饮、邮寄、保管等业务,以及营利性民办学校(主要是各种民办非学历教育性质的培训机构)开展的培训、补习等教育可视为一种教育服务合同关系,通常按照民事法律关系来处理。

民办学校一旦倒闭或退出,很可能导致学生无法继续学业或终止学业,对于民办高校可能还面临学生无法通过正常努力获得毕业证和学位证等风险,这对受教育者影响重大。行政法信赖保护原则,也称保护合法信赖原则或者尊重合法信赖原则,指行政主体应当确保管理活动的明确性、稳定性和连贯性,以树立和保护行政相对人对行政主体及其管理活动真诚信赖的原则。作为国家法律法规明确的授权性行政行为,获得学业、学位权不仅体现在《教育法》《高等教育法》《中华人民共和国学位法》《中华人民共和国学位条例暂行实施办法》等法律法规中,而且在处理有关学历学位证书的司法案例中也坚持了授权性行政行为的做法。因此,若民办学校退出办学,致使学生无法获得学业证书或学位证书,这一情形显然违背了行政法中的信赖保护原则。此外,教育具有投入高、周期长、时间连续和相对稳定等特点,学业一旦中断或终止,学生或家长都需要花费大量的时间精力去调整和适应,其间所花费的成本(包括重新寻找合适的学校、租房、交通等显性成本以及信息搜索、环境适应与心理调适等隐性成本)也难以估量。因此,无论是民办学校抑或相关政府部门都应积极担负起保障学生受教育权实现的义务,竭力排除妨碍受教育权实现的各种不利条件。

三、民办学校退出受教育权保护的制度省思

大多数民办学校从"出生"到"死亡"，都是一个渐进的发展过程，这一结果的产生既有来自民办学校自身的问题，也有法律法规制度滞后、政府辅导与救助不力等国家义务配置缺失的问题，而这也是影响和制约受教育权获得切实有效保障的关键原因。

目前民办学校退出相关法律法规主要体现在《民促法》第八章"变更与终止"、《国务院三十条》第十条"健全学校退出机制"以及《营利性民办学校监管实施细则》第七章"变更与终止"等规定中，实践中也参照适用《企业破产法》《公司法》《民事诉讼法》等相关规定。与原有立法相比，现有立法主要有以下缺陷。

（1）新法新政有关学生安置问题没有明显的修改和突破。与原有《民促法》相比，新《民促法》仅在第五十九条基础上增加了一款有关非营利性民办学校和营利性民办学校清偿财务后剩余财产处置的规定。从各省（自治区、直辖市）出台的相关政策来看，针对学生安置问题也有一些亮点，如浙江、天津、陕西、内蒙古、宁夏、江西、云南、四川等省（自治区、直辖市）明确提出要制定详细的"师生安置方案"。陕西规定，民办学校退出时，应事先公告，经批准后有序退出，依法保护受教育者和教职工的合法权益。湖北强调要完善申请退出和责令强制退出机制，依法保护学生合法权益。宁夏强调应当在优先保障师生权益的前提下，依法依规进行财务清算。《浙江省民办学校财务清算办法》中明确民办学校财务清算应在学生和教职工权益优先、全面保障的基础上开展各类清算工作。民办学校清算时应编制教职工和学生安置方案，清算组负责拟订教职工和学生安置方案，必要时向审批机关提出将学生安置到其他学校的申请的职责。但整体上各地对受教育权保护问题没有作出大的实质性修改，更多是对《民促法》相关法条的简单复制和语义重复，整体立法品质不高。

此外，学生安置相关规定较为粗糙，难以操作。按照《民促法》第五十七条规定，民办学校终止时，应当妥善安置在校学生。实施义务教育的民办学校终止时，审批机关应当协助学校安排学生继续就学。《民促法实施条例》第六十二条[①]和第六十三条[②]分别就民办学校的举办者及其实际控制人，以及民办学校侵犯受教育者合法权益的法律责任做了规定，也证明民办学校对学生安置问题负有法定义务，而相关国家机关的义务则被排除在外。此外，尽管《民促法》规定了义务教育阶段审批机构具有协助安置学生的义务，但何为"协助"，在多大程

---

① 《民促法实施条例》第六十二条规定，民办学校举办者及其实际控制人存在"（八）有其他危害学校稳定和安全、侵犯学校法人权利或者损害教职工、受教育者权益的行为的"需要承担相应的法律责任。

② 《民促法实施条例》第六十三条规定，民办学校存在"（六）侵犯受教育者的合法权益，产生恶劣社会影响的"需要承担相应的法律责任。

度上协助，不协助或怠于协助有无法律责任等都语焉不详，这使得缺乏法律责任约束的"协助"义务在现有审批机关人力财力资源相对紧张的情况下很可能沦为仅凭其道德良心和角色自觉维系的道德义务，很难保证民办学校退出时受教育权得到保障。

（2）政府辅导与救助功能缺位。作为一国公民的基本人权，国家是受教育权重要的保障主体和义务主体。对陷入困境的民办学校，除自身开展积极的自力救济外，政府必要的辅导与救助也非常必要，因为如果通过辅导救助使其不退出、少退出或有序退出都能对受教育权起到极大的保护作用。在这方面日本政府的相关经验值得借鉴。面对陷入困境的私立大学，日本政府积极扮演有效政府的角色，通过提供多元化辅助措施，帮助其转型发展和应对危机。一是设定经营判断指标对私立学校进行先期预警。根据这一指标，学校教育和研究活动的现金流没有出现赤字、负债在 10 年内有能力清偿且收支状况差额不大的私立学校，为经营正常；教育和研究活动的现金流连续两年出现赤字且负债过高致 10 年内无清偿可能的，通过积极改革学校经营管理仍有改善可能的私立学校，为经营困难学校。这表明不能一味地强调私学事业团作为信用风险管理的债权人有权对经营改善进行指导建议。因为如果从私学事业团债权人身份出发的话，经营改善计划是在私学事业团的指导下制定出来的，这不仅会导致对其身份的公平性产生存疑，而且对民事再生程序和破产程序也会产生影响。二是是否对经营困难的学校法人发放补助金，关键取决于学校法人的经营改善能否得到私学事业团的认可。补助金是学校经营的支柱，如果私学事业团债权人的身份被过度强调的话，很有可能出现学校优待某些特定的债权人，以不公正的手段使其经营计划得以通过的现象。如果这种现象被认可了的话，那么选择与私学事业团进行认真交涉的其他候选赞助方就会越来越少，最终导致有意向帮助、推进学校法人再建的赞助方流失。最终损害的是失去就学机会的学生的利益，这将产生本末倒置的结果。

《定量的经营判断指标下的破产预防计划》中提出了新的建议，其基本方针是"不应轻易地放弃经营困难的学校法人，即使经营困难，也有复兴的可能"。对于愿意进行重组的学校法人，就应对其再生进行积极的支持和援助。另外，在学校法人不可能再生的情况下，若要将社会影响降到最低，就必须推进停止招生等处理对策的顺利实施。在学校无法及时停止招生，即学生在校期间学校就已破产的情况下，必须采取对策以保证学生的就学机会。这一论述自然是毋庸置疑的。但是，在经营困难状态或难以自主再生状态下，学校法人的应对办法需要进一步深化并扩大其可选项。尤其是对企业重建的基本程序——民事再生法的应用的探讨尚不充分。因此在最终报告书中屡次强调的"尽早停止招生"，难免给人以一种"尽早了断"的印象。

相对于日本，我国民办教育相关法律法规和制度性文件对民办学校的辅导与救助功能严重缺乏。一是缺乏民办学校退出风险预警机制,导致对民办学校的经营状况难以作出有效的甄别和判断,也无法开展有针对性的辅导和救助;二是尽管强调公办学校与民办学校在法律地位上的平等,但实质上更多体现的是形式上的平等,实践中很多措施难以落实或落实不到位。针对陷入困境的民办学校的专门辅导与救助也几乎为空白,导致民办学校的退出存在较为严重的失序状态,一些民办学校更愿意选择方式更为简单、交易成本更低的"自灭式"方式退出。

(3)权利救济途径相对狭窄。按照"有权利必有救济"的法学理念,受教育权的充分实现也离不开健全的司法救济保障。实践中由于受教育权司法救济的路径较为有限,对受教育权的保障也存在不足。首先,受教育权直接通过合宪性审查和宪法诉讼的方式予以保障短期内难以突破。由于关于审判实践中是否援引宪法目前在学界和实务界仍存在很大争议,地方法院实际援引宪法的案例稀少,态度谨慎。同时,由于我国缺乏宪法解释机制,加上受教育权本身内涵难以界定,其核心价值难以涵射到具体法律规范当中。

其次,民办学校受教育权申诉渠道不畅。《民促法》第四十三条规定:"民办学校侵犯受教育者的合法权益,受教育者及其亲属有权向教育行政部门和其他有关部门申诉,有关部门应当及时予以处理。"但是实践运行可能由于以下原因变得更加困难。按照 2016 年新修订的《普通高等学校学生管理规定》第五十九条规定,学校应当成立学生申诉处理委员会,负责受理学生对处理或者处分决定不服提起的申诉。然而《民促法》只笼统地规定了教育行政部门和其他有关部门,并没有明确具体的申诉处理机构。此外,对申诉人员构成、申诉时效和处理期限以及不履行或怠于履行申诉职责所应担负的法律责任均没有明确规定。在当前教育行政部门和其他部门大多面临人手严重紧张、任务繁重等情况下,针对民办学校退出受教育权纠纷等专业性、复杂性较高的问题,恐怕很难通过申诉的途径获得救济和保障。实践中由于民办学校退出而提起受教育权保护的诉讼凤毛麟角,以相关教育行政部门和有关部门为被告提起诉讼的案件更是罕见。

四、完善学校退出受教育权保护的思维进路

受教育权保护问题是贯穿民办学校整个发展阶段,涵盖教育、法律、社会保障等一系列制度机制的系统性问题,因此,从国家义务配置的角度看待民办学校退出受教育权保护问题,不仅应聚焦受教育权保护法律法规制度等具体问题,也应主动置于退出机制整体框架下,从宏观视域对该问题进行设计。

(一)坚持微宏观相结合,完善相关法律法规

(1)修改完善现有法律条款。一方面,将《民促法》第五十七条"实施义务

教育的民办学校"改为"从事学历教育的民办学校",明确其终止时,审批机关应当积极指导和协助学校安排学生继续就学。这样就将代表国家的审批机关的协助安排对象由义务教育阶段的学校扩展至所有从事学历教育的民办学校。这是因为,实践中一些民办专科、本科学校一旦退出,涉及原有学业的承续和学生最终学历、学位证书获取等问题,不同于义务教育的学校,这些学校往往由于地域、专业、课程等因素限制,在所在区域很难找到与原学校相类似的转学学校,完全寄希望于已陷入终止境遇的民办学校来解决显然不太实际,往往需要借助教育行政等部门进行跨区域、跨行业的沟通协调。同时可借鉴《独立学院设置与管理办法》有关学校终止后学生安置的规定,按照《独立学院设置与管理办法》第五十二条规定,独立学院终止时仍未毕业的在校学生由参与举办的普通高等学校托管。对学习期满且成绩合格的学生,发给独立学院的毕业证书;符合学位授予条件的,授予独立学院的学士学位证书。此时可以采用类推适用原则,对具有挂靠单位的民办学校,一旦终止可由所挂靠单位承担学生安置责任。

另一方面,为防止审批机关消极不作为,可以在《民促法》第六十三条或在《民促法实施条例》中增加"审批机关不履行或怠于履行法定职责,造成严重后果的"相应法律责任,以督促审批机关认真对待学生分流安置等问题。

(2)允许有条件地适用重整制度。重整,是指对可能或已经发生破产原因但又有挽救希望与挽救价值的法人型企业,通过对各方利害关系人的利益协调,强制性进行营业重组与债务清理,以使企业避免破产、获得重生的法律制度。对于民办学校是否也可以适用企业法人的破产重整制度?学界有"赞成说"和"否定说"。在域外,重整或再生制度已成为美国、日本私立教育法的一项重要法律制度,在实践中发挥了积极作用。从长远来看,破产重整制度为经营困难的民办学校提供了一个摆脱困境、重获新生的机会,为防止直接进入破产清算阶段从而引发各类社会风险起到了减震器和缓冲带作用,其价值和意义值得提倡。笔者认为民办学校可有条件地适用重整制度,但重整的对象应该是那些规模大、社会影响广泛且具有一定重整再生能力的民办学校。

(3)制定专门的民办学校变更退出实施细则。以营利性和非营利性民办学校为基本框架,制定两类学校变更退出的具体实施细则。细则内容主要涵盖两类学校的退出标准、退出程序、退出条件、清算问题、相关法律责任等,可将学生安置问题单列一章,明确受教育权侵害的主要类型、救济途径以及学校和有权机关的法定义务责任,如何适用重整再生、辅导救助等制度。其中师生权益保护问题既可以单列一章也可分散到清算制度、辅导救助、罚则等相关章节。对于非营利性民办学校要坚持以民办学校为主体,政府积极履行辅导救助义务的受教育权保障思路,建立事前预警机制(将学生招生数量变化作为重要考察指标)、明确政府辅导救助义务、引入重整再生制度、完善退出程序(如学生权益保护优先、学生安置方案合理性合法性审查前置）等在内的受教育权保护机制。除保障学生的学费返还请求权以及必要的损害赔偿请求权外，受教育权更要侧重对学生学业继续权的维护。对于营利性民办学校则应坚持市场退出为主导，加强政府监管的总体思路。民办学校退出时，应事先公告，经批准后有序退出。完善信息披露制度，对办学状况持续恶化有退出之虞的学校，可引入责令强制退出机制，依法保护学生合法权益。要加强对"自灭式"退出的监管和处罚力度，避免营利性学校因随意退出对学生权益的侵害。

此外，针对民办学校一般采取先缴费后上学的收费方式，为保护学校中途退出对学生学费返还权的侵害，建议设立风险保证金、学费补偿储备金或建立学费责任保险制度，当出现学校退出导致学费返还不能之虞时，学生可以获得相应的补偿或保险理赔。

（二）建立退出预警机制，明确政府辅导救助义务

（1）建立民办学校退出预警机制。日本通过设定经营判断指标对私立学校进行先期预警。其主要从财务、招生及教育质量等方面确立了12项营运风险评估等指标，以此作为衡量学校经营状况，决定是否列入观察名单，执行行政督导或决定是否停办的标准。

可借鉴日本的做法，采取以定量为主、定性与定量相结合的设置原则，增加常态现金结余率、设备更新指数、减薪指数、在校学生保留率等定量指标，同时结合民办学校在财务管理、法人治理、办学质量等方面的主要风险类型，设计民办学校预警指标体系，定期开展风险评价和预警等级评定，并根据风险等级情况决定政府对问题学校的介入时机和采取的措施。也可以在现有年审制度的基础上，针对民办学校在财务、招生、培养质量等方面的风险易发点，建立弹性预警机制。运用现代信息技术手段，搭建包括信息收集管理、预警分析评估与决策输出管理等模块在内的综合风险预警系统。结合民办学校风险预警指标，定期对民办学校主要办学信息收集整理，开展预评估，对超出预警阈值的，由预警分析评估系统作出评估，并给予"红""黄"牌警告。同时将该评估结果输送给相关专业人士或权威机构进行综合分析研判，以决定是否采取补救措施和采取何种措施，对情况恶劣或连续三年红牌警告的，可以停招或责令退出。

（2）明确政府相关辅导救助义务。一是对受到预警的问题学校（可称为困难学校），教育主管部门可以积极介入，组织专家辅导小组深入到该预警学校进行咨询辅导，协助并监督学校执行经营改善计划书，通过减免税费，提供业务指导、创造合并诱因等形式，帮助民办学校改善经营状况，对经辅导确无改善迹象的，可以启动退场机制。二是建议由政府相关主管部门牵头，整合民办学校、相关企事业单位资源，建立跨区域、跨行业的民办学校振兴事业团体。该团体主要负责

为陷入困境的民办学校提供合并信息和重整诱因，搭建企业支援（为学校提供有关资助者）和开展业务合作的机会，协助学生转学的跨区域协调以及为经营改善计划进展顺利，重整希望大的学校并为其提供融资以及申请补助金等方面的辅导帮助。上述活动资金可以由各地方政府民办教育专项基金予以支持。三是发挥好民办教育协会、民办教育联盟等中间机构的作用，及时帮助退出学校收集相关学校转学信息，提供调解帮助。对于义务教育阶段的学校，政府应按照就近原则和不低于原学校基本教学质量的原则，义务为学生提供转学入学的学校。教育主管部门以及学生所在学校应当向学生签发转学证明书，转学他校。必要时，教育主管机关可向其他学校分发学生，其中产生的必要费用应由原学校承担。

（三）建立健全受教育权权利救济机制

（1）明确民办学校退出受教育权的具体权益内容，分类开展司法救济。我们认为，民办学校退出导致的受教育权主要涉及学生学业继续权、毕业证、学位证获得权以及学费返还请求权等。对于学业继续权，其既包括退出学校积极履行学生安置义务并保证转学学校基本办学质量不得低于原来学校的义务，也包括审批机关对义务教育阶段认真履行积极协助的义务。其中民办学校对学生的安置义务本质上属于基于合同的民事法律关系，可以提起违约之诉。但是从我国《民法典》的相关规定来看，受教育权不属于侵权责任法中确定的民事权益范围，不能提起侵权之诉。对于审批机关没有认真履行义务教育阶段受教育权积极协助义务并造成严重后果的，可增设到《民促法》第六十三条中作为承担法律责任的一种情形，并可依据该条规定承担相应的民事、行政和刑事责任。对于因学校退出学生无法获得毕业证、学位证的情形，按照学界通说和司法实践，颁发毕业证、学位证是一项授权性行政行为，因此，学生及其亲属可以提起行政诉讼。此外，对于因学校中途退出产生的学费返还请求权，本质上是基于教育服务合同而形成的民事法律关系，学生及其亲属可以据此提出民事之诉。

（2）完善受教育权申诉制度。进一步明确教育行政部门和其他有关部门受理受教育权申诉的具体机构，规范申诉基本程序、明确相关部门的义务责任以及申诉方的权利义务，畅通申诉救济渠道。同时，优化申诉人员构成和组织程序。对争议较少或对受教育权影响较小的一般申诉，可简化申诉机构人员构成，提高工作效率；对争议较多或对受教育权影响较大的特别申诉，要严格规范人员构成、申诉时效、回避制度和后续救济等制度程序，保障结果的公正与科学。

（3）当前宪法还无法适用于受教育权具体的司法实践，但在"基本权利—国家义务"的框架下，扩大受教育权宪法规范的解释力，推动宪法诉讼的司法适用也是完善受教育权救济的努力方向。要学会运用受教育权合宪性的立法精神和原则解释具体适用的法律规范，从而在更高的位阶上对所涉及的民事或行政法律关系产生间接影响，以更好地保护受教育权。鉴于民办学校退出受教育权具有典型的群体性和广泛的社会性等特点，建议将其适时纳入公益诉讼范畴，以扩大受教育权救济途径。当然，受教育权作为宪法的一项基本权利，其最直接和有效的还依赖于宪法诉讼的救济。因此，应逐步建立宪法诉讼制度并适用于受教育权司法实践中，使受教育权获得更加充分有力的保障。

第四节　民办学校退出与教师权益保护

一、问题的提出

作为知识经济时代的重要参与者、科学技术知识的重要创造者，广大教师越来越成为稀缺性要素，成为决定高校办学成败、存活的关键性要素。新《民促法》第一次明确承认了民办学校教师的法律地位，第二十八条规定"民办学校的教师、受教育者与公办学校的教师、受教育者具有同等的法律地位。"在《民促法实施条例》中把保障教师权益，督查和引导民办学校重视师资队伍建设作为重要内容，并且在第四章"教师与受教育者"中全面、系统地就教师聘任资质、合同权利义务、培训制度以及教师待遇保障、聘任合同备案等方面问题作出了更具针对性和操作性的规定，为切实保障民办学校教师权益提供了制度保障。

传统上学界一般将民办学校教师权益保护问题的研究重点和关注焦点主要集中于民办学校存续期间的教师权益保护问题，然而对于民办学校退出教师权益保护问题规定的却付诸阙如。尽管《教育法》《民促法》都规定了公办学校与民办学校的教师一样享有平等的法律地位，但公办学校和民办学校在资金来源、社会认同程度等方面的根本性差异导致公办与民办学校教师的地位待遇实质上难以获得真正的平等，同样地，由于公办学校一般参照事业单位的用人制度，具有较为稳定的生源和学费收入作支撑，其与主要依靠生源和学费为主要工资薪金发放方式的民办学校在抵御退出风险方面的能力截然不同。特别是在民办学校退出的情况下，对于从事教职的工作人员来说，尤其是从事基础科目、通识中心的教师与行政体系的教职员工，囿于职场条件和工作内容的特殊性，其与产业从业人员具有相当大的差距，本质上有难以衔接的问题存在，加上长期服务于教育体系，对产业的专业知识和技能都存在相当程度的落差，更难以掌握产业发展动态。在这种情况下，若因为学校退出对教职员工未能作出妥适性的安排，势必造成人员不安、家庭不稳、社会人力资源的浪费。在日趋竞争激烈的市场条件下可能形成对民办学校教师人才新的冲击，从而对民办教育内涵式发展和高质量建设构成危害。本部分笔者将以民办高校为侧重点对民办学校退出中教师权益保障问题展开研究。

二、教师是重要的人力资本

人力资本是一个经济学概念。它的提出最早可追溯到古希腊的柏拉图，他提出了教育具有经济价值的观点。亚当·斯密是第一个将人力视为资本的经济学家，认为劳动具有价值。尔后，古典经济学家马歇尔提出了知识和组织是资本的重要组成部分的言论。直到 1979 年，被称为"人力资本之父"的美国科学家舒尔茨系统地阐述了人力资本理论，指出人力资本是"人民作为生产者和消费者的能力"，人力资本是由人们通过对自身的投资所获得的有用的能力所组成的。人力资本，即知识和技能。我们之所以称这种资本为人力的，是因为它已经成为人的一个部分，又因为它可以带来未来的满足或收入，所以将其称为资本。贝克尔认为人力资本是一种不能流动的资产。他主要区分了通用知识的人力资本和专用知识的人力资本。阿罗则认为人力资本的形成是一种"干中学"的过程。与传统的物力资本相比，人力资本具有以下典型特征。

第一，有形性与无形性的统一。作为人力资本载体的人是有形的，而且必须是活生生的个人，而内化于人身上的知识、技能、体力等因素则是无形的。因此人力资本是有形性与无形性的统一。

第二，专属性与共生性的统一。人力资本的产权主体只能是专属于人力资本载体本人所有，它不可脱离人力资本所有者本身而单独转让、继承。

第三，主观性与客观性的统一。人力资本本身是可以凭借某种技术手段或科学方法加以量化并通过换算成"货币"的方式表现出来的，并且其人力资本可以通过其创造的智力成果展现出来，这种成果可以以客观存在的形式存在，这是客观的，它决定了人力资本的使用者可以对其所雇用的人力资本所有者作出预期安排；而作为人力资本的载体——人力资本所有者，具有自己的意志和判断能力，其人力资本作用发挥的积极性以及由此决定的成果产出状况与增值状况根本上取决于人力资本所有者的积极性、主动性与创造性。"身在曹营心在汉"这一点又是主观的，它决定了人力资本本身的复杂性以及人力资本的使用者如何提供激励机制以最大限度地发挥其雇用的人力资本所有者的资本效用。

第四，静态与动态的统一。人力资本本身不是凝结不变的，即人力资本在其价值生成过程中（表现为知识的积累，技能的培养）和一旦作为出资进入企业，其在生产经营过程中发生的价值增值与减损呈现出动态的特征，但人力资本并非始终处于动态发展中。在公司设立之初，它可以被量化为一种静态的"财产"，从而使得其成为出资的可能，而且在一段时间内它的价值也保持着相对的稳定性。高校是人才培养和知识创新的重要场所，教师是开展教育教学、科学研究、社会服务和文化传承的主体，尤其是具备独特知识和创新能力的高层次教师队伍其身上所凝聚的知识、技术、智力等人力资本在当前知识经济和智能时代日益凸显出重要价值，人力资本产权化、市场化已成为不争的事实。在民办高校退出时，如果不能妥善处理好广大教师的权益保障问题，不仅会导致人力资本价值的贬损或浪费，对本来高层次人才吸引力不强的民办高校来说更可能雪上加霜，不利于民办高校高质量的发展。

三、我国民办学校退出相关立法与规定

（一）关于教师安置问题的相关法律制度

《民促法》第三十一条规定"民办学校应当依法保障教职工的工资、福利待遇和其他合法权益，并为教职工缴纳社会保险费。"从这一条来看，尽管对退出学校教师相关再就业权益并没有明确的规定，但按照法律的扩张解释原则，似乎退出学校再就业权益也可以纳入"其他合法权益"的范围。这使得民办学校退出时应该具有为广大退出教师提供再就业权益保护的积极协助义务，这与日本私立学校的做法很相似，日本《私立学校法》也要求日本私立大专院校在面临退场人力转衔问题时，应由学校法人理事会负责制定规章办理。但由于《民促法》仅仅作出了模糊性的规定且没有在民办学校相关法律责任方面作出任何规定，因此该项义务也只能沦为民办学校一种道义上的义务，特别是在民办学校面临终止解散等困境时，自身很多问题已经疲于应付，恐怕也没有能力和精力为教师的转衔等问题提供有效帮助。

（二）注重发挥政府积极的协助义务

我国《中华人民共和国教师法》（以下简称《教师法》）第三十九条的规定，教师对学校或者其他教育机构侵犯其合法权益的，或者对学校或者其他教育机构作出的处理不服的，可以向教育行政部门提出申诉……教师认为当地人民政府有关行政部门侵犯其根据本法规定享有的权利的，可以向同级人民政府或者上一级人民政府有关部门提出申诉，同级人民政府或者上一级人民政府有关部门应当作出处理。这赋予了教师相应的申诉权。同时，按照《教师法》第七条规定，教师享有下列权利：①进行教育教学活动，开展教育教学改革和实验；②从事科学研究、学术交流，参加专业的学术团体，在学术活动中充分发表意见；③指导学生的学习和发展，评定学生的品行和学业成绩；④按时获取工资报酬，享受国家规定的福利待遇以及寒暑假期的带薪休假；⑤对学校教育教学、管理工作和教育行政部门的工作提出意见和建议，通过教职工代表大会或者其他形式，参与学校的民主管理；⑥参加进修或者其他方式的培训。

按照上述规定，学校退出后教师的转衔权益并不在教师权利的保障范围。这样实质上就不存在有关行政部门侵犯教师该项权利的情况，自然也无法提出申诉，

最终提出申诉的对象仍然是教师所在的民办学校。但这不等于相关政府部门就没有积极协助的义务，因此，应该在民办教育相关法律法规中明确政府的积极协助义务，这是因为无论是在资源的分配、信息的占有还是在实现的效果上政府都具有比民办学校更大的实施空间和能力。

四、我国民办学校退出教师相关权益保障措施建议

一是建立退出评估与确认机制。当出现学校退出请求后，要求退出民办学校要建立专案评估小组或将该项义务交由清算小组来执行。主要任务是应该先核实薪资积欠事项以及学生安置问题是否得到妥善安排和规划，然后听取广大教职工意见，确认教师继续从事教职工作的意愿；评估教师学术发展与再就业的潜能并决定是否列入关怀对象。有学者提出，为了确保有限的资源能够投入到需要协助的教师身上，评估与确认程序要保证严谨、客观，建议通过学术委员会组成专案评估小组，就每一位教师进行个案评估，以教师的自主意愿为前提，再经评估小组确认后决定是否需要纳入后续转衔安置机制。

二是开展短期转衔机制。短期转衔机制主要针对那些具备较好的学习能力与工作意愿，配合性向测验和个人主观认知，给予符合其需求与职业能力的相关培训，提高其再就业能力；也可为其提供创业辅导措施，利用退场学校创新育成中心已经成立的专利或技术，授权转移给有兴趣且能够投入商业运转的教师进行创业，或与学生共同创业，由短期转衔机制提供银行贷款资源以及创业辅导课程和相关培训，建立经营管理与营销基本技能，提高教师创业成功率。对负担家庭经济重担的教师或是遭遇紧急危难且经济陷入困境的教师，为其提供生活急难扶助并协助其暂时度过艰难时期再安排后续转衔程序。

三是建立长期安置机制。针对年资深、面临退休或是确实难以转衔的授课领域的教师给予长期安置。例如，具有学术潜能者，可协调安排至学术研究单位聘用，用以充实学术研究人员；对于各级教育单位可视各级学校之人力缺口，聘用退场学校教师从事教学辅导、访视、教学相关事项的编制外人力；另根据教师意愿，协调政府单位释放出适当的职缺，聘用退场学校教师从事各类行政工作，补充编制外的人力资源投入。

四是建立全国大专教师人才网，为教师提供职缺资讯和人才需求信息，提高网上教师再就业能力培训，提高教师再就业能力。严格对民办学校为教师缴纳社会保险的监管力度，也可设立风险保证金对确实难以转衔的授课领域的教师给予安置方面的帮助。

此外，日本政府对困境学校教师权益保护采取的保障措施主要有两项。

其一，提升教职员工素质。日本对于此问题的解决主要分两个方面。一是教师发展与员工发展。前者主要包括授课内容、教学方法的改善；后者主要指职员资质的提升。对于教师发展主要采取的措施有：开展教师互评（针对授课内容及大纲等），以改进教学方法，谋求教学技能的提高。另外，配合教职员人才育成与适当的待遇机制，引入合理的人事考核制度也是必不可少的。在制度改革中，日本政府不仅强调教职员与学校经营者的角色分工，更强调在职能上的通力合作。教职员必须充分展现其在教学及业务方面的专业能力，着力让学生对学校的教学及行政事务感到满意。二是就学校管理面而言，必须让教职员担负学校管理的第一线角色，努力使其成为一名了解和掌握学校经营及学生状况，在招生、就业指导以及日常问题解决等方面都能发挥积极作用的人。因此，为实现学校整体的组织目标，落实面对少子化冲击的经营战略，日本私立学校也已将相关组织人力资源的培训与发展问题列为学校财团法人治理的重要课题。

其二，实施教职人员转职援助方案。如果学校法人经营困难或破产，被解雇的教职员工将会增加。其中，明确学校法人的经营者对如何帮助学校经营破产或废止情况下的教职员工转业的问题负责。如果具有较高教育研究业绩的教职员或具有良好业务能力的经验丰富的教职员没有发挥其人才的优势而失去工作，这将是社会的损失。因此，私学事业团应建立起一个能够帮助教职员转职的机构，通过与私学团体以及各领域的专家进行合作，将私立大学的教职员的人才信息进行汇总整理，形成数据库，并向有需要的学校法人提供相关信息，从而实现对教职员的就业援助。

第七章　营利性民办学校退出法律问题

民办教育分类管理重要的成果之一是确立了营利性民办学校的合法地位并形成了以《民促法》《营利性民办学校监督管理实施细则》《民办学校分类登记实施细则》等主要法律规范为支撑的营利性民办学校的法源基础。根据《民办学校分类登记实施细则》第九条规定，正式批准设立的营利性民办学校，依据法律法规规定的管辖权限到工商行政管理部门办理登记，这意味着民办学校与公司一样本质上属于商事主体范畴。另外，根据工商总局、教育部联合印发的《关于营利性民办学校名称登记管理有关工作的通知》，营利性民办学校应当按照《公司法》《民促法》有关规定，登记为有限责任公司或者股份有限公司。从当前一些地方政府出台的营利性民办学校登记管理的相关规定来看，也采用的是以公司的形式设立登记。因此，作为提供教育服务产业的一种商事主体，营利性民办学校可以适用《公司法》《企业破产法》等商事法律规定。同时，《民法典》明确将法人分为非营利性法人、营利法人和特殊法人等类型，其中对营利性法人的设立目的、登记成立、法人章程、组织机构等作出了较为明确的法律规定，《民法典》也应作为民办学校法律适用的重要参考。本章将重点结合民办教育新法新政、《公司法》、《企业破产法》以及《民法典》等相关法律规范，就营利性民办学校退出的若干法律问题展开讨论。

第一节　营利性民办学校退出的法源依据

一、民办教育新法新政的相关规定

关于营利性民办学校退出问题，《民促法》并没有对营利性民办学校和非营利性民办学校进行区分，而是在第五十六条到第五十九条统一对民办学校退出问题进行了规定。《营利性民办学校监督管理实施细则》单列"变更与终止"一章对营利性民办学校退出问题进行规定。广东省、江苏省还专门出台了营利性民办学校监督管理的实施细则或实施办法。

（1）民办学校退出法定事由。这个主要规定于《民促法》第五十六条①、《营利

---

① 《民促法》第五十六条规定：民办学校有下列情形之一的，应当终止：（一）根据学校章程规定要求终止，并经审批机关批准的；（二）被吊销办学许可证的；（三）因资不抵债无法继续办学的。

性民办学校监督管理实施细则》第三十八条之中，二者关于终止的法定事由在内容上并无二致。按照《民促法》第五十六条规定，民办学校终止主要包括自行终止、强制终止（行政终止）以及因资不抵债无法继续办学被终止三种情形。

（2）民办学校终止学生安置义务。按照《民促法》第五十七条规定，民办学校终止时，应当妥善安置在校学生。实施义务教育的民办学校终止时，审批机关应当协助学校安排学生继续就学。《营利性民办学校监督管理实施细则》则在第三十六条和第三十七条①规定把学校终止视为重大事项变更，要求民办学校终止时要履行向审批机关报告以及制定实施方案和应急预案的程序，明确要保障教育教学秩序和师生权益不受影响。但由于义务教育阶段不允许设立营利性民办学校，且没有规定履行学生安置义务的相关法律责任。因此，我们认为有关学生安置义务只能是一种道德上的宣示而难有实质意义。

（3）民办学校清算问题。《民促法》第五十八条对民办学校终止清算问题进行了规定。其中按照终止类型不同设置了不同的清算义务人，民办学校自己要求终止的，由民办学校组织清算；被审批机关依法撤销的，由审批机关组织清算；因资不抵债无法继续办学而被终止的，由人民法院组织清算。《营利性民办学校监督管理实施细则》第三十九条则将营利性民办学校的财产清偿法源依据从《民促法》扩展至其他法律法规和学校章程。

（4）民办学校注销登记问题。针对民办学校终止，《民促法》第六十条以及《营利性民办学校监督管理实施细则》第四十条对学校终止后的注销登记问题进行了规定，因为完成清算和注销登记等手续后民办学校方才终止。

为保障民办学校退出的合法性和规范性，应充分发挥学校党组织的作用，当学校终止时，学校党组织应当及时向上级党组织报告，上级党组织应当及时对学校党组织的变更或者撤销作出决定。

二、《公司法》及相关法律规定

《公司法》没有采用《民促法》和《民法典》终止一词，而是采用了解散和破产制度。按照公司法基本理论，公司终止一般是指依法定程序结束经营并消灭法人资格，可分为解散与破产。因此，终止作为表征法人依法定程序结束其经营管理并消灭其资格的一种状态，民办学校终止既包括《民促法》规定的终止情形，也包括《公司法》《民法典》规定的解散与破产事由。

---

① 《营利性民办学校监督管理实施细则》第三十六条规定，营利性民办学校分立、合并、终止及其他重大事项变更，应当由学校董事会通过后报审批机关审批、核准，并依法向工商行政管理部门申请变更、注销登记手续。其中，营利性民办本科高等学校分立、合并、终止、名称变更由教育部审批，其他事项变更由省级人民政府核准。

第三十七条规定，营利性民办学校分立、合并、终止及其他重大事项变更，应当制定实施方案和应急工作预案，并按隶属关系报学校主管部门备案，保障学校教育教学秩序和师生权益不受影响。

（1）公司解散的法定事由。《公司法》第二百二十九条[①]、第二百三十一条[②]对公司解散的法定事由作出了规定。按照规定，公司解散主要包含：自行解散、强制解散和司法解散三种类型。对比《民促法》第五十六条之规定，有几个问题需进一步厘清。

一是公司自行解散与民办学校自行终止的关系问题。首先，自行解散与自行终止的法定事由不同。按照《公司法》二百二十九条规定，对于公司章程规定的营业期限届满或者公司章程规定的其他解散事由出现；股东会决议解散、因公司合并或者分立需要解散的情形均可视为公司自行解散的范畴，而民办学校的自行终止仅仅包括章程终止这一种情形。《民促法》尽管在学校的组织结构中没有明确规定所有的民办学校，但是包含营利性民办学校在内的民办学校都应当设立诸如股东会或股东大会等权力结构，但笔者认为，营利性民办学校本质属于营利性法人，其应当受《民法典》有关营利性法人的相关规定约束。按照《民法典》第八十条规定，营利法人应当设权力机构。同时，一般地，股东会或者股东大会决议解散具有动态性和回应性，相比单纯通过学校章程事前设定解散或终止的事由来说更加灵活，也容易建立以股东会或股东大会为中心的有关解散的权利义务责任体系。同样地，因合并或者分立需要解散的，一方面，凸显了合并或分立等组织结构变更等公司"重大事项"对公司存续发展具有的重要影响和作用；另一方面，也体现了公司作为市场经济最活跃的主体所具有的动态性和发展性特质。因此，建议营利性民办学校自行终止制度应内在吸收《公司法》的自行解散法定事由或明确规定可以直接适用《公司法》相关终止问题的法律规定。

二是营利性民办学校是否适用司法解散制度。司法解散又称法院勒令解散，是指公司的目的和行为违反法律、公共秩序和善良风俗的，可依法律的规定命令其解散；或者公司经营管理出现显著困难、重大损害，或董事会、股东之间出现僵局时，依据股东的申请，裁判解散公司。按照最高人民法院《关于适用〈中华人民共和国公司法〉若干问题的规定（二）》（以下简称《公司法解释二》）[③]以

---

① 《公司法》第二百二十九条规定，公司因下列原因解散：（一）公司章程规定的营业期限届满或者公司章程规定的其他解散事由出现；（二）股东会决议解散；（三）因公司合并或者分立需要解散；（四）依法被吊销营业执照、责令关闭或者被撤销；（五）人民法院依照本法第二百三十一条的规定予以解散。

② 《公司法》第二百三十一条规定，公司经营管理发生严重困难，继续存续会使股东利益受到重大损失，通过其他途径不能解决的，持有公司百分之十以上表决权的股东，可以请求人民法院解散公司。

③ 最高人民法院《关于适用〈中华人民共和国公司法〉若干问题的规定（二）》第一条　单独或者合计持有公司全部股东表决权百分之十以上的股东，以下列事由之一提起解散公司诉讼，并符合公司法第一百八十二条规定的，人民法院应予受理：（一）公司持续两年以上无法召开股东会或者股东大会，公司经营管理发生严重困难的；（二）股东表决时无法达到法定或者公司章程规定的比例，持续两年以上不能做出有效的股东会或者股东大会决议，公司经营管理发生严重困难的；（三）公司董事长期冲突，且无法通过股东会或者股东大会解决，公司经营管理发生严重困难的；（四）经营管理发生其他严重困难，公司继续存续会使股东利益受到重大损失的情形。股东以知情权、利润分配请求权等权益受到损害，或者公司亏损、财产不足以偿还全部债务，以及公司被吊销企业法人营业执照未进行清算等为由，提起解散公司诉讼的，人民法院不予受理。

及相关司法实践，当公司的经营管理出现严重困难时，可由股东提起司法解散。实践中有学者认为不同于一般的公司，教育机构具有典型的社会公益性，因此"法院在处理股东基于公司僵局提出的解散之诉时，对于拟作出准予解散的裁判，应当谨慎对待"。

笔者认为，不能以民办学校具有社会公益性而简单排斥司法解散在民办教育领域的应用。因为何谓社会公益性本身是个"无法与一个放诸四海皆准的绝对适用之定义"。教育的公益性本质上就是满足不特定多数人利益的"公共福利"。其主要表现为，受教育者作为人力资本所有者客观上带来的社会收益以及教育活动本身的正外部性所带来的社会收益。从这个意义上讲，社会公益性不仅是体现在举办者理念和观念上的东西，更是体现在教育机构所提供的教育产品和服务所带来的正外部性方面。因此，当营利性民办学校因经营管理发生严重困难，其结果不仅可能使股东利益受到重大损失，而且会直接或间接地影响教育产品服务的有效提供，此时可以允许学校的股东提起司法解散的诉讼请求。

三是至于民办学校的终止是否都必须履行"审批机关批准"的法定程序，笔者认为尽管该项规定旨在进一步规范营利性民办学校无序退出，但没有规定不履行该项程序的具体责任主体和责任范围，导致实践中难以发挥效用。很多营利性办学机构想什么时候退出就退出，不仅故意绕开相关审批机关，甚至打一枪换一个地方，"自灭式"退出成为常态。因此，建议在《民促法》中增加有关民办学校的董事/理事或控股股东。

（2）公司清算问题。《公司法》第二百三十二条至第二百四十二条主要对公司的清算问题（包含清算义务人、清算组职权、破产清算等）作出了规定。《公司法解释二》则重点对公司清算组的人员构成、工作内容、法律责任等作出了更加细致的规定。关于民办学校清算问题整体规定得较为粗糙，已成为影响民办学校变更和退出的制度缺陷，因此完善营利性民办学校清算制度至关重要（在文章有关营利性民办学校清算制度的部分，会展开更为详细的论述）。

三、《企业破产法》相关法律规定

根据《民促法》第五十六条第（三）项规定，因资不抵债无法继续办学的，应当终止。学界和实务界也将该条视为民办学校可以适用破产制度的重要法律依据。根据《企业破产法》以及最高人民法院《关于适用〈中华人民共和国企业破产法〉若干问题的规定（一）》（以下简称《企业破产法解释（一）》）对公司破产清算相关问题的法律规定，很多规定更加详细严谨，这对科学认识和指导营利性民办学校破产清算问题具有积极作用。例如，针对公司破产原因，《企业破产法》第二条规定："企业法人不能清偿到期债务，并且资产不足以清偿全部债务或者明显缺乏清偿能力的，依照本法规定清理债务。"同时，《企业破产法解释（一）》第二条规定：下列情形同时存在的，人民法院应当认定债务人不能清偿到期债务：①债权债务关系依法成立；②债务履行期限已经届满；③债务人未完全清偿债务。

对于人民法院应当如何认定债务人不能清偿到期债务做了规定，这显然比民办学校规定得更为详细具体。再比如，我国《企业破产法》规定了重整、和解等制度以拯救濒临破产边缘的困境公司，不仅给予困境公司东山再起的"缓冲期"，也有利于维护公司的相对稳定性。但我国《民促法》没有规定重整、和解等程序直接适用破产清算制度，这不利于帮助陷入困境的民办学校获得"再生"的机会。特别是，在当前我国营利性民办教育发展势头迅猛，资产证券化融资扩大、并购重组频繁的背景下，单纯考量营利性民办学校之学校属性而忽略其公司属性并排除重整、和解等制度已不符合形势发展的需要。因此，在民办教育新法新政背景下，将重整、和解程序作为避免民办学校破产清算的前置程序，赋予其更多的退出选择是民办教育司法实践中应该考虑的问题。这也意味着《企业破产法》可以作为营利性民办学校法律适用中的重要依据。

四、《民法典》相关法律规定

2020年5月28日通过的《民法典》在法人制度方面实现诸多创新，不仅首次明确将法人分为非营利性法人、营利法人和特殊法人等类型，而且专门对营利性法人的设立目的、登记成立、法人章程、组织机构等作出了较为明确的法律规定。比如，《民法典》第六十八条和第六十九条对法人终止的法定事由就作出了明确规定。按照《民法典》第六十八条规定，有下列原因之一并依法完成清算、注销登记的，法人终止：①法人解散；②法人被宣告破产；③法律规定的其他原因。法人终止，法律、行政法规规定须经有关机关批准的，依照其规定。《民法典》第六十九条则对以下情形作出了法人解散的规定：①法人章程规定的存续期间届满或者法人章程规定的其他解散事由出现；②法人的权力机构决议解散；③因法人合并或者分立需要解散；④法人依法被吊销营业执照、登记证书，被责令关闭或者被撤销；⑤法律规定的其他情形。

总体上《民法典》既采用了像民办学校一样的"终止"字眼，而且也采用了《公司法》有关解散的规定。在内容上要比《民促法》规定得更为详细具体，对民办学校终止制度具有积极的指导意义。同样地，营利性民办学校作为营利性法人的一个典型，《民法典》也为营利性民办学校的具体法律适用提供了重要的参考依据。

第二节 营利性民办学校终止/解散清算制度

财务清算制度关系民办学校变更、终止等重大事项，是民办教育理论和实践中亟待解决的重要问题。《民促法》第五十三条（民办学校分立、合并）、第五十四条（民办学校举办者的变更）、第五十八条（民办学校终止）中对财务清算制度做了规定。然而相关条文规定过于简陋，立法的逻辑性不够严密，缺乏操作性，特别是相关重要制度存在明显的缺陷，导致民办学校在财务清算时实际处于"无法可依"的状况，也为相关机关的有效监管带来了不便。诚如有学者所云，正是民办学校在退出和清算制度方面的立法不够完善，缺乏可操作性，使得我国很多民办学校采取"自灭式"的退出方式。由此，对我国民办学校财务清算制度进行梳理并进一步完善相关法律制度至关重要。

一、清算制度的一般理论

（一）清算制度的相关概念

1. 何为解散清算

在传统语境中，"清算"一般包含三种解释：一是指一定经济行为引起的货币资金关系的应收、应付的计算，如证券领域；二是指公司、企业结束经营活动，收回债务，处置分配财务等行为的总和，如公司行为领域；三是银行同业往来中应收或应付差额的轧记及资金汇划，如金融领域。法律语境下的公司解散清算学者也有不同的认识①。

2. 清算人与清算义务人

关于清算人的概念，理论界存在两种不同的解释：一种观点认为，清算人即公司清算事务的执行人，在公司解散后、清算终结前，公司的股东（大）会和监事会仍然存续，董事会则失去其地位，由清算人取而代之，由于清算人执行清算事务，又特称为清算机关。另一种观点认为，清算人是清算事务的执行人，清算期间，清算公司的董事丧失其地位，而由清算人代替。我国公司解散清算制度体系较为零散，对清算人的概念使用也较为混乱，如《公司法》《民法典》《保险

---

① 有学者从法律行为的角度对公司解散清算作出了规定，认为解散清算就是公司解散后对公司资产和债权债务关系进行清理处分，了结公司业务和债务，向出资者或者股东分配剩余财产，以终结企业所有法律关系的法律行为；有学者从程序的角度对解散清算概念做了界定，认为公司解散清算是指公司出现解散事由后，公司自行或者通过公权力机关的介入，按照法定或者章程规定的程序，依法对公司的财产、债权债务进行清理，终结公司现存法律关系，消灭公司法人资格的程序。有学者综合了上述两种说法对公司解散清算做了界定，认为公司的解散清算就指以了结债务或消灭主体为目的而清理财产和债权债务的法律行为和程序。

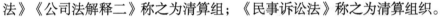

法》《公司法解释二》称之为清算组；《民事诉讼法》称之为清算组织。

清算义务人主要指公司解散时，依法负有启动清算程序，对公司组织清算义务的主体。最高人民法院《公司法解释二》的制定者认为，清算义务人与清算人（清算组）是两个不同的概念，清算义务人的义务是组织清算，而清算人是在清算中具体进行清算事务的主体。这些具体的清算事务，按照相关法律规定，主要包括：保管公司资产、收取属于学校的债权、清偿学校债务、变现学校资产、编制资产负债表和财产清单、处理学校尚未了结的合同、参加民事诉讼等。《民促法》第五十八条规定，民办学校自己要求终止的，由民办学校组织清算；被审批机关依法撤销的，由审批机关组织清算；因资不抵债无法继续办学而被终止的，由人民法院组织清算。

（二）公司解散清算的类型

纵观各国公司立法，公司解散清算主要包含以下几种类型。

1. 普通清算与特别清算

依据主持清算机构的主体及清算启动原因的不同，可将公司解散清算分为普通清算和特别清算。其中普通清算是指公司解散事由出现后自行选任清算人，按照法律规定或者章程规定的一般清算程序进行的清算；通常情况下，法院和公司债权人不直接干预公司清算事务（法定清算人的选任为例外情况）。特别清算是指公司因普通清算的执行发生显著障碍，或其负债超过资本不实所启动的一种特殊清算程序，是法院根据申请人的申请使用不同于普通清算的特别清算程序进行的清算。

2. 法定清算与任意清算

依据公司是否遵循法律规定的强制性方法和程序，即公司清算是依据法律规定进行还是依据公司自行确定的程序为标准，公司解散清算可分为法定清算和任意清算。其中法定清算指公司严格按照法律规定的程序和方式所进行的清算。任意清算指公司解散后依据公司章程规定或者股东会、股东大会决议所确定的方式进行的清算，即公司清算不是按照法律规定的方式进行的清算。

3. 解散清算和破产清算

依据公司是否出现破产事由，即公司财产是否足以偿还其全部债务所采取的不同清算程序，将公司清算分为解散清算与破产清算。其中解散清算指公司出现解散事由后，在公司财产尚足以清偿全部债务的前提下，为对公司资产、债权债务进行清理，了结公司对内对外所有法律关系而启动的清算程序。解散清算的法律依据是公司法的有关规定。破产清算指公司不能清偿到期债务，并且资产不足以清偿全部债务或者明显缺乏清偿能力时，法院基于公司、公司债权人或者其他准债务人的申请启动的清算程序。它系基于《企业破产法》的规定进行的清算程序。

二、民办学校终止/解散清算制度检讨

尽管民办教育新法新政对退出问题做了较以往更加详细的规定，然而由于整体规定较为粗糙，缺陷与不足较为明显。营利性民办学校本质上属于公司法人，可以适用《公司法》《企业破产法》《民法典》等法律规定。然而，民办学校毕竟不同于一般的公司法人，由于设立目的、组织机构、社会关注等方面的特殊性，其在具体法律适用上还存在一定的难点和焦点，因此，需要结合《公司法》《民法典》《企业破产法》等相关法律对我国营利性民办学校清算制度进行反思与检讨，并积极构建营利性民办学校终止清算法律制度。

（一）民办学校终止的法律事由

（1）民办学校终止类型。按照《民促法》第五十六条的规定，民办学校终止主要包括自行终止、强制终止（行政终止）以及因资不抵债无法继续办学被终止三种情形。其不仅规定了民办学校终止的具体法定事由，也是表征民办学校法人资格灭失的一种事实状态。

其一，自行终止。自行终止是指民办学校根据章程规定要求终止，并经审批机关批准的终止。民办学校的章程一般均规定了民办学校的办学宗旨、办学目的以及可能导致学校终止的事由①。

其二，强制终止（行政终止）。被吊销办学许可证的情形也可称为强制终止。办学许可证是学校从事教育教学事业最重要的资质证明，法律明确规定不具备办学许可证的学校不能从事相关教育教学活动，并有可能接受相关主管机关的行政处罚。《民促法》第六十二条②以及《民促法实施条例》第六十三条对民办学校可能被吊销办学许可证的情形做了规定。吊销民办学校的办学许可证不代表民办学校法人资格的彻底丧失，只是取消了学校开展教育教学活动的资格，但由于教育教学活动是学校存续的根本目的，这一活动资格的丧失使学校的存在变得没有任何意义，因此吊销办学许可证与学校丧失法人的结果形影相随。

（2）因资不抵债无法继续办学被终止。资不抵债（债务超过）指个人或企业

---

① 作者注："当出现学校章程规定的终止情形时，如学校理事会或董事会会议决议终止学校；章程规定的办学期限届满；章程规定的办学目的、宗旨不能实现等情形时，继续办学已无必要，经学校理事会或董事会决议，学校可以向审批机关提出学校终止申请。审批机关对此可作出批准或不批准的决定。"

② 《民促法》第六十二条规定，民办学校有下列行为之一的，由县级以上人民政府教育行政部门、人力资源社会保障行政部门或者其他有关部门责令限期改正，并予以警告；有违法所得的，退还所收费用后没收违法所得；情节严重的，责令停止招生、吊销办学许可证；构成犯罪的，依法追究刑事责任：（一）擅自分立、合并民办学校的；（二）擅自改变民办学校名称、层次、类别和举办者的；（三）发布虚假招生简章或者广告，骗取钱财的；（四）非法颁发或者伪造学历证书、结业证书、培训证书、职业资格证书的；（五）管理混乱严重影响教育教学，产生恶劣社会影响的；（六）提交虚假证明文件或者采取其他欺骗手段隐瞒重要事实骗取办学许可证的；（七）伪造、变造、买卖、出租、出借办学许可证的；（八）恶意终止办学、抽逃资金或者挪用办学经费的。

的全部债务超过其资产总值以致不足以清偿债权人的财务状况。它是企业法人破产的重要原因之一。对于民办学校而言，当学校出现资不抵债的情形时意味着学校已不具备办学必需的基本物质条件，学校也不可能存续下去。关于民办学校因资不抵债无法继续办学而被终止的是否适用《企业破产法》的规定，尽管学界尚存争议，但从相关立法规定、司法实践以及主流学术观点来看，承认民办学校在该种情形下民办学校适用企业破产的相关法律规定已成共识。

（二）主要问题点

（1）民办学校自行终止的法律检讨。按照《民促法》第五十六条规定，民办学校自行终止需要同时履行两个程序，一是学校根据学校章程规定要求终止。二是需要审批机关批准，且这两个条件需要同时满足。由此带来了一些问题：一是学校章程究竟可以规定哪些情形为终止的情形？是任意性还是限制性？二是当满足学校章程规定的终止情形时，谁有权提出终止的请求？三是是否终止都必须"经审批机关批准"这一程序？这些问题如果没有进一步厘清，恐怕很难应对实践中出现的终止问题。

对于哪些终止情形可以被规定在民办学校章程中？我国《民促法》没有作出明确规定。通常营利性法人终止包含解散和破产两种类型，因此按照法人终止的一般事由，我们认为民办学校的自行终止或解散应包含以下情形：①因设立的目的事业完成或无法完成而终止。②因民办学校章程所规定的存续期限届满或解散事由出现而解散。③因学校理事会或董事会会议决议终止。④因民办学校合并或者分立而解散，如新设合并中，两个或两个以上的学校合并为一个新法人，原有学校法人即解散。⑤因学校章程所规定其他事由出现而解散。

同时，不同于一般的公司法人，民办学校除具有自身的营利性特质外，其作为一种提供教育产品或服务的机构天然带有公益性特征，因此，其终止的法定事由不应是单纯的任意性规范而应具有一定的限制性，其终止的法定情形、必要程序和相关义务责任（如对教育消费者的提前告知义务、损害赔偿义务、必要的协助义务等）等都应该作出一定的限制性规定。

此外，对于当出现满足学校章程规定的终止情形时，谁有权提出终止的请求？《民促法》中没有作出明确规定。按照民办学校终止的相关法律规定，民办学校只有在完成清算和依法注销登记等法定前置程序后方才终止。因此，我们认为当民办学校出现章程规定的终止事由时，应本着最有利于民办学校终止相关事务办理为原则，区分民办学校的公司类型并确定申请人，即当学校为有限责任公司性质时，基于有限责任公司人合性特征明确股东为请求权人；当学校为股份有限公司时，可由其董事/理事或学校的实际控制人提出终止的请求。为防止出现学校的股东、董事/理事等人员怠于行使终止请求权或未经法定程序擅自终止、随意终止等情形发生，可赋予相关人员必要的义务和责任。

笔者认为，民办学校自行终止的事由前期已在学校章程中明确予以规定，当满足以上事由学校终止本质上属于学校内部事宜，可以视营利性民办学校的办学类型进行类型化运用，比如，明确营利性民办高校必须履行经审批机关批准的法定程序，否则学校不得终止；对于其他营利性民办学校终止可实行备案制。同时，建议在《民促法》中增加有关民办学校股东、董事/理事或控股股东不履行该项义务的法律责任，保障该项规定落到实处。

（2）关于清算人任职资格与条件。清算活动内容繁杂，涉及利益主体众多，选择适格的清算人对于保障清算活动的公平和效率，完善民办学校退出法律制度具有至关重要的作用。根据《民促法》第五十八条规定，民办学校自己要求终止的，由民办学校组织清算；被审批机关依法撤销的，由审批机关组织清算；因资不抵债无法继续办学而被终止的，由人民法院组织清算。而按照清算人与清算义务人的区别，此处民办学校、审批机关抑或人民法院都属于清算义务人范畴，而不属于具体开展清算事务的清算人范畴。因此，我国《民促法》对清算人制度未作出任何规定。因此，应结合相关法律规定和民办学校本身实际尽快完善民办学校清算人任职资格和条件。

按照各国相关法律的规定,清算人的任职条件一般包括积极条件和消极条件。清算人任职的积极条件是指清算人所应具备的基本条件。一般要求清算人要具备专业知识和技能，并需要具备一定的职业资格方能任职。例如，《德国商事公司法》第二百六十五条规定，清算人的资格条件适用于该法第六十七条关于董事的资格条件的规定。清算人任职的消极条件主要指清算人具有法律规定的消极条件时，不得担任清算人，已经担任的应予以解任。一般来说，清算人的消极条件主要包括：①无民事行为能力或限制民事行为能力人；②有违法、破产记录或个人高额债务的人；③违反诚实信用的人等。

可参照《公司法》中对公司董事任职的相关规定，对民办学校清算人的任职资格进行规定。一方面，规定清算人任职的积极条件。既要考虑清算活动本身的专业性和法律性，又要考虑民办学校本身的社会公益性。适当吸收有利于对师生安置和权益保障提供政策支持的政府主管部门的人员。另一方面，规定清算人任职的消极条件。这些条件包括：①无民事行为能力或限制民事行为能力人；②因经济原因受到过刑事处罚的；③因违法或违反职业规定被吊销办学许可证的；④对民办学校的终止负有直接责任或主要责任的；⑤教育主管部门或人民法院认为不适宜担任清算人的其他人员。同时，我们注意到建设一支专业化的清算人队伍是世界各国清算立法的趋势,尤其在普通清算出现严重障碍时启动的特别清算，更需要有职业化的清算人参与其中。

（3）明确清算人的基本权利。建议进一步吸收和借鉴有关公司、企业解散清算中的相关制度规定，明确清算人的相关权利。清算人的相关权利主要包括三个层面。①提议召开学校代表大会的权利。②学校诉讼的代表权。③学校清算事务的执行权。包括自己或委托有关专业机构清理学校财产、编制资产负债表和财产清单；通知或公告债权人；处理学校未了结业务，清缴所欠税款，收取债权、清偿债务；为清算需要变卖、处理学校资产；代表学校参与民事诉讼活动；办理清算后学校的登记或者注销手续等。

（4）清算义务人相关问题。根据《民促法》第五十八条之规定①民办学校、审批机关和人民法院理应成为民办学校的清算义务人。然而带来的问题主要有三点。首先，在营利性民办学校自行终止时，究竟是由股东组织清算还是董事/理事清算？民办学校因合并或分立而终止时，究竟由原民办学校还是拟合并或分立的学校来组织清算？究竟应该组织哪些人参与清算？对于对学校终止负有一定责任的董事和有关人员能否参与？均难以作出科学的界定。其次，在强制终止的情况下，由审批机关组织清算，则审批机关需要组织哪些人员进行清算，是否被审批机关依法撤销的民办学校的股东、债权人要绝对地被排斥在清算组之外？最后，因资不抵债无法继续办学的，该事实应该由谁来认定，"终止办学"的决定应该由谁来作出等问题都没有明确的规定。此外，当清算义务人不履行或怠于履行组织清算等义务时，应该承担什么样的义务和责任？

其一，明确民办学校清算义务人。按照《民法典》第七十条第二款的规定②、《公司法》第二百三十二条明确规定③以及《公司法解释二》第十八条④对清算义务人作出了特殊规定，按照规定，有限责任公司的股东、股份有限公司的董事和控股股东均为公司清算义务人。2012年最高人民法院发布的第9号指导案例则明确指出：有限公司的全体股东在法律上应一体成为公司的清算义务人⑤。根据特别法优于一般法的法律适用原则，《公司法》《公司法解释二》应优先于《民法典》适用。因此，有限责任公司的全体股东、股份有限公司的董事、理事或控股股东应

---

① 《民促法》第五十八条规定：民办学校自己要求终止的，由民办学校组织清算；被审批机关依法撤销的，由审批机关组织清算；因资不抵债无法继续办学而被终止的，由人民法院组织清算。

② 《民法典》第七十条第二款规定：法人的董事、理事等执行机构或者决策机构的成员为清算义务人。法律、行政法规另有规定的，依照其规定。

③ 《公司法》第二百三十二条规定："公司因本法第二百二十九条第一款第一项、第二项、第四项、第五项规定而解散的，应当清算。董事为公司清算义务人，应当在解散事由出现之日起十五日内组成清算组进行清算。清算组由董事组成，但是公司章程另有规定或者股东会议另选他人的除外。清算义务人未及时履行清算义务，给公司或者债权人造成损失的，应当承担赔偿责任。"

④ 《公司法解释二》第十八条规定，有限责任公司的股东、股份有限公司的董事和控股股东未在法定期限内成立清算组开始清算，导致公司财产贬值、流失、毁损或者灭失，债权人主张其在造成损失范围内对公司债务承担赔偿责任的，人民法院应依法予以支持。有限责任公司的股东、股份有限公司的董事和控股股东因怠于履行义务，导致公司主要财产、账册、重要文件等灭失，无法进行清算，债权人主张其对公司债务承担连带清偿责任的，人民法院应依法予以支持。上述情形系实际控制人原因造成，债权人主张实际控制人对公司债务承担相应民事责任的，人民法院应依法予以支持。

⑤ 参见最高人民法院2012年9月18日发布的第9号指导案例。

作为公司的清算义务人。然而，对于有限责任公司的全体股东是否适合担任清算义务人，学界普遍争议较大。学者认为，让有限责任公司的全体股东担任清算义务人，不仅可能动摇公司法有限责任原则，在面临股东主体不适合或股东人数众多等情况下，以全体股东作为清算义务人，实践中不科学、不可行。特别是在公司财产分配环节，公司债权人要优先于股东清偿，当公司处于资不抵债的情况下，股东可能基于自身利益最大化需要，故意拖延、阻扰或者逃避清算，最终损害公司债权人的利益。因此，不宜将股东作为清算义务人，而将董事作为公司的清算义务人[①]。

由此，在营利性民办学校自行终止的情形下，建议由民办学校的董事、理事担任学校清算义务人。同时，可基于学校自治原则，允许通过学校章程对清算义务人另行作出规定或由股东会另选他人担任，在学校终止或解散后及时组织清算组的成立、启动清算程序，并协助清算组开展学校清算。同样地，可参照《公司法解释二》有关董事未在法定期限内成立清算组开始清算以及由于其怠于履行义务，债权人利益受损的相关法律责任规定，明确民办学校董事作为清算义务人的相关义务和责任，以保障清算工作的顺利开展和相关利益主体的利益保障。

在民办学校被强制终止的情形下，往往是民办学校出现了因股东、董事、实际控股股东等当事人违法违规的行为，导致学校被强制终止。因此，当审批机关组织作为清算义务人组织清算时，此时对学校被强制终止负有主要责任和直接责任的学校董事/理事不应该被列入清算人范围，其他没有主要责任或直接责任的学校董事/理事、一定的专业技术人员，作出撤销决定的审批机关相关人员以及包括债权人在内的利害关系人等都可以列入清算人范围。

此外，对于某种原因致使民办学校的清算人不能产生或者难以产生的，经民办学校或债权人申请，可以由人民法院指定清算人并组成清算人会。

其二，明确清算义务人的义务和责任。清算义务人的义务一般包括以下内容：一是作出清算决议；二是委任清算人；三是监督清算事务。《民促法》对于清算义务人应当履行的义务以及需要承担的责任均没有作出规定，严重影响了清算事务的顺利展开，也不利于民办学校的合法退出。因此，建议如下。

一方面，明确清算义务人的义务内容。①作出清算决议，即要求清算义务人在解散事由发生后及时作出进行清算的决议。同时根据学校资产负债情况对所要进行的清算程序作出判断。②委任清算人，即清算义务人必须在法定期限内以一定的方式选举产生合格的清算人。同时，清算义务人应当对清算人进行的全部清算事务予以监督，以确保清算依照法定程序进行。

---

① 学者主张由公司的董事担任清算义务人主要基于以下理由：其一，董事的董事会成员身份，使其更容易发现公司解散的现实状况进而及时启动公司清算程序；其二，法律对董事任职资格的强制性要求，使董事比股东更适合担任清算义务人；其三，让董事在公司解散后承担清算义务，是董事注意义务和忠实义务的内在要求。

　　另一方面，建立清算义务人相关责任制度。笔者认为，应结合不同的情况，对清算义务人的相关责任作出规定。①清算人的清算责任[①]。②清算义务人的侵害债权的责任。即清算义务人的作为或不作为，导致其对债权人所应承担的民事责任[②]。

　　（5）强化民办学校终止清算过程中的政府干预。不同于普通公司企业，民办学校具有公益性质，其发展和存亡直接关系到学生受教育权维持、教职员工安置以及社会教育秩序稳定等问题，因此，强化政府相关部门在民办学校终止清算中的地位和作用对于保障民办教育的稳定、健康发展至关重要。民办学校终止清算中的政府干预主要体现在以下方面。一是相关重要决定的作出。包括对学校资不抵债无法继续办学状况的认定，对民办学校作出的终止办学的决定书或者已经刊登的终止办学公告等，这些对人民法院受理民办学校清算案件具有重要的证明力。二是在清算过程中的主导作用。包括政府相关部门在行政终止中组织清算，以及在其他情形下对清算活动的参与和指导等。三是政府相关部门对民办学校对在读学生作出的安置的审查和监督，对民办学校已经清退了受教育者的学费、杂费和其他费用的证据或相关退费预案的审查和监督；对民办学校对教职工安置方案的审查和监督，以及政府部门关于维护民办学校终止导致的突发事件的应急预案等。

第三节　营利性民办学校破产退出

　　公司清算分为解散清算和破产清算两类，解散清算（具体包括自行清算和强制清算）主要适用于公司财产足以偿还全部债务时，用于清理相关债权债务关系的情形；破产清算程序主要适用于公司财产不足以清偿到期的全部债务，或者明显缺乏清偿能力的情形。《民促法》第五十六条规定的民办学校终止法定事由中对学校因资不抵债无法继续办学的，一般可以启动破产退出程序。这一点目前在学界和实务界已经获得了普遍认可，特别是营利性民办学校作为企业法人的一种，除适用《民促法》外，也应参照适用《企业破产法》《公司法》等相关法律制度。本节将重点围绕营利性民办学校的破产申请主体、破产清算的破产标准、破产财

---

　　① 清算责任是民办学校或审批机关等机构承担的对已经终止的学校应当进行清算的责任，即在学校终止后清算义务人未尽清算义务或不正确履行清算义务而导致的责任。例如，清算义务人根本未进行清算，学校的债权、债务状况混乱，财务往来不规范，导致难以查清学校终止前的责任财产，或清算义务人未按照法律规定的程序履行清算的义务，如未及时通知所有的债权人，也未发出清算公告或未清理账目也未追索债权，任意编造清算清单，导致债权人难以实现公平受偿等情况。

　　② 比如，清算义务人未在法定期限内成立清算组开始清算，导致学校财产流失、损毁或者灭失等，应当在造成损失的范围内对债权人承担赔偿责任。清算义务人在学校终止后，恶意处置学校财产给债权人造成损失的，或者未经依法清算以虚假清算报告骗取相关机关办理法人注销登记的，应对学校债务承担相应的赔偿责任。

产分配等问题展开研究。

一、破产退出的申请主体

破产申请是启动破产退出的重要前提，也是破产制度的核心内容，然而谁有权提出破产申请，现实中还存在诸多争议，《民促法》《企业破产法》等相关法律规定也较为粗糙，结合《企业破产法》有关破产清算的相关规定，明确破产申请主体具有一定的理论和实践价值。

（一）人民法院

人民法院是否可以依职权主动申请破产程序？一般地，破产程序的开始均采取以当事人申请为原则，以职权开始为例外，即只有法律特别规定的场合，法院才能依职权对债务人开始破产程序。笔者认为，民办学校不宜由法院主动启动破产清算[①]。

（二）民办学校（债务人）

营利性民办学校作为独立的法人，其不仅享有独立的法人财产权，也享有独立的财产责任，须对学校的债权债务承担主体责任。同时，民办学校对自身的经营状况和债权债务关系最为熟悉，特别是在债权人不主动提出破产申请的情况下，由民办学校提出破产申请有利于及时清理各种债权债务关系，尽可能减少债权人等利益相关者的损失。因此，当学校出现资不抵债的情况时，由其主动申请破产清算当无异议。问题的关键是民办学校破产申请权是否需要经过上级主管部门批准这一前置程序？

对于非营利性民办学校，破产清算程序中将教育主管部门的批准和同意作为前置程序是十分必要的。一方面，民办学校的破产清算不是单纯的债权债务关系，

---

① 主要理由有两点。其一，从国际司法实践看，目前多数国家立法赋予法院可以依职权开始破产程序，但一般限于对公司等营利性企业法人，不包括民办学校等以公益性为主的非企业法人。从我国现行立法的实际情况看，无论是破产清算还是非破产清算，都没有赋予法院依职权主动启动清算程序的权力。相反，最高人民法院《关于贯彻执行〈中华人民共和国企业破产法（试行）〉若干问题的意见》（简称《意见》）第十五条规定，在民事诉讼程序或民事执行程序进行中，人民法院获悉债务人不能清偿到期债务时，应当告知债务人可以向其所在地人民法院申请破产。申请破产的，债务人所在地的人民法院应当依法宣告债务人破产。不申请破产的，不依职权宣告债务人破产。原诉讼程序或执行程序可继续进行。最高人民法院《关于审理企业破产案件若干问题的规定》第一百零六条规定，本规定自 2002 年 9 月 1 日起施行。在本规定发布前制定的有关审理企业破产案件的司法解释，与本规定相抵触的，不再适用。而前述《意见》中关于法院不依职权宣告债务人破产的规定，并不与其抵触，因而继续有效。因此，由法院依职权主动启动清算程序为现行法律所禁止，必须由其他利害相关人来申请启动清算程序。其二，从教育事业的公益性特点以及破产可能产生的社会影响来看，也不宜由法院依职权主动启动破产清算程序。民办教育事业属于公益性事业，受地方各级人民政府教育行政部门主管，民办学校的破产涉及多方利益主体和社会的稳定，其与企业破产具有较大差异性，不宜由法院依职权启动破产清算程序。

更涉及教育公益性的维持、学生受教育权的维护以及民办教育可持续发展等问题，故由熟悉教育规律、政策以及具体操作规程的教育主管部门先行介入实属必要。另一方面，我国民办教育先天发育不足，在民办教育与公办教育地位不平等的状况下，对涉及民办学校破产退出的问题，教育主管部门的批准和介入，有利于发挥政府对教育的干预和引导作用，典型的表现是教育主管部门可以帮助陷入困境的民办学校选择通过并购、重组、合并等方式退出，减小因破产退出对民办教育的冲击。

对于营利性民办学校来说，从法人本质上其属于营利性法人，尽管其设立的目的具有一定的公益性，但从本质上还是一种旨在提供一定的教育产品或教育服务的市场主体行为，营利性是其最显著的特征。另外，从目前我国民办学校的总体构成来看，由于《民促法》明确义务教育阶段不得设立营利性民办学校，加之国家鼓励非营利性民办教育发展的明显政策导向，今后和未来我国营利性民办学校主要还是集中在各种教育公司或培训机构，不用于非营利性民办学校，其破产清算关注的重点是基于破产所带来的债权债务纠纷的解决问题，一般很少涉及学生学业权承续问题和学生安置问题，即使涉及也更多可能基于教育产品或服务所缔结的教育消费合同履行等问题，因此其与教育主管机关的关系不大，前置一个教育部门的行政审批权没有太多必要，而且容易导致行政权与司法权混为一谈。当然对于破产退出中确实需要相关主管机关介入的，可以在清算人中由人民法院和审批部门视实际情况协商确定。

（三）债权人

根据《企业破产法》第七条第二款的规定，债务人不能清偿到期债务，债权人可以向人民法院提出对债务人进行重整或者破产清算的申请。债权人按照合同约定或者法律规定有权向债务人主张履行义务，当债务人不履行义务时，债权人有权请求人民法院强制债务人履行义务。债权人向法院申请债务人破产，是债权人请求人民法院保护其实体权利的一种途径。然而，是否所有的债权人均有权提出破产申请？债权人满足何种条件可以提出破产申请，在相关法律中并没有作出规定，这些问题有待进一步研究和思考。

一般地，债权人申请破产应当具备四个条件：一是债权人是现实债务的债权人，不能是虚构之债的债权人，债权债务具有真实的交易关系；二是债权人应当是到期债务的债权人；三是债权人应当是破产主体的债权人；四是债权必须是财产债权，债权人不能是行为债权人。如果按照这一标准，则对于附条件和附期限的债权人来讲，由于其债权债务关系尚未真实发生或者债权债务关系尚未到期，故无权提出破产申请。同时，债权人申请债务人破产是否必须满足债务人完全具备"资不抵债"这一破产原因，即不能清偿到期债务，并且资产不足以清偿全部债务或者明显缺乏清偿能力的情况下才可以申请债务人破产呢？按照全国人大常委会法制工作委员会编写的《〈中华人民共和国企业破产法〉释义》的解释，这样的要求过于苛刻，如果让债权人来证明债务人的资产状况不仅难以做到而且对债权人很不公平，不利于债权人合法利益的保护，因此，只要债务人不能清偿到期债务，债权人便可以以将此作为破产原因，申请债务人破产。有学者也对债权人破产申请持宽泛主义观点，认为凡是与民办学校破产具有直接利益关系的人，包括学校的贷款银行、工程施工单位、货物的供应方等，甚至被学校拖欠工资的教职工以及向学校提前支付学杂费或其他费用（如集资款）的学生及家长都可以纳入学校的债权人范围内。

笔者并不完全赞成此种观点，特别是对于民办学校而言，"应审慎对待有权启动破产申请的民办学校债权人的范围"。主要理由在于：民办学校债权人种类复杂、人员较多，包括商业银行、建筑商、学生家长、学生等债权人，而各种债权人的利益诉求各异，比如，对于学生家长和学生，除经济利益外更关注学分认定和学业承续等问题，而银行、建筑商和一般债权人更关注破产后自身经济利益的分配问题。如果任由债权人基于不能清偿到期债务就提出破产申请，显然对希望民办学校存续已获得受教育权保障和工作权保障的教师来说不利。同时，实践中民办学校出现资不抵债的情况较为复杂，一些学校本身在品牌、生源和影响力等方面具有良好的基础，可能盲目投资扩大化导致学校陷入资不抵债的困境，此时通过重整或注资能够起死回生，不加限制地任由债权人轻易提出破产申请，甚至利用其破产申请权，故意贬损债务人的信誉度，则可能对民办学校的社会声誉带来破坏，从而影响学校重整或其他企业注资。因此，笔者建议，要在两方面对债权人的破产申请权进行必要限制。一是将债权人数与债权额度相加，同时进行考虑，通过债权额度来施加对债权人数的影响，从而达到限制一定数目债权人的目的，也可采用债权人破产申请的债权额占债务人注册资本总额的一定比例来确定。二是建立债权人资格审查制和债权人不当申请、恶意申请的法律责任，规范债权人破产申请权的行使。

（四）清算组

根据《企业破产法》《公司法》等相关法律规定，对因资不抵债无法继续办学的民办学校，一般可以启动破产退出程序。这一点目前在学界和实务界已经获得了普遍认可。特别是营利性民办学校作为企业法人的一种，除适用《民促法》外，也应参照适用《企业破产法》《公司法》等相关法律制度。例如，《企业破产法》第七条第三款的规定，企业法人已解散但未清算或者未清算完毕，资产不足以清偿债务的，依法负有清算责任的人应当向人民法院申请破产清算。

二、破产清算的破产标准

破产标准是认定债务人丧失清偿能力，当事人得以提出破产申请，法院据以启动程序的法律事实，又称破产原因或破产界限。破产标准不仅是破产清算程序开始的原因，同时也是和解与重整程序启动的原因。

针对民办学校的破产清算标准，有意见认为法院受理民办学校清算案件应不强调资不抵债、无法继续办学、已被终止三者之间的因果关系。只要当民办学校出现资不抵债无法办学的情形就可以提出破产清算，这样虽然与《民促法》第五十八条的字面文意有一定差距，但更贴近《民促法》的立法本意和破产清算的法律特征，有利于解决民办学校合法退出问题，应在审判实务中予以采纳。同时，认为采用"资不抵债"作为民办学校破产的实质标准显得过于苛刻，可能剥夺民办学校重生的希望，不利于受教育者、民办学校以及债权人利益的实现，建议修改《民促法》或实施条例时应适用《企业破产法》所确立的不能将清偿到期债务作为破产原因。

对于民办学校破产清算前是否应经教育行政主管部门审批，学界也形成了截然不同的两种观点。一种观点认为，民办学校破产清算应当设置行政前置程序。原因在于：首先，现行法律有规定。根据《民促法》第五十八条之规定，民办学校终止时，应当依法进行财务清算。民办学校自己要求终止的，由民办学校组织清算；被审批机关依法撤销的，由审批机关组织清算；因资不抵债无法继续办学而被终止的，由人民法院组织清算。其次，教育行政部门是民办学校的管理和监督部门，由其对民办学校的办学情况、资产状况等作出认定更加科学、专业，有助于为人民法院提供更加全面和准确的判断。最后，民办学校具有典型的公益性，其破产清算牵涉受教育者、教职工安置等敏感问题，由其出面有利于借助自身教育资源协调解决相关热点问题，缓解社会矛盾，维护社会稳定，这也体现了人民法院在受理此类重大敏感案件时相对审慎的态度。另一种观点则认为，不必设置一个行政前置程序。主要理由在于：这种安排造成司法资源的浪费，违背了现代法治的基本理念。如果立法赋予了这种前置的行政权以终局性的效力，不仅违背司法权审查行政权的法治理念底线，也与我国行政诉讼法、行政许可法等相关行政立法的精神不符。笔者则认为，当前环境下无论是营利性民办学校还是非营利性民办学校，赋予民办学校破产申请前教育行政机关的行政前置程序是必要的，除前述必要的事由外，无论是民办学校还是社会公众当前对待民办学校破产问题还处于认知和接受的初级阶段，一些突出的敏感问题仅仅依靠破产程序得以解决似乎并不符合实际，需要教育主管部门协调处置更为妥适。当前在法治社会和市场经济环境下，教育主管部门已经不是计划经济条件下只关注教育而欠缺法律意识、执法能力的行政机关，在合法合理的框架下，赋予教育主管机关破产申请前置程序更有利于推进民办学校的合并、重整，也有利于纾解单纯破产可能带来的社会矛盾与问题。

三、破产财产分配问题

（一）何谓破产财产

我国《企业破产法》对债务人财产这个概念在破产宣告前后的不同阶段，分别采用了债务人财产和破产财产两个不同称谓，但本质上均为法人财产，在范围上二者也是一致的。破产财产（债务人财产）是债务人对其债权人承担债务的责任财产，是债权人得以公平、有序受偿的重要物质保障，也是破产程序中用以支付基本费用和清偿全部债务的基本保障。因此，明确破产财产的范围对民办学校破产清算具有重要的意义。

有关破产财产的构成，各国企业破产法主要采取固定主义和膨胀主义两种立法模式[①]。债务人财产既包括债务人破产时占有的静态财产和债务人破产时没有占有但基于相关权利法应当追回的属于债务人的动态财产，也包括撤销权、取回权、抵销权、债务人财产保全的自动解除和执行中止，以及有关债务人财产的衍生诉讼等都是围绕着债务人财产的确定、增加、减少而展开的。

《企业破产法解释（二）》第一条至第五条分别就债务人的财产种类、范围等作出了详细规定，包括依法设定担保物权的特定财产、债务人按份享有所有权的共有财产的相关份额，或者共同享有所有权的共有财产的相应财产权利，以及依法分割共有财产所得部分都认定为债务人财产。上述规定充分体现了《企业破产法》积极追收债务人财产，切实保障债权人利益的立法倾向。这也启示我们，在处置民办学校破产清算案件时，要加强对民办学校破产财产的清理和认定，以充分保障相关利害关系人的利益。

（二）破产财产分配顺序

破产财产分配顺序是破产财产分配制度的核心，也是整个破产制度价值的集中体现。从各国的司法实践来看，除根据债权人和债务人之间的商业和法律关系确定破产财产的分配顺序外，往往还需要考虑某些社会利益，才能确保破产程序

[①] 其中固定主义主张以破产程序启动时，债务人所有的财产（包括将来行使的财产请求权）为债务人财产，债务人财产的范围在破产程序启动时即已确定。膨胀主义主张破产财产不仅包括债务人在破产程序启动时所有的财产，也包括其在破产程序终结前所新取得的财产，破产财产的范围在破产程序启动后仍有所扩大膨胀。我国《企业破产法》采用的是膨胀主义的立法模式。根据《企业破产法》的规定，破产财产包括破产申请受理时属于债务人的全部财产，也包括破产申请受理后至破产程序终结前债务人取得的财产，甚至包括破产程序终止后又发现的应当供分配的其他债务人财产。

高效、有序地进行。《企业破产法》中将破产财产分配的请求权分为优先顺位请求权和一般破产债权请求权，恰恰是社会公益的考量。营利性民办学校虽本质上属于公司法人，但其有别于一般公司法人而具有典型的社会公益性，其破产财产分配顺序不仅应尊重一般公司法人财产分配顺序，教育的社会公益性也是其重要的考量因素。《民促法》第五十九条①对该问题进行了规定。该项规定与《企业破产法》第一百一十三条②的规定存在一定差异，在司法适用时也带来一定的困惑，主要集中在：一是《民促法》没有对破产费用和共益债务作出规定，其是否应优先于破产财产分配？二是《民促法》规定的"受教育者学费、杂费和其他费用"是否应优先于《企业破产法》规定的第一序位的财产清偿？三是担保债权的清偿问题如何处理？

首先，破产财产应优先清偿破产费用和共益债务③。没有该部分财产的必要保证，破产工作难以进行。因此其不应受到破产财产清偿顺序的制约，能够从破产财产中随时支付，以保证破产工作顺利推进。

其次，关于受教育者学杂费及其他费用优先受偿权问题。对此学界认识不一。有学者认为学杂费的请求权仅属一般破产债权，应取消其优先顺位请求权，并可以通过设立民办教育风险基金，鼓励保险公司增设类似民办学校学生意外辍学险种两种方式来解决。有学者从有利于保护受教育者这一特殊群体的角度，主张优先清偿受教育者的学杂费和其他费用是合理的。笔者赞同受教育者学杂费和其他费用优先清偿。主要是因为受教育者是学校的最直接利益相关者，其与民办学校生存发展息息相关，没有受教育者学校就失去了生存之基，优先保护受教育者权益不仅是体现教育以学生为本的价值追求，也是学校履行自身独特教育功能的本质要求和法定义务，这一要求和义务只有在学校彻底丧失主体资格时方才终止。此外，从当前民办学校终止退出的实践来看，妥善解决学校退出时受教育者相关权益保障问题是实现有序退出、维护社会稳定的重要内容，国外相关立法也充分

---

① 《民促法》第五十九条规定，对民办学校的财产按照下列顺序清偿：（一）应退受教育者学费、杂费和其他费用；（二）应发教职工的工资及应缴纳的社会保险费用；（三）偿还其他债务。非营利性民办学校清偿上述债务后的剩余财产继续用于其他非营利性学校办学；营利性民办学校清偿上述债务后的剩余财产，依照公司法的有关规定处理。

② 《企业破产法》第一百一十三条规定，破产财产在优先清偿破产费用和共益债务后，依照下列顺序清偿：（一）破产人所欠职工的工资和医疗、伤残补助、抚恤费用，所欠的应当划入职工个人账户的基本养老保险、基本医疗保险费用，以及法律、行政法规规定应当支付给职工的补偿金；（二）破产人欠缴的除前项规定以外的社会保险费用和破产人所欠税款；（三）普通破产债权。破产财产不足以清偿同一顺序的清偿要求的，按照比例分配。破产企业的董事、监事和高级管理人员的工资按照该企业职工的平均工资计算。

③ 破产费用是为了保证破产程序的进行而支付的各种费用，包括破产案件的受理费用、债务人财产的管理变价和分配所需费用以及管理人执行职务的报酬和费用等。共益债务则是破产管理人为债权人的共同利益、在破产案件受理后管理破产财产所负担的债务。作为保障破产工作顺利进行的必要前提，破产费用和共益债务均为破产程序能够开始和保证顺利进行的物质基础。

体现了优先保护受教育者权益的立法理念。至于有学者提出来的可通过设立民办教育风险基金，增设民办学校学生意外辍学险种等方式并没有作为法律法规的强制性要求，且容易受到各地财政状况、观念认识和政策执行等因素的影响，实践中恐怕难以保证对受教育者权益的充分保护。

关于"受教育者学费、杂费和其他费用"①是否应优先于《企业破产法》规定的第一序位的财产清偿？世界上一些国家如德国、奥地利、澳大利亚等国已将职工的工资从优先顺位请求权中取消而改由社会保障体系来承担；鉴于税收债权数额较大，其列为优先权将使得其他破产债权人难以获得清偿和分配，从保护一般债权人利益出发，其他国家往往将其列为一般破产债权。这一方面体现了对职工等权益保障的法律途径愈加完善，也体现出立法对债权人利益的充分保护。

相对于职工和债权人来说，当前受教育者权益保障的路径狭窄，手段匮乏且自身风险抵御能力较差，因此优先清偿受教育者的学杂费和其他费用也在情理之中。另外，根据《中华人民共和国立法法》（以下简称《立法法》）第一百零三条关于法律优先适用问题上作出的相关规定②，《民促法》与《企业破产法》均是由全国人大制定的法律，在清算问题上，《民促法》属于特别法，《企业破产法》属于一般法。因此，按照特别法优先适用于一般法的立法规定，我们认为，在确定清偿顺序时应优先适用《民促法》第五十九条的规定，在第五十九条没有规定或规定不明确的情况下，可以参照《企业破产法》第一百一十三条③来执行。

此外，有关担保债权的清偿问题。担保债权是债权人以其特定的担保财产，能够享有优先受偿的权利。其属于《企业破产法》中的别除权，其优先性来自物权法中对物的担保而享有的优先受偿权的一种衍生，具有对世性和排他性。《企业破产法》在多处对此做了专门规定④。相较于教职工而言，担保债权人属于外部

---

① 按照《民促法实施条例》第四十二条规定，民办学校应当建立办学成本核算制度，基于办学成本和市场需求等因素，遵循公平、合法和诚实信用原则，考虑经济效益与社会效益，合理确定收费项目和标准。对公办学校参与举办、使用国有资产或者接受政府生均经费补助的非营利性民办学校，省、自治区、直辖市人民政府可以对其收费制定最高限价。

② 《立法法》第一百零三条规定，同一机关制定的法律、行政法规、地方性法规、自治条例和单行条例、规章，特别规定与一般规定不一致的，适用特别规定；新的规定与旧的规定不一致的，适用新的规定。

③ 《企业破产法》第一百一十三条规定，破产财产在优先清偿破产费用和共益债务后，依照下列顺序清偿：（一）破产人所欠职工的工资和医疗、伤残补助、抚恤费用，所欠的应当划入职工个人账户的基本养老保险、基本医疗保险费用，以及法律、行政法规规定应当支付给职工的补偿金。（二）破产人欠缴的除前项规定以外的社会保险费用和破产人所欠税款。（三）普通破产债权。破产财产不足以清偿同一顺序的清偿要求的，按照比例分配。破产企业的董事、监事和高级管理人员的工资按照该企业职工的平均工资计算。

④ 《企业破产法》第一百零九条规定"对破产人的特定财产享有担保权的权利人，对该特定财产享有优先受偿的权利"；第一百三十二条规定"本法施行后，破产人在本法公布之日前所欠职工的工资和医疗、伤残补助、抚恤费用，所欠的应当划入职工个人账户的基本养老保险、基本医疗保险费用，以及法律、行政法规规定应当支付给职工的补偿金，依照本法第一百一十三条的规定清偿后不足以清偿的部分，以本法第一百零九条规定的特定财产优先于对该特定财产享有担保权的权利人受偿"。

债权人，从担保权设立的法理基础以及《企业破产法》重点保护债权人利益的角度考量，别除权人应当优先于教职工受偿。但担保债权是否也优先于受教育者债权，学术界存在争议。有学者认为对于受教育者的债权保护，营利性民办学校的清偿问题应当突破商事法律规范的思维逻辑，优先保护受教育者权益，这符合教育的公益性属性。也有学者认为，作为别除权，担保债权的优先性来自《民法典》中对物的担保而享有的优先受偿权的一种衍生，具有对世性和排他性。而受教育者债权的本质是债权，不宜生硬地规定其优先于担保债权，二者权源不同，否则有悖于"物权优先于债权"的基本法理。

笔者认为，营利性民办学校虽然从事的公益性事业，但从其举办目的、办学过程和利润分配等诸方面与一般公司法人并无二致。因此，担保物权作为一项别除权，其破产清算也应遵循一般市场准则和《企业破产法》的基本准则，按照物权优先于债权的基本法理，在没有相反规定的情况下，有关担保债权的相关规定原则上应当适用于民办学校破产清算案件中。根据学校、幼儿园、医疗机构等为公益目的成立的非营利法人的教育设施、医疗卫生设施和其他公益设施。因此，民办学校破产清算案件中一般不存在抵押权人合法主张抵押权的情形。但不排除质押权人和留置权人合法主张担保物权的情况。因此，关于担保物权的清偿顺序，一般应遵循优先于教职工工资、社会保险等债权清偿，这样才能保证市场交易主体平等的法律地位和债权人的合法权益。但是对于受教育者债权，应突破单纯商事法律规范的思维逻辑，着重从教育公益性、弱势群体保护以及维护教育秩序稳定等方面，允许受教育者的学费、杂费和其他费用优先受偿。

参 考 文 献

安建. 2006. 中华人民共和国企业破产法释义[M]. 北京：法律出版社.

安杨. 2009. 我国民办教育政策法制建设 60 年[J]. 北京教育学院学报, 23（6）：63-66.

巴泽尔 Y. 1997. 产权的经济分析[M]. 费方域, 段毅才, 译. 上海：上海三联书店, 上海人民出版社.

贝克 U, 威尔姆斯 J. 2001. 自由与资本主义：与著名社会学家乌尔里希·贝克对话[M]. 路国林, 译. 杭州：浙江人民出版社.

贝克尔 G S. 2016. 人力资本[M]. 3 版. 陈耿宣, 译. 北京：机械工业出版社.

曹秀峰. 2018. 营利性民办学校公司制登记管理法律冲突与适用：以《民法总则》一般规定为指引[J]. 中国市场监管研究, （3）：51-54, 80.

柴发邦. 1990. 破产法教程[M]. 北京：法律出版社.

陈春建. 2004. 对市场主体退出制度中几个基本问题的思考[J]. 工商行政管理, （12）：21-23.

陈帆. 2007. 高校债务风险防范及化解问题研究[D]. 长沙：湖南大学.

陈瑞衍. 2020. 深圳市宝安区民办学校退出义务教育阶段办学的政府监管问题研究[D]. 深圳：深圳大学.

陈韶峰. 2010. 受教育权纠纷及其法律救济[M]. 北京：教育科学出版社.

陈文联, 任丽娟. 2017. 新常态下民办高等教育发展的问题及改革着力点[J]. 浙江树人大学学报（人文社会科学）, 17（3）：1-6.

崔梦川. 2019. 民办高校退出机制研究[D]. 黄石：湖北师范大学.

董冬. 1993. 公司法全书[M]. 北京：中国工人出版社.

董圣足. 2008. 民办学校破产清算若干问题探析[J]. 复旦教育论坛, （2）：57-60.

董圣足. 2013. 民办学校分类管理的制度构架：国际比较的视角[J]. 教育发展研究, 33（9）：14-20.

董圣足. 2018. 民办学校"关联交易"的规制与自治[J]. 复旦教育论坛, 16（4）：30-36.

董圣足, 忻福良. 2007. 民办高校重组与退出路径探讨[J]. 教育发展研究, （10）：1-6.

杜世雄, 惠向红. 2018. 民办高校公共财政扶持政策的实施现状与改进对策：基于广东、陕西和上海三省（市）的考察[J]. 浙江树人大学学报（人文社会科学）, 18（1）：18-23.

杜万华. 2018. 企业改制、破产与重整案件审判指导（增订版）[M]. 北京：法律出版社.

方妍, 黄明东. 2011. 从我国法律和国际公约视角解读大学生受教育权[J]. 河北法学, 29（9）：150-155.

费坚, 李斯明, 魏训鹏. 2018. 基于复杂性范式的非营利性民办高校风险治理[J]. 教育发展研究, 38（23）：23-28, 37.

冯玉军. 2009. 法经济学范式[M]. 北京：清华大学出版社.

高桂娟, 许志娥. 2009. 我国民办高等教育发展的政策分析[J]. 教育与教学研究, 23（9）：39-

41，53.

高小杰. 2004. 营利性私立高等教育机构资本市场研究[D]. 厦门：厦门大学.

高志宏. 2022. 民办教育分类管理改革的公益导向及法治保障[J]. 济南大学学报（社会科学版），32（4）：154-163.

龚向和. 2004. 受教育权论[M]. 北京：中国人民公安大学出版社.

何文炯. 2005. 风险管理[M]. 北京：中国财政经济出版社.

贺童. 2020. 我国民办高校退出机制法律问题研究[D]. 合肥：安徽大学.

侯洁. 2018. 美国高等教育认证制度及启示[J]. 当代教育科学，（1）：90-94.

胡晓娴. 2018. 营利性民办学校破产退出制度研究[D]. 天津：天津商业大学.

黄茂荣. 2001. 法学方法与现代民法[M]. 北京：中国政法大学出版社.

霍普金斯 B R，格罗斯 V C，申克尔贝尔格 T J. 2018. 美国学院和大学的非营利性法律：实用指南：雇员董事和顾问的必知问题解答[M]. 余蓝，译. 北京：中国政法大学出版社.

江平. 1994. 中国公司法原理与实务[M]. 北京：科学普及出版社.

景安磊. 2014. 民办高校教师权益实现的问题、思路和措施[J]. 国家教育行政学院学报，（12）：63-67.

科斯 R H. 2014. 财产权利与制度变迁：产权学派与新制度学派译文集[M]. 刘守英，等，译. 上海：格致出版社，上海三联书店，上海人民出版社.

劳凯声. 2007. 中国教育法制评论（第5辑）[M]. 北京：教育科学出版社.

雷震，帅晓东. 2009. 民办学校破产清算法律适用问题研究[J]. 人民司法，（15）：49-57.

李昌麒. 2003. 寻求经济法真谛之路[M]. 北京：法律出版社.

李建伟. 2017. 司法解散公司事由的实证研究[J]. 法学研究，39（4）：117-137.

李立国，鞠光宇，王春雯. 2018. 民办高校如何实现"非营利性"：以防范非公平关联方交易保证"非营利性"的制度设计[J]. 教育发展研究，38（23）：15-22.

李曼，刘熙. 2018. 民办教育培训机构的治理困境与政策应对[J]. 中国教育学刊，（7）：26-31.

李虔，卢威. 2018. 民办学校分类管理十大未决问题探析[J]. 中国教育学刊，（8）：5-12.

李斯明，费坚，魏训鹏. 2019. 民办学校举办者诉求与分类选择动因分析：基于《中华人民共和国民办教育促进法实施条例（修订草案）（送审稿）》视角[J]. 现代教育论丛，（1）：26-33.

李文章. 2018. 民办学校分类管理改革的关键：合理处置举办者产权[J]. 浙江树人大学学报（人文社会科学），18（5）：12-16.

李永军. 2013. 破产法：理论与规范研究[M]. 北京：中国政法大学出版社.

李钊. 2009. 民办高校办学风险防范研究[M]. 北京：社会科学文献出版社.

梁上上. 2019. 有限公司股东清算义务人地位质疑[J]. 中国法学，（2）：260-278.

刘爱生，顾建民. 2012. 美国大学共同治理的思想内涵[J]. 比较教育研究，34（1）：8-12.

刘继荣. 2003. 高等学校合并重组的理论与实证研究[D]. 杭州：浙江大学.

刘菊艳. 2023. "新法新政"背景下民办基础教育学校退出管理中的问题及对策研究[D]. 成都：四川大学.

刘俊海. 1997. 股份有限公司股东权的保护[M]. 北京：法律出版社.

刘来祥. 2018. 关于民办高校服务地方经济发展的思考[J]. 哈尔滨学院学报，39（8）：128-131.

刘敏. 2012. 公司解散清算制度[M]. 2版. 北京：北京大学出版社.

刘颂. 2008. 利益相关者视角下的民办高校退出机制研究[J]. 河北师范大学学报（教育科学版），

（7）：88-92.

刘艺. 2023. 新时代民办本科高校劳动教育实施现状与改进措施[J]. 学园，16（7）：13-15.

卢彩晨. 2009. 危机与转机：从民办高校倒闭看民办高等教育发展[M]. 广州：广东高等教育出版社.

马莉. 2012. 我国民办学校破产法律问题研究[D]. 成都：西南财经大学.

马艳丽，周海涛. 2019. 民办学校教师队伍建设改革的新进展新诉求[J]. 中国教育学刊，（7）：19-23.

闵斯其. 2023. 营利性民办学校破产法律问题研究[D]. 成都：四川师范大学.

南旭光，罗慧英. 2008. 基于 G-H-M 理论的教育产权制度缺陷及优化[J]. 云南师范大学学报（哲学社会科学版），（2）：89-93.

聂帅钧. 2018. 我国学前儿童受教育权法律保障机制的完善：基于国家义务的视角[J]. 河北法学，36（8）：145-160.

潘懋元，邬大光，别敦荣. 2012. 我国民办高等教育发展的第三条道路[J]. 高等教育研究，33（4）：1-8.

潘懋元，吴华，王文源，等. 2018. 中国民办教育四十年专题笔谈[J]. 华南师范大学学报（社会科学版），（6）：18-34，189.

潘懋元，姚加惠. 2006. 民办高等教育发展的困境与前瞻[J]. 中国高等教育，（8）：4-7.

潘奇. 2019. 民办教育地方新政：突破、困局与走向：基于 29 省民办新政文本的分析[J]. 浙江树人大学学报（人文社会科学），19（4）：1-7.

齐红深，黄元维. 2010. 民办学校"法人财产权"和举办者出资"过户"问题的法律研究[J]. 现代教育管理，（2）：41-44.

邱昆树，王一涛，周朝成. 2018. 论政府对民办教育培训机构监管的责任担当[J]. 中国教育学刊，（6）：44-49.

阙明坤. 2017. 推进民办教育分类管理需处理三大关系[J]. 教育发展研究，37（3）：60-62.

任海涛，徐涛. 2018. 营利性民办学校终止的法律适用研究：以《民促法》与《公司法》《破产法》的比较为进路[J]. 教育学报，14（4）：39-46.

任江南，熊建平. 2011. 民办高校办学趋同化现象采撷与探析[J]. 江西教育学院学报，32（5）：30-34.

萨缪尔森 P，诺德豪斯 W. 2013. 经济学[M]. 19 版. 萧琛，译. 北京：商务印书馆.

邵允振. 2018. 民办教育分类管理风险防控评析：兼论营利性民办教育的监管[J]. 华南师范大学学报（社会科学版），（6）：28-34.

邵允振，李杏姣. 2018. 举办者权益保障与实现的重要举措：试析《条例征求意见稿》有关举办者权益的设计[J]. 教育与经济，（3）：14-19.

深圳市中级人民法院民七庭. 2009. 民办学校终止清算案件审理中存在的法律问题[J]. 中国审判，（2）：78-81.

石静霞. 2005. 联合国国际贸易法委员会《破产法立法指南》评介及其对我国破产立法的借鉴[J]. 法学家，（2）：22-28.

舒尔茨 T W. 1990. 论人力资本投资[M]. 吴珠华，等，译. 北京：北京经济学院出版社.

苏惠祥. 1996. 中国商法概论（修订版）[M]. 长春：吉林人民出版社.

孙杰夫. 2015. 民办学校办学风险防范机制研究[M]. 沈阳：辽宁教育出版社.

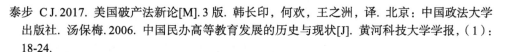

泰步 CJ. 2017. 美国破产法新论[M]. 3 版. 韩长印，何欢，王之洲，译. 北京：中国政法大学出版社. 汤保梅. 2006. 中国民办高等教育发展的历史与现状[J]. 黄河科技大学学报，（1）：18-24.

唐衍彬，李云. 2016. 民办高校债务风险预警指标体系的构建[J]. 中国市场，（22）：123-125.

托克维尔. 2017. 论美国的民主[M]. 董果良，译. 北京：商务印书馆.

万毅平. 2003. 美国的高校认证与教育评估[J]. 高校教育管理，（2）：25-30.

汪海莲. 2013. 美国高等教育财政拨款政策对私立高校发展的影响研究[D]. 成都：四川师范大学.

王华，王德清. 2017. 民办学校举办者利益诉求与国家需要的矛盾及化解路径[J]. 中国教育学刊，（3）：4-8.

王慧英，黄元维. 2019. 地方民办教育分类管理新政：现状、难点议题与治理策略：基于 25 个省（自治区、直辖市）民办教育新政实施意见的文本分析[J]. 现代教育管理，（3）：56-61.

王军. 2015. 中国公司法[M]. 北京：高等教育出版社.

王利明. 1998. 物权法论[M]. 北京：中国政法大学出版社.

王鹏，龚纬. 2011. 论民办高校破产后受教育权的法律保护[J]. 山东审判，27（5）：75-78.

王善迈. 2011. 民办教育分类管理探讨[J]. 教育研究，32（12）：32-36.

王卫国. 1999. 破产法[M]. 北京：人民法院出版社.

王欣新. 2002. 破产法[M]. 北京：中国人民大学出版社.

王一涛. 2018. 民办教育分类管理需要解决好五大关系[J]. 华中师范大学学报（人文社会科学版），57（4）：164-171.

王一涛，董圣足. 2008. 民办高校倒闭的现状、原因及对策分析[J]. 浙江树人大学学报（人文社会科学版），（3）：6-11.

王一涛，徐绪卿. 2009. 民办高校家族式管理现象的成因及对策[J]. 中国高等教育，（8）：55-56.

王一涛，徐绪卿，鞠光宇. 2018. 美国两类私立高校的发展路径探析[J]. 教育研究，39（8）：141-147.

王一涛，徐绪卿，宋斌，等. 2017. 非营利性民办学校举办者权益的合理保护[J]. 中国教育学刊，（3）：9-13.

王长华. 2018. 论有限责任公司清算义务人的界定：以我国《民法总则》第 70 条的适用为分析视角[J]. 法学杂志，39（8）：89-97.

魏成龙. 2003. 企业产权交易与重组：提高中国企业并购绩效的路径分析[M]. 北京：中国经济出版社.

文川. 2012. 民办学校市场退出立法价值偏差及其修正[J]. 北华大学学报(社会科学版)，13(6)：94-98.

邬大光. 2001. 中国民办高等教育发展状况分析（上）：兼论民办高等教育政策[J]. 教育发展研究，（7）：23-28.

邬大光. 2006. 投资办学：我国民办教育的本质特征[J]. 浙江树人大学学报（人文社会科学版），（6）：1-4.

邬大光. 2007. 我国民办教育的特殊性与基本特征[J]. 教育研究，（1）：3-8.

巫志刚. 2013. 我国营利性高等教育机构基本法律制度研究[D]. 武汉：华中师范大学.

吴安新. 2015. 民办高校政府干预问题研究[D]. 重庆：西南政法大学.

吴朝晖.2019. 努力构建以立德树人、全面发展为导向的人才培养体系[J]. 中国高教研究,（3）：1-6，29.

吴华,章露红.2015. 对民办学校分类管理"国家方案"的政策风险分析[J]. 中国高教研究,（11）：19-22.

吴开华,邵允振.2017.《民办教育促进法实施条例》修订的立法建议：以分类管理为视角[J]. 广东第二师范学院学报,37（6）：5-11.

吴玫.2018. 美国营利性高等教育的新危机[J]. 高等教育研究,39（4）：92-99.

解志敏.2017. JH 民办教育集团财务风险预警研究[D]. 银川：宁夏大学.

徐绪卿.2017. 关于贯彻落实《民办教育促进法修正案》五大热点问题的思考[J]. 浙江树人大学学报（人文社会科学）,17（6）：1-6.

徐彦冰.2006. 公司清算法律制度之国际比较[D]. 上海：华东政法学院.

阎凤桥.2016. 我国民办教育格局会因修法而得到怎样的改变?[J]. 教育与经济,（6）：3-4.

杨成铭.2004. 受教育权的促进和保护：国际标准与中国的实践[M]. 北京：中国法制出版社.

杨东平.2008. 深入推进教育公平[M]. 北京：社会科学文献出版社.

杨贵桥.2017. 民办高校民间融资监管及其立法完善[J]. 重庆高教研究,5（5）：19-29.

杨炜长.2010. 防范教育质量风险：民办高等教育快速发展中的迫切需要[J]. 中国高教研究,（8）：74-76.

杨忠孝.2008. 破产法上的利益平衡问题研究[M]. 北京：北京大学出版社.

姚加惠.2006. 民办高等教育：现状、对策与展望：潘懋元教授访谈录[J]. 教育发展研究,（20）：8-11，2.

姚舜.2015. 日本 AO 入学考试制度的实施与发展[J]. 外国教育研究,42（5）：117-128.

应倩.2009. 民办学校破产能力及相关问题研究[D]. 上海：上海交通大学.

余冬生.2022. 营利性民办学校破产退出的法律适用[J]. 中国教育法制评论,（1）：190-201.

余中根.2018.《民法总则》法人制度视野下民办学校退出的法律制度构建[J]. 中国人民大学教育学刊,（1）：5-18.

张驰,韩强.2005. 学校法律治理研究[M]. 上海：上海交通大学出版社.

张德伟.2009. 日本新《教育基本法》[J]. 外国教育研究,36（3）：95-96.

张利国.2005. 人力资本出资的合理性[J]. 大连民族学院学报,（1）：78-80.

张利国.2011a. 民办高校法人分类制度的立法困境与出路[J]. 辽宁师范大学学报（社会科学版）,34（4）：18-21.

张利国.2011b. 民办学校破产退出的若干法律问题[J]. 现代教育管理,（11）：56-59.

张利国.2011c. 民办学校私法性质界定的缺陷及其立法建议[J]. 现代教育管理,（6）：54-57.

张利国.2011d. 营利性与非营利法人：民办高校法人分类的模式选择[J]. 西部法学评论,（2）：19-24.

张利国.2012. 民办学校破产清算若干法律问题探究[J]. 武汉理工大学学报（社会科学版）,25（1）：110-113.

张利国.2013. 民办学校退出法律问题研究[D]. 重庆：西南政法大学.

张利国.2016. 民办学校产权制度研究：以分类管理为视角[M]. 北京：中国民主法治出版社.

张利国.2017. 民办学校退出机制：概念、特征及其内在归因[J]. 浙江树人大学学报（人文社会科学）,17（2）：18-24.

张利国，程文.2016. 从实然到应然：论非营利民办高校的产权构建[J]. 现代教育管理，（9）：64-69.

张利国，林红.2012. 民办学校法人财产权法律性质之我见[J]. 黑龙江高教研究，30（8）：27-29.

张利国，刘裕斌.2015. 解构与重构：民办高校分类管理制度探析[J]. 现代教育管理，（5）：123-128.

张利国，石猛.2018. 新政背景下民办学校退出机制的反思与重构[J]. 中国教育学刊，（8）：13-17.

张利国，王一涛.2018. 少子化背景下日本私立教育相关政策及对我国的启示[J]. 浙江树人大学学报（人文社会科学），18（3）：8-13.

张利国，严翔.2014a. 论民办高校的产权流动[J]. 高校教育管理，8（2）：38-43.

张利国，严翔.2014b. 民办学校退出形式的类型化研究[J]. 浙江树人大学学报（人文社会科学），14（2）：1-7.

张利国，于海波.2019. 民办学校退出与学生受教育权的保护：基于国家义务视角[J]. 浙江树人大学学报（人文社会科学），19（6）：10-16.

张利国，袁飞.2014. 民办高校分类管理中政府职能的重塑[J]. 黑龙江高教研究，（10）：89-93.

张利国，张成山.2014. 民办高校合并对债权人的利益保护[J]. 现代教育管理，（4）：110-114.

张梦薇.2014. 中国教育培训行业上市公司财务风险评价与控制研究[D]. 乌鲁木齐：新疆财经大学.

张荣娟，徐魁鸿.2018. 美国高等教育元评估制度探析：以高等教育认证委员会为例[J]. 高教探索，（2）：65-69.

张万朋，王千红.2004. 试论我国高校合并与高等教育产权流动的深层矛盾[J]. 教育与经济，（3）：12-14.

张文国.2019. 民办学校协议控制模式的制度风险与立法应对[J]. 教育发展研究，39（12）：13-18.

张翔.2017. 基本权利的规范建构（增订本）[M]. 北京：法律出版社.

赵冠群.2017. 民办高校财务风险评价研究[D]. 长春：吉林财经大学.

赵旭东.2006. 新公司法制度设计[M]. 北京：法律出版社.

郑丽君.2008. 美国私立高校退出问题研究[J]. 黄河科技大学学报，（2）：12-16.

郑学仲.2017. 全程指引：困境企业重生与依法退出的司法实践[M]. 北京：法律出版社.

郑毅.2016. 民办学校终止后学生安置的法律问题及规范完善：以义务教育阶段为例[J]. 中国法律评论，（3）：238-246.

钟秉林.2013. 人才培养模式改革是高等学校内涵建设的核心[J]. 高等教育研究，34（11）：71-76.

周谷平，郑爱平，张子法，等.2017. 全面从严治党战略布局下高校校院两级治理结构与风险防控：以综合型大学为例[M]. 杭州：浙江大学出版社.

周国平，谢作栩.2006. 我国民办高校倒闭问题之思考[J]. 高等教育研究，（5）：46-53.

周海涛，等.2016. 民办学校分类管理政策研究[M]. 北京：经济科学出版社.

周海涛，等.2019. 中国教育改革开放 40 年（民办教育卷）[M]. 北京：北京师范大学出版社.

周守军.2005. 机会均等：我国民办高校法律地位的根本保障[J]. 内蒙古师范大学学报（教育科学版），18（7）：80-82.

周涛.2023. 贵州省民办基础教育政府扶持政策研究[D]. 南昌：华东交通大学.

周详.2016. 美国营利性高等教育的困局及其对教育立法的启示[J]. 中国高教研究，（6）：42-50.

朱浩.2013. 民办高校办学内部管理风险防范研究[J]. 湖北师范学院学报（哲学社会科学版），

33（4）：111-116.

邹海林. 1995. 破产程序和破产法实体制度比较研究[M]. 北京：法律出版社.

最高人民法院民事审判第二庭，杜万华. 2018. 企业改制、破产与重整案件审判指导（增订版）[M]. 北京：法律出版社.

COSO. 2017. 企业风险管理：整合框架[M]. 2版. 方红星，王宏，译. 大连：东北财经大学出版社.

大作勝. 2008. 国立大学の AO 入試は学生の学力低下につながるか[J]. リメディアル，（2）：54-59.

喜多村和之. 1989. 学校淘汰の研究：大学「不死」幻想の終焉[M]. 東京：東信堂.

岩崎保道. 2005. イワサキヤスミチ. 大学法人の破綻処理策構築のための政策提言：文部科学省の対応方針及び危機意識調査の分析を中心として[D]. 東京：Doshisha University.

中村忠一. 2002. 大学崩壊[J]. 東京：東洋経済.

Contreras A. 2010. To regulate for-profit colleges, focus on what matters[J]. Chronicle of Higher Education, 56（38）: 29-30.

Deming D J, Yuchtman N, Abulafi A, et al. 2016. The value of postsecondary credentials in the labor market: an experimental study[J]. American Economic Review, 106（3）: 778-806.

Fisherman J J, Schwarz S D. 1995. Nonprofit Organizations: Cases and Materials[M]. New York: The Foundation Press.

Hollenbaugh S. 2015. Black letter law and the for-profit college[D]. Kent: Kent State University.

Lorenzo G, Moore J. 2002. The sloan consortium report to the nation: five pillars of quality online education[R]. Seattle: University of Washington.

Qayoumi M H. 2002. Mission Continuity Planning: Strategically Assessing and Planning for Threats to Operations[M]. Washington: National Association of College and University Business Officers.